ケースに学ぶソーシャル・マネジメント

京都産業大学ソーシャル・マネジメント教育研究会編

文眞堂

はじめに

　本書は京都産業大学経営学部ソーシャル・マネジメント学科の発足を機に企画された。

　本学部が，この学科を設置したのは，創設 40 周年を迎えた 2008 年のことであった。これ以前，創設以来本学部は経営学科 1 学科体制を維持してきた，しかし，大学や経営諸科学を取り巻く状況の変化に対応するために，40 年という区切りで複数学科制をとることにし，既存の経営学科に加えて会計ファイナンス学科とこのソーシャル・マネジメント学科を設置することにしたのである。この時，本学部がソーシャル・マネジメントという学科を設置しようと考えたのは，20 世紀後期以来顕著となってきた社会的問題の噴出とその解決を目的とした様々な組織の出現という事態を真摯に受け止めたからである。しだいに組織の科学としての様相を色濃くしてきた経営諸科学の教育を通して，社会に有為な人材を輩出することを目指す経営学部としては，そうした潮流に積極的に対応すべきであると考え，「社会的な問題を発見し，それらを解決するための組織の運営を担える人材の養成」を教育目標に掲げて，この学科を立ち上げたのである。

　このソーシャル・マネジメント学科は「公共領域」，「社会領域」，「ヘルス・ケア領域」の 3 領域に科目を配置し，2008 年 4 月から教育を開始したが，なにしろ，この分野は広がりだしてからまだ日が浅いため，研究自体は急速に増加しているものの，教材となり得る文献は多くなかった。そのため，学科発足を前にして，この学科に集まった教員間でテキストとして使用し得るケースブックを作成しようという声が出るようになった。そこで，この学科の教員全員で「ソーシャル・マネジメント教育」研究会を組織し議論した結果，本書を編むことが決まった。新学科がスタートするほぼ半年前のことであった。その後，同研究会で内容の検討を進め，各人がそれぞれの研究テーマに近いケース

を関西を中心に発掘して，実地調査を行うと共に，ケース分析を開始した。そして，その成果を取りまとめて本書が完成した。

　ソーシャル・マネジメントという概念は，序章および最終章でも触れているように，まだ熟した概念ではなく，論者それぞれがこれを様々に解釈しているのが現在の段階である。しかし，社会的な課題に取り組む組織活動を展開する必要性はますます高まっており，また，それにチャレンジしようという人たちも着実に増加している。昨年の金融恐慌以後，世界は同時不況の中にあるが，これもこの動きを加速化することがあっても，押しとどめることにはならないであろう。それ故，今後ともさらに「ソーシャル・マネジメント」についての議論を深め，それをより精緻化すると共に，より実効性のあるものにすることがなおいっそう，求められてくるであろう。本書がその魁となり得たならば，著者一同これに優る喜びはない。といって，我々もこれにとどまるわけにはいかない。今後さらに研究を積み重ねて，新たな成果を世に問えるように努力していきたいと考えている。

　本書が成るにあたっては，京都産業大学から多額の出版助成を支援していただいた。記して，深甚の感謝の念を表したい。なお，索引の作成には京都産業大学大学院マネジメント研究科博士後期課程の髙本明日香さんと同前期課程の曹怡さんにご協力いただいた。研究に忙しい中，面倒な作業に多くの時間を割いていただいたことに御礼申し上げる。

　最後に出版事情がますます悪くなる中で本書の出版を快諾された文眞堂の前野隆氏に厚く御礼申し上げる。

執筆者を代表して　柴　孝夫

目　　次

はじめに　　　　　　　　　　　　　　　　　　　　　　　　　i

序　章　ソーシャル・マネジメントへの誘い　　　　　　　　　1

　1．ソーシャル・マネジメントの出現　　　　　　　　　　　1
　2．ソーシャル・マネジメントの考え方　　　　　　　　　　4
　3．ソーシャル・マネジメントの可能性　　　　　　　　　　6

第Ⅰ部　企業と社会　　　　　　　　　　　　　　　　　　　　9

第1章　企業とNPOの協働　　　　　　　　　　　　　　　　11
　　　　―松下とグリーンピースによるノンフロン冷蔵庫開発―

　1．ノンフロン冷蔵庫の商品化　　　　　　　　　　　　　12
　2．ドイツでの協働の経験　　　　　　　　　　　　　　　13
　3．グリーンピースとの協力的で有効的関係　　　　　　　14
　4．ノンフロン冷蔵庫商品化に向けてのキャンペーン　　　16
　5．松下社内と業界全体での取り組み　　　　　　　　　　18
　6．協働の契機・過程・結果　　　　　　　　　　　　　　21

第2章　環境マーケティングの先駆者　　　　　　　　　　　30
　　　　―宝酒造株式会社―

　1．環境問題と環境政策の歴史　　　　　　　　　　　　　30
　2．宝酒造の焼酎「純」誕生の歴史　　　　　　　　　　　32
　3．宝焼酎「純」のマーケティング戦略　　　　　　　　　36

4.	環境マーケティングの誕生	41
5.	環境マーケティングの成果と発展	46
6.	環境経営の先駆者	51

第3章　中小企業の戦略的フィランソロピー　62
―株式会社兵左衛門―

1.	戦略的フィランソロピーとは何か	62
2.	企業経営と『かっとばし!!』の意味	65
3.	本業への影響	73
4.	浦谷兵剛という企業家と経営戦略	75

第Ⅱ部　ソーシャル・エンタプライズ　83

第4章　ホームレス支援　85
―有限会社ビッグイシュー日本―

1.	日本のホームレス問題	86
2.	ビッグイシュー日本の誕生	88
3.	世界のビッグイシュー	89
4.	ビッグイシュー日本版の立ち上げ	91
5.	ビッグイシューのビジネスモデル〜事業性とスピード	93
6.	佐野章二	95
7.	販売員の難しさ	96
8.	ビッグイシューの読者層	100
9.	ビッグイシューの経営戦略	102
10.	ビッグイシューがもたらしたもの，そして問題点	104

第5章　障害者支援　117
―株式会社フェリシモ―

1. チャレンジド・クリエイティブ・プロジェクト（CCP）誕生

　　　　　　まで　　　　　　　　　　　　　　　　　　117
　　　2．「目指せ，売れ筋」：CCPによるとりくみ　　123

第6章　環境配慮型商品とビジネス　　　　　　138
　　　　　―池内タオル株式会社―
　　　1．タオル業界が抱える課題　　　　　　　　138
　　　2．『風で織るタオル』　　　　　　　　　　141
　　　3．池内計司という企業家と経営戦略　　　　150

第7章　訪問看護ステーション　　　　　　　　157
　　　　　―医誠会病院およびりゅうじん訪問看護ステーション―
　　　1．訪問看護制度の変遷　　　　　　　　　　159
　　　2．訪問看護の内容　　　　　　　　　　　　160
　　　3．訪問看護に関連する統計調査　　　　　　160
　　　4．訪問看護ステーションの経営とその課題　163

第Ⅲ部　コミュニティ　　　　　　　　　　　　177

第8章　行政の限界と市民企業　　　　　　　　179
　　　　　―株式会社ギアリンクス―
　　　1．食糧危機と岐阜県の対応　　　　　　　　180
　　　2．株式会社サラダコスモ　　　　　　　　　182
　　　3．行政の限界を超えた市民企業の挑戦　　　183
　　　4．行政の限界とソーシャルビジネス　　　　194

第9章　伝統文化の継承　　　　　　　　　　　202
　　　　　―NPO法人大文字保存会―
　　　1．五山送り火　　　　　　　　　　　　　　203
　　　2．NPO法人大文字保存会　　　　　　　　 206

3．長谷川綉二（大文字保存会　副会長）　212
　4．送り火を支える人々　214
　5．今後の課題　216

第10章　京都の地域資源を生かす多様な活動　224
―京町家の保全・再生―

　1．京町家を取り巻く背景と現状　225
　2．市民活動と京町家　231
　3．企業・職能団体活動と京町家　235

第11章　「京都ブランド」をテーマにしたまちづくり　247
―「三条あかり景色」の挑戦―

　1．三条あかり景色がチャレンジした通りのブランド化　248
　2．楽洛まちぶら会とは〜ソーシャル・キャピタルの基盤を見る　257
　3．組織のマネジメント　259

終　章　ソーシャル・マネジメントの今後の展開　272

　1．ソーシャル・マネジメントとは　272
　2．NPOへの注目　273
　3．企業のNPO化と多国籍企業による買収　276
　4．企業とNPOと行政の協働による社会的課題の解決　280

索引　282

序章
ソーシャル・マネジメントへの誘い

1. ソーシャル・マネジメントの出現

　格差のない社会はかつてなかったし，貧困や高齢者をめぐる問題がなかった社会も存在したことはない。仮想のユートピアはともかくとして，人間が社会を作り出したときから，社会には常に様々な問題があり続けた。もちろん，そうした問題を解決しようと人々は努力してきた。しかし，社会を構成する個人や集団の欲望が交差する中で，その努力は十分な成果を生み出せないまま，埋没し，社会に問題は絶えることはなかった。人間の歴史とは，ある意味では，そうした欲望と問題解決をめぐる行為が織りなしてきたドラマであったということが出来るかもしれない。

　そうした状況は，歴史が進んで，物質的豊かさや民主的な政治形態を享受できる地域や国が多くなってきても，変わらなかった。というよりもむしろ，状況はより深刻になっているといってよい。グローバル化が進行し，社会が複雑化の度合いを深めるに連れて，それまで潜在化していた様々な問題が吹き出してきたし，人口構成の高齢化の一層の進行をはじめ，豊かさ故の新たな問題が生じてきた。さらに，物質的豊かさを支える生産力の増大がもたらす環境破壊の進展が人類そのものの将来に疑念をもたらすなど，現代の世界はかつてとは比較にならないほどに，多様で厳しい問題に直面させられているのである。

　このような状態に入っていることに人々がいつ気づきだしたのか，それは確定できないが，少なくとも20世紀の半ば過ぎには，様々な方面から警告が発せられていたことは事実である。その警告を発した人々や，それを関知した人々，さらにはそうした警告とは関わらず，現実に起こっている問題に直面した人々の中から，その状況をなんとかしなければならないという動きが起こっ

てきた。その際，当然のこととして，最初はそうした人々は政府を動かして，問題の解決を進展させようとしたが，どこの国でも，政府は必ずしもそれにうまく応えられない場合が多かった。そこで，政府ではなく民間でそれらの問題の解決に挑もうという動きが活発になってきた。当然，それ以前にも民間で様々な問題の解決に挑戦した動きは多々あった。しかし，20世紀の半ばを過ぎた頃から，そうした動きが，社会各層で広範に展開されるようになったのである。

　その際，この動きは2つの面で展開されてきた。ひとつは，経済の担い手である企業をめぐった動きであり，他は政府や企業とは違った立場で組織を構築して活動しようという動きである。企業とは営利を追求する組織である。つまり，利益を得るために活動する組織なので，本来は社会的な問題解決には直接関わらないと考えられることが多かった。しかし，企業も社会の中で活動する存在であり，それ故に社会に対する責任と義務を有している。そのことがより強く認識されるようになり，企業にその義務を果たすように求める動きが強くなったのである。それは，主として企業外の人々から求められたが，実は企業内からもそれを求める動きが強まってくる。

　他方，営利体としての企業に違和感をもつ人々や，政府も企業も動かないという現実に直面した人々は，自らの力で問題の解決に挑もうとした。その中には，個人で動こうという人々もいたが，問題解決に挑むためには，個人だけでは非力であるから，組織を作って活動しようとする人々も出てきた。それらの組織は企業と異なって，その活動から生じる利益を追い求めるのではないから，非営利組織（NPO）といわれるようになる。

　企業を動かすにしろ，NPOを作って活動するにしろ，究極の目的は社会に多面的に存在する問題を解決することであり，それによってよりよい社会を実現することである。とはいうものの，人は霞を食べて生きているわけでもないし，組織が活動していくためにはそれなりの原資が必要である。となると，NPOでも組織を構成している人々の生活を保証し，活動のための資金を確保することが不可欠である。それを寄付に頼ることも出来ないことではないが，この半世紀を振り返ってみると，現実は厳しく，寄付を十分に確保することが

出来なかったり，その不安定さに阻害されたりして，頓挫してしまったNPOが多々ある。それらの事例から浮かび上がって来るのは，NPOといっても活動の原資を自らの活動から得るようにしなければ，長期的な存続と目的達成が出来ないと言う現実であった。NPOといえども，経済的活動をせざるを得ないのである。とすると一方で非営利と言いつつ，他方で収入を求めるという経済活動をしなければならないわけで，それをどう調和させればよいのか，社会的な問題解決への動きが広がれば広がるほど，この問題は深刻な課題となっていった。

　それは企業にとっても，というより，企業であるが故に，大きな課題となっている。企業は本来，利益を得ることを目的としている組織体である。それ故，社会的責任を果たさなければならないといっても，自らの存立を脅かすほどの活動は出来ない。言い換えれば，どれほど社会にコミットしていくべきなのか，社会的責任の遂行が強く問われれば問われるほど，企業は悩まざるを得ないことになったのである。企業にとってはもちろんのこと，NPOにとっても，私的な利益と社会的な利益をいかに調和させるかが重要な課題となっているのである。

　しかも，一方で，世紀の転換を挟んで社会的な問題はますます多様なものとなると共に，それらが複雑に絡み合うようになり，他方で，その解決を目指した動きがさらに広範に展開されるようになるにつれて，そうした活動の効率性が問われるようになってきた。NPOであれ企業であれ，やみくもに活動をすればよいというわけではない。というよりも，むしろ，非効率な活動の集積は，かえって本来の目的，つまりよりよい社会を実現するという目的に阻害要件として働くことになる。それを回避して，本来の目的を達成できるようにするには，どのようにしたらよいのか，これが大きな課題として浮かび上がって来ているのが現在なのである。

　これらの課題，即ち，私的利益と社会的利益との調和と効率性の実現という課題をいかに解決し，どのようにしてよりよい社会の実現を達成していけるのか。それを追究していく中から，出現してきたのが「ソーシャル・マネジメント」のアプローチである。これは，経営学の領域で培われてきた組織のマネジ

メントの視点から社会的な問題に迫ろうという考え方である。

2．ソーシャル・マネジメントの考え方

　経営学という学問領域が誕生したのは今から100年ほど前である。その出発点の1人となったアメリカのフレデリック・テイラーの唱えたのが「科学的管理法」であったことからも端的に理解されるように，この領域は当初企業をめぐる「管理の科学」としてその歩みを始めた。その後，経済発展による企業規模の拡大とそれに伴う企業組織の複雑化を背景に，経営学は企業経営の多岐に亘る側面に光をあてる様々な学問分野を含み込みこんでいく。その結果，経営学という概念自体があいまいなものになっていった。そのために，最近では，この領域の学問を総称して経営諸科学というようになってきている。その過程で，その対象も社会に存在する様々な組織に広がるようになり，経営諸科学は単なる「管理の科学」の域を超えて，「組織の科学」というように展開してきた。そこで，解明が目指されているのは，企業であれ，その他の組織であれ，組織体としての持続的な成長はいかにして可能となるのかという点である。組織が生まれ，成長し，さらに発展して，永続化する，それを可能とする条件を見きわめることが，ある意味，経営諸科学の向かうところであるといってよかろう。事実，これら経営諸科学は，それを目指して豊富な研究成果を蓄積してきている[1]。

　ソーシャル・マネジメントは，そうした経営諸科学が積み上げてきた組織マネジメントをめぐる知識や考え方を基盤として，それに社会の様々な事象をめぐる学問領域の成果や現実の動きについての知見を融合させながら，社会の様々な問題の解決にいどみ，究極よりよい社会の実現を目指そうとしているのである。

　ところで，ここで融合という言葉を使ったが，それは単に混ぜ合わせるという意味だけではない。それだけであるならば，社会的課題の解決にマネジメントの手法を使うというだけにとどまってしまう。やはり，その根底には，経営諸科学が長らく追究してきた，組織が持つ社会性についての認識が不可欠であ

る。社会的課題の解決に挑むために生み出されたNPOは当然のこととして，営利を追求する組織体である企業も，社会によって認知されてはじめて存在し得るという意味で社会的存在であり，したがって，上述のように，企業も社会に対する責任や義務を負っている。つまり，そうした企業を含めて，あらゆる組織は社会的存在であり，いかなる組織でもそれを動かす人はその社会性を強く意識して行動しなければならないのである。経営諸科学が展開してくる道すがらで，こういった考えは繰り返し議論されてきた。そして，今，それは大きな潮流となっている。経営諸科学は，実学的とよく言われるが，単なる手法の学問群ではない。その点を，踏まえた上での「融合」なのである。

　従来は，企業にかぎっては，こうした認識が不十分であった。たしかに，企業を経営する人々の中には，それを強く意識し，実践に移していた人も少なくない。また，日本では経営者団体のひとつである経済同友会が早くから企業の社会的責任を唱道したことは有名である[2]。しかし，実際には，企業が社会性を発揮するどころか，かえって反社会的行動を行ったり，人々に被害をもたらす企業が跡を絶っていない。それは，企業は営利を追求する組織体であるという考えによって生じた行動であったが，そうした企業は結局は社会の指弾を受けて，市場から退出を余儀なくされたり，経営に甚大な損失を生じさせてしまうことが多かった。つまり，組織としての持続可能性を閉ざしてしまうことになる場合が多いのである。それが故に，最近ではコンプライアンス（法令遵守）が声高に叫ばれるようになっているわけである。といって，企業はコンプライアンスだけに気を配ればいいかというと，そうではない。それをさらに一歩進めて，社会に貢献をしなければいけない。そういう意味で，現在では，コンプライアンスを超えて，CSR（Corporate Social Responsibility＝企業の社会的責任）の必要性が強調されている。このCSRについての議論は，基本的には，企業が自らの社会性に目覚め，それにそった行動をとることを求めている。それは，社会的存在としての企業の義務であると共に，企業が持続して発展していく上で不可欠なことだからである。

　経営諸科学の領域でもこうして企業の社会性の実現が重要な課題となっているということをきっかりと踏まえておくこと，それがソーシャル・マネジメン

トを考える原点である。その上に立ってこそ初めて，前節で述べた，私的利益と社会的利益との調和と効率性の実現という課題解決への展望が開けてくるのである。

3．ソーシャル・マネジメントの可能性

近年，ソーシャル・エンタープライズやソーシャル・ベンチャー，ソーシャル・ビジネスという名で呼ばれる組織体の活動がよく話題になる。これらは，「社会的課題に事業的手法で取り組み，イノベイティブな活動をおこなう社会貢献を目的とした民間企業」[3]で，それらが社会の様々な分野で出現しつつある。また，社会的な課題を発見し，強いミッション（使命感）をもって，そうした企業やNPOを立ち上げ，その解決に挑むソーシャル・アントレプレナーの輩出も報じられている。本書の以下の章では，そうしたソーシャル・エンタープライズやソーシャル・アントレプレナーの活動の一端を取り上げているが，それらの各章から浮かんでくるのは，少なくとも日本がソーシャル・マネジメントのアプローチを必要としている時代に来ている点である。今後，これがどのように展開していくのかはまだ未知数であるが，今後，これが大きな波になって来るであろうことは，多分間違いないであろう。

ただ，課題も多い。本書の最終章で行われている現在のソーシャル・マネジメントをめぐる理論的な状況の整理をみても分かるように，まだ「ソーシャル・マネジメント」なる言葉についても，概念は様々である。それらを統合して，このソーシャル・マネジメントをより明確な概念に育てていくこと，まずもってそれが最大の課題である。それとともに，経営諸科学がそうであるように，ケースをさらに発掘し，それらを分析していくことで，このソーシャル・マネジメントの論理的基盤をより一層強化していくことも大きな課題である。

これは困難なことかもしれないが，しかし，その先には，より良き社会への入り口が見えて来るであろうことは確実である。

参考文献

井関利明・藤江俊彦 (2005)『ソーシャル・マネジメントの時代：関係づくりと課題解決の社会的技法』, 第一法規。
岡崎哲二・菅山真次・西沢保・米倉誠一郎 (1996)『戦後日本経済と経済同友会』岩波書店。
京都産業大学経営学部編 (2008)『マネジメントを学ぶ』ミネルヴァ書房。
松野弘・合力知工 (2007)「ソーシャル・マネジメント論序説」『企業診断』2007 年 4 月号。
松野弘・合力知工 (2008)「ソーシャル・マネジメント論序説(1)－社会的経営論の基本的視点・考え方・方法」『企業診断』2008 年 5 月号。
松野弘・横山恵子 (2008)「ソーシャル・マネジメント論序説(2)－『ソーシャル・マネジメント』の実践的展開と課題」『企業診断』2008 年 5 月号。

注

1) こうした経営諸科学のあり方については, 京都産業大学経営学部編 (2008) を参照されたい。
2) これについては, 岡崎哲二他 (1996) が参考となる。
3) 京都産業大学経営学部編 (2008) 202 頁。

〔柴　孝夫〕

第Ⅰ部

企業と社会

第1章

企業とNPOの協働
――松下とグリーンピースによるノンフロン冷蔵庫開発[1]――

　協働とは，異なった複数の組織がそれぞれの主体性や自律性を前提に対等な立場で共通の目的を達成するために限定的に協力・協調することである。異なった組織のなかには，企業やNPOや行政や大学などが含まれるが，この章で扱うのは企業とNPOの協働である。協働の特徴は，相互の自律性や主体性の尊重，目的の共有性，対等性，限定性などである。企業とNPOの関係には，①企業からNPOに対する資源提供（金銭的支援，人的支援，物品・施設の提供，イベント支援）の関係が中心になるチャリティ型関係，②NPOが企業を批判し評価し監視するような批判評価型関係，③計画，実行段階を通してNPOと企業が協力しあう協働型関係の3つの形態がある。そして③協働型関係のなかには，企業が社会貢献の自主プログラムを計画したり実施する際にNPOと手を組むタイプと，企業とNPOが共同で新しい価値（新製品や新サービスの開発）を創造するタイプがある。松下冷機とグリーンピースジャパンによるノンフロン冷蔵庫開発のケースは，この新しい価値創造のケースに相応する。

　松下冷機（現パナソニック）のノンフロン冷蔵庫商品化に対して，国際NGOのグリーンピースがどのようにかかわったのかを考えながら，企業とNPOの協働について考える。企業とNPOとでは，ミッションや組織マネジメントや成果の評価などで大きく異なる。いわば水と油の関係である企業とNPOが，お互いの強みを活かしながら協働することでwin-winの関係になる過程をノンフロン冷蔵庫商品化をケースに考える。

ケースを読む

1. ノンフロン冷蔵庫の商品化

いまでこそ市場に出回る冷蔵庫のほとんどがノンフロン冷蔵庫であり，ノンフロン冷蔵庫というだけでは他社との差別化ができない。しかし2003年頃の一部総合家電メーカーの冷蔵庫製品カタログでは「ノンフロン冷蔵庫」という言葉が強調されていた。たとえば松下のカタログでは，「省エネ」というキーワードとともに「未来の環境を考えたノンフロン冷蔵庫」「子供の未来を考えたノンフロン冷蔵庫」といったことばが謳われている。そして「地球温暖化の原因となるフロンを使いません」，「もちろんノンフロンだからオゾン層も破壊しません」というキャッチコピーが使われている。

もう少し詳しく説明すると，これまでの冷蔵庫だと代替フロン冷媒を採用していることで温室効果の高い代替フロンガスを放出する。そのことで陸地の水没や緑地の砂漠化などが懸念されてきた。それに対してノンフロン冷蔵庫は，ノンフロン冷媒を採用していることで地球温暖化への影響が極めて少ないことが強調されている。地球温暖化係数でいえば，これまでの冷蔵庫が1300であるのに対してノンフロン冷蔵庫は3という数字である。このように松下は地球温暖化の原因になるフロンの使用をゼロにすることと，消費電力量を抑えることでCO_2排出量の低減につながることを他社との差別化のポイントにしていた。

『2002年版環境報告書』でも，当時の松下冷機研究所の石王治之氏はノンフロン冷蔵庫のグローバルスタンダードを目指すべく「買った瞬間から音が静かで従来製品より省エネルギーというメリットがありますし，お子様やお孫さまの将来のためにもぜひ選んでいただきたい製品です。いずれはすべての製品をノンフロンにし，世界標準の技術として確立することで，ノンフロン対応部品・部材分野でも大きなビジネスになっていくと考えています」と述べている。

冷蔵庫に関しては，大きな転換点になったノンフロン冷蔵庫が初めて市場に出回ったのは2002年2月1日のことである。松下冷機と東芝がほぼ同時期に

販売を開始している。このノンフロン冷蔵庫の開発の裏には，冷蔵庫メーカーとNPOとの対立・強請関係や協調関係が存在していた。また冷蔵庫メーカー間での激しい競争関係はもちろんであるが，業界全体の発展のために協調体制がとられたこともあつた。この章では，企業とNPOの関係を考えるために，ノンフロン冷蔵庫の開発と商品化をめぐる松下冷機とグリーンピース・ジャパン（GPJ）の協働過程をケースにする。

2．ドイツでの協働の経験[2]

　ノンフロン冷蔵庫の開発や商品化に関しては，ドイツのメーカーが先行していた。1970年代から，フロンがオゾン層破壊や地球温暖化の原因になるという指摘がなされてきたが，1987年のモントリオール議定書により1990年末までにフロンは全廃という計画が批准されている。そして1995年末までにフロンの生産と消費は全廃されている。全廃されたフロンに代わって注目されたのが代替フロンであり，ドイツ家電メーカーも冷蔵庫の冷媒や断熱発泡剤に代替フロンを使用していた。代替フロンの使用拡大が進むなかでNPOグリーンピースとフォロン社（旧東ドイツ）が協働し，1992年炭化水素を使用したノンフロン冷蔵庫（グリーンフリーズ）を初めて商品化した。この商品は，オゾン層を破壊するフロンも地球温暖化の原因になる代替フロンも使用しない冷蔵庫である。この冷蔵庫は，ドイツ環境省から「ブルーエンジェル賞」を受賞し，ドイツのボッシュ，シーメンス，リップファーなどの他の大手メーカーも追随した。そして1994年までに，ドイツの冷蔵庫メーカーすべてが，ノンフロン冷蔵庫への転換を終えている。

　NPOグリーンピースにとっては，フォロン社と共同開発をすることでノンフロン冷蔵庫を普及させることが目的であった。他方フォロン社の目的は，家電製品にグリーンフリーズ技術を付加することで市場での競争優位性を獲得するというものであった。ここでフォロン社とNPOグリーンピースの両者の戦略的意図は一致したことになる。その後フォロン社は倒産することになるが，このドイツでのフォロン社とグリーンピースによるノンフロン冷蔵庫の共同開

発の経験が「日本でもグリーンフリーズを」という動きにつながっていくことになる。しかしドイツと日本では事情はかなり違っていた。

　ドイツでは「環境保護のほうが大事，走りながら考える」という進め方。規格に対しても先にいいことをやっておいて，間違っていたら直していくというスタイル。ところが日本は，決めたらきちんと守らなければならないから，規格に慎重です。冷蔵庫の形態も，安全に対する認識も，電源事情も違う。従って，参考になる先進事例はないわけです。
　インフラは完璧に整えなければならない。しかも，商品がもしそれが受け入れられなかったら，冷蔵庫事業部のみならず松下冷機そのものがつぶれてしまうぐらいのリスクがある[3]。（松下冷機　秦聖頴）

3．グリーンピースとの協力的で友好的関係

　NPO団体グリーンピースは，1979年に設立され，約90人のスタッフと1億3630万ドルの年間予算，日米英などに38の支部をもつ国際的な環境保護団体である。元々はジャーナリストや学生13人が米国の核実験阻止を目指して核実験場へ乗り込んだのが始まりといわれている。もっとも典型的な批判評価型NPOである。1990年代には，欧米の多くの環境NPOが会員数や寄付金の減少という問題に直面し，活動方針の見直しを行う環境NPOもあらわれた。しかしグリーンピースは，直接行動を中心とする活動方針や，サポーターからの寄付を中心に活動し政府や企業からの寄付を受けとらないという方針は変えていない。世界中で290万人のサポーターがいるといわれ，日本でも6000人のサポーターがいるといわれている。
　NPOグリーンピースの活動範囲は，核廃絶や軍縮，森林保護，海洋生態系の保護，遺伝子組み換えなど広範囲であるが，地球温暖化防止にむけての活動も大きな柱になっている。この当時のグリーンピースの目標は，オゾン層破壊物質であり温室効果ガスのフロンやオゾン層破壊につながらないまでも強力な温室効果ガスを出す代替フロンの生産と使用を早期に全廃することであった。

いわばすべての「蛇口を締める」ことを活動目標にしていた。

こうした目標を達成するために，代替案を提示すること，消費者やメディアに働きかけることで世論を形成すること，国際的規制や国内規制を導入強化すること，脱フロンや脱代替フロンを達成すること，などを戦略の柱にした。このグリーンピースの戦略の中心になったのがグリーンフリーズの製品化であった。

図表1-1は日本でのノンフロン冷蔵庫販売までの時間的経緯をまとめたものである。まず1993年4月に，新宿のジャパンエコロジーセンターで日本初の企業向けグリーンフリーズ展示会が開催されている。この展示会は，ドイツの

図表1-1　ノンフロン冷蔵庫商品化までの経緯

年代	松下冷機の動き	グリーンピース・ジャパン（GPJ）の動き	ドイツ他メーカーの動き
1993	イソブタン使用コンプレッサー調査開始 代替フロン冷蔵庫	ドイツ技術者を招待し日本初のグリーンフリーズ展示会 家電メーカーに対するグリーンフリーズ・キャンペーン	フォロン社HC冷蔵庫の商業化 独主要メーカーHC冷蔵庫販売
1994	HC発泡断熱材使用の冷蔵庫発売		
1995			中国メーカーHC冷蔵庫製造開始
1996	インバータ冷蔵庫の発売		
1997	技術シンポにGPJの松本氏講演依頼（第一フェーズ）		地球温暖化京都会議でHFCが抑制対象物質
1998	HC冷蔵庫のドウモテクニカ出展 GPJに商業化予定を回答	日本の冷蔵庫メーカーに公開質問状 消費者キャンペーン再開	
1999	社内で商業化の意思決定 JEMA自主安全基準策定開始 2002年末までノンフロン冷蔵庫商業化を回答（第二フェーズ）	事務局長が松下冷機を訪問 松下に対してHC冷蔵庫販売を求めるキャンペーン 街頭キャンペーン	
2001	ノンフロン冷蔵庫発売予定を発表（第三フェーズ）		
2002	ノンフロン冷蔵庫販売開始		

ノンフロン（炭化水素）冷蔵庫 3 台を輸入し，ドイツの技術者も招聘した大規模な展示会であった。600 名を超える企業関係の参加者が訪れたことからも，ノンフロン冷蔵庫への関心の高さを伺い知ることができる。しかしこの当時のノンフロン冷蔵庫のイメージは，家屋に大きなダメージを与える，台所が爆発する恐れがある，エネルギー効率が悪い，といったマイナスイメージも大きく，すぐさま商品化へと進むような状況ではなかった。

　ただ松下は，1990 年初めから「地球環境との共存（グリーンプロダクト）」を旗印に環境問題に積極的に取り組んでいて，冷蔵庫の冷媒の代替フロン化（93），断熱材発泡剤のノンフロン化（94），省エネを目的にしたインバーター冷蔵庫開発（96）などを他社に先駆けて実践していた。グリーンピース・ジャパンは，松下のこうした活動を評価し，日本でのノンフロン冷蔵庫の開発普及について意見交換を行うために松下冷機研究所長を訪問したり，従業員の環境教育を目的にした社内技術シンポジウムに際してグリーンピース・ジャパンの松本泰子氏に講演依頼をおこなったりしていた。この時期の松下とグリーンピース・ジャパンとの関係は友好的で協同的である。（第一フェーズ）

4．ノンフロン冷蔵庫商品化に向けてのキャンペーン

　1997 年 12 月に，地球環境問題の取り組みの節目にもなる地球温暖化防止京都会議（COP3）が京都国際会議場で開催され，いわゆる「京都議定書」が採択されることになる。そこで 2010 年までに CO_2 排出量を 1990 年比で 6％減という目標が示された。また HFC も抑制対象物質に指定された[5]。こうしたなかでグリーンピースジャパンは，「グリーンフリーズ倶楽部通信」を発行しながら，主要な冷蔵庫メーカー 8 社の社長に対して公開質問状を送付している。質問は「フロンも代替フロンも使用しない冷蔵庫の発売予定はあるのか」という内容である。この公開質問状に対して，ほとんどすべてのメーカーからは反応なしという状況のなか，唯一松下だけが「HC 冷媒採用の冷蔵庫の発売予定はあるが時期は未定」という回答を行っている。

　松下の立場は，ノンフロン冷蔵庫に関しては安全性とインフラ整備に課題が

多く，発売時期については慎重にならざるをえないが，冷蔵庫のリーディングカンパニーとして早期に安全基準策定に努力したいという方向であった。さらにノンフロン冷蔵庫は究極のグリーンプロダクトであり，省エネを加味することでリーダー企業としての戦略的地位を維持できるという読みもあった。さらにグリーンピース・ジャパンとの対応窓口を決め，良好な関係を今後とも維持したいという意図もあった。

　他方グリーンピース・ジャパンは，グリーンフリーズ・キャンペーンのターゲットを，業界トップシェア（当時22％）のメーカーであり，かつノンフロン基盤技術を有する松下に絞りこむことで日本での商品化を早めることができるという読みがあった。1999年6月には，4カ月で1万2000人の消費者の署名を集め，消費者団体代表とともに松下を訪問し消費者の声を届けている。また同じ年に，消費者の声を届ける電話キャンペーン，大阪電気街でのペンギンキャンペーン，エコプロダクト展での冷蔵庫比較展示など草の根キャンペーンを続けている。そして「早くグリーンフリーズ作って！」「グリーンフリーズいつ買える？」「ナショナルは代替フロンで地球を暖めています」といったキャッチフレーズで発売時期の明確化を要請し続けている。松下にとっては，「本当に当時は困惑の極みであった。」（第二フェーズ）

　松下をはじめ国内家庭用冷蔵庫メーカーが，ノンフロン冷蔵庫の商品化に消極的であったのは次のような理由があるからである[6]。第一は安全性の確保の問題である。ノンフロン冷蔵庫で先行した欧州は直冷式冷蔵庫であるのに対して，湿度の高い日本は霜がつきにくい間冷式冷蔵庫が中心である。間冷式冷蔵庫は霜取りヒーターやファンモーターなどの電気部品の使用が多いことから，その電気部品の防爆対策を中心にした安全性の確立が大きな壁になっていた。ノンフロン冷媒として使用するイソブタンが可燃性のガスであり，このイソブタンによる爆発事故を防止するためには徹底した安全基準の策定が不可欠であったが，その当時は業界全体でこうした基準づくりを策定するまでに至っていなかった。

　第二の理由は，その当時PL法（製造物責任法）の策定が議論されており，火災事故があり冷蔵庫が火元という疑いがかけられたときに，裁判で勝てるの

かという課題があった。

　第三の理由は，インフラの整備である。ノンフロン冷蔵庫の商品化にあたっては単に開発だけでなく，設計・製造・輸送・保管・展示・設置・修理・廃棄・リサイクルなどのライフサイクルでの課題を見直し，安全性を確保するという課題があった。この課題を解決するためには，電気安全法，高圧ガス保安法，消防法など各種法令を調査し，業界全体としての対応を決める必要があった。これは松下1社でできるものではなかった。

　第四の理由はコストアップの問題である。安全に生産するための設備投資や安全性を高めるための材料費負担などで追加コストが必要であるが，地球環境に優しいというだけで消費者が買ってくれて，コストに見合う売上が期待できるかという問題もあった。

5．松下社内と業界全体での取り組み

　こうしたなかで松下社内では，1999年9月にはGP（グリーンピース）対策室＆HC技術委員会が発足し，グリーンピース・ジャパンに対して様々な取り組みがなされるようになった。例えばグリーンピース・ジャパンを訪問しノンフロン冷蔵庫開発に関する基本的考えを説明したり，ハガキキャンペーンへの回答，グリーンピース・インターナショナル事務局長への回答を送るといった対応である。

　また社内でも1999年10月からは，2001年1月を目標に自主安全基準づくりがスタートしている。日本電機工業会（JEMA）内部でも，この問題は松下だけの問題ではないという意識が生まれ，業界全体が一枚岩になって安全自主基準を策定する動きにつながっていった。そして2001年10月までに業界の安全自主基準を作成することで業界全体の合意を得たことで，「2002年末までにノンフロン冷蔵庫を商品化する」という回答をグリーンピース・ジャパンにしている。このときの状況を秦聖顕氏は次のように回想している[7]。

　　99年8月末の週末。猛暑の日でした。8人の経営トップが特別応接室に集

まり，99年8月3日と9日に「HC冷蔵庫の早期発売のスケジュールを明確に！」という強い要請がグリーンピースよりありました。そのことにどう対応すべきかの対応会議でしたが妙案はなく，みんな腕を抱えて押し黙っている。重苦しい沈黙が2日にわたって続き，最後には「やるしかない」と腹をくくって商品化することを決めたんです。冷蔵庫のトップメーカーとして先陣をきらなければならないと。

　「出すべきだ」という声と，「まだ出すタイミングではない」という声との間にはさまれて，精神的にも苦しかった。わたしたち以上にトップは大変だったと思います。（松下冷機　秦聖頴）

2001年11月8日に国内初のノンフロン冷蔵庫「NR-C32EP」を2002年2月1日発売することをプレスリリースしている。このプレス通り2002年2月1日に松下冷機がノンフロン冷蔵庫を出荷している。このノンフロン冷蔵庫は，日経BP技術賞の大賞も受賞している。東芝もほぼ同時期にノンフロン冷蔵庫を発売し，それ以降家庭用冷蔵庫のノンフロン化が加速し，2003年末には国内向け家庭用冷蔵庫の95%がノンフロン冷蔵庫である。（第三フェーズ）

　2003年5月25日には，東京有明のパナソニックセンターにおいて「THEノンフロン・ライフ・フォーラム」が開催されている。グリーンピース・ジャパンと松下電器産業コーポレートコミュニケーション本部社会文化グループの主催で，「賢い消費者は社会を変えることができるのか？―ノンフロン冷蔵庫誕生秘話から学ぶ」というタイトルであった。今だから話せる誕生秘話をグリーンピースと松下電器・冷機の双方の担当した方々に当時を振り返ってもらい，そこから見える多くのことを通じて，これからの持続可能な社会を地球市民としてどうあるべきかを考えるというのが開催趣旨であった。200人定員のパナソニックセンターはほぼ満員になり熱い討論がなされた。

　ノンフロン冷蔵庫の商品化に関係した松下冷機とグリーンピース・ジャパンの代表者3人（松本泰子・鈴木かずえ・秦聖頴）がそれぞれ講演したあと，森孝博コーポレートコミュニケーション本部長と木村雅史事務局長により「NPOと企業との協働で社会に伝えられること」とう対談が行われた。森孝博氏は，

「NGOには企業や行政の手の届かないところを満たす専門力がある。課題を見つける大きなヒントをもらった」と述べたのに対して，木村雅史は，「平等の立場で提言・批判するのがNGOの責任。持続可能な社会には持続可能な企業が必要だ」と述べている。

　松下冷機の秦聖頴氏は，ノンフロン冷蔵庫商品化をめぐりグリーンピース・ジャパンがNPOとして果した役割として，事業への決断への強烈な後押しによる商品化の早期化や業界の一枚岩化が促進されたこと，そして1年で全社が追随したように業界の価値観のフラット化が進んだことを挙げている。ただ業界だけにリスクを負わせる進め方については問題があり，地球環境保護へのリスク分担が必要であることを強調している。一方グリーンピース・ジャパンは，キャンペーン活動がノンフロン冷蔵庫商品化のドライビングフォースになったことを強調しながらも，ドイツで見られたような「戦略的架橋による協働関係」の構築にまでは至らなかったことを明らかにしている[8]。元グリーンピース・スタッフの以下の言説は，NPOが企業と協働することの難しさを端的に表している。

　　冷蔵庫のキャンペーンは，グリーンピースの組織内部でも反対の多かったものです。グリーンピースはいまでも，そしてこれからも問題指摘型の団体で十分だと思っています。つまり財力，スタッフ等を考えると，消費生活は別として解決部分を担当するのは政府であり，企業であると思います。…
　　グリーンピースは，日本では特にアンチ企業というキャンペーン方法をとらず，徹底的に技術を日本に紹介しました。ドイツの技術者を呼び，そしてデータを収集して企業に無料で提供し，お問い合わせに応じて冷蔵庫を日本に入れるための仲介をしたりしました。あとから聞くところによると，工業会のなかでは「グリーンピースの言うことなど」というようなことがあったらしいのですが，ある企業のトップの方が「待て，今回はグリーンピースの言うことをちょっと聞いてみよう。まず彼らが持っているデータと情報を自分たちの力で分析して，その結果で議論しよう」といったと，ご本人がおっしゃっています。（元グリーンピース　松本泰子）

6. 協働の契機・過程・結果

　企業とNPOは水と油の関係と言われてきた。一方は営利組織であり，片方は非営利組織である。ビジョンや戦略も違い，組織形態も異なる。企業にとってNPOは何をしている組織かがわからない遠い存在にもなる。またNPOにとっても，企業は批判や評価の対象であったり，物的人的金銭的支援の源泉であったりと，一方的関係に終始しがちである。

　しかし最近になって，企業とNPOが自らのアイデンティティを守りながら相互に補完しあい相互に調整しあうような場が生まれつつある。即ち営利組織としての企業は，NPOをはじめとする異質な主体との協働関係を通じて，新たな知識や能力を持続的に学習していこうとする。それが長期的には新事業や新市場の開拓，株主や顧客さらには地域社会に対するイメージの向上につながっていく。また企業内の従業員の社会に対する意識や感性を磨くことにもつながる。さらには企業体質の変革や組織変革につながり，ひいては社会変革の原動力になることもある。

　非営利セクターとしてのNPOに関しても，これまでの支援志向型や批判監視型あるいは企業評価型NPOだけでなく，社会的事業遂行の中心として機能する事業型NPOが必要不可欠になっている。即ち，企業との協働によって財政基盤が強化し，活動領域がさらに拡大していき，事業組織体としての存在意義が高まる。このように企業の社会的影響力とNPOの価値創造力とを融合させることで，新たな社会的価値を発見し創造するという側面が重要になりつつある。

　企業とNPOの協働は，相互に足りないものを単に補完するという関係だけに終わらず，企業の健全性がNPOの成長や発展を促進させ，NPOが企業の健全な発展を促進するという関係にまで進化していくことが必要である。企業とNPOが単なる相互補完的関係から，相互学習関係や相互信頼関係を含むダイナミックな協働に進化していくためには何が必要だろうか。こうした関係を考えるためにノンフロン冷蔵庫商品化をめぐる企業とNPOの関係を以下の3

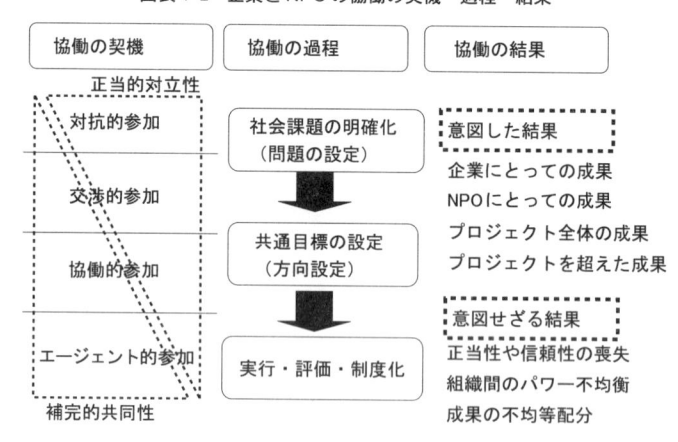

図表 1-2　企業と NPO の協働の契機・過程・結果

協働の契機	協働の過程	協働の結果
正当的対立性 対抗的参加 交渉的参加 協働的参加 エージェント的参加 補完的共同性	社会課題の明確化（問題の設定） ↓ 共通目標の設定（方向設定） ↓ 実行・評価・制度化	意図した結果 企業にとっての成果 NPO にとっての成果 プロジェクト全体の成果 プロジェクトを超えた成果 意図せざる結果 正当性や信頼性の喪失 組織間のパワー不均衡 成果の不均等配分

つの視点から考えてみよう。図表 1-2 は企業と NPO の協働の契機・過程・結果を図示したものである[9]。

(1) どのような契機で企業と NPO の協働が生まれてきたか。
(2) 企業と NPO の協働はどのような過程を経て進んでいったか。
(3) 企業と NPO の協働として，企業側・NPO 側・関係全体にどのような結果が生じたか。

　まず何が協働の契機になったかを考えると，このケースの場合は双方が対話不能の状態で関係に関わったというよりも，それぞれが話し合うことで利害調整が可能であるような交渉的参加から出発している。批判告発・評価型 NPO が企業と協働する場合は，このような交渉的参加のケースが多いと考えられる。逆に資金面や人材面で弱小の慈善型 NPO が企業と関係を持つ場合には，企業の下請け的存在の域を出ないエージェント的参加が多くなる。そして事業型 NPO の専門性・信頼性と企業の社会性が相乗効果を生み社会的価値の高い製品・サービスにつながる協働のケースでは，緊張関係を伴う協働的参加が契機になることが多い。企業と NPO の協働のもっとも典型的なケースである。

　ドイツで見られたようなグリーンピース・インターナショナルとフォロン社

によるノンフロン冷蔵庫開発のケースは，緊張関係を伴う協働的参加が戦略的架橋による協働関係の構築にまで発展したケースであったのに対して，日本の松下とグリーンピース・ジャパンのケースが交渉的参加に終わったのはなぜかについては多くの興味深い点が残されている。

つづいて第二の視点である協働の過程については，図表1-3のようにまとめることができる[10]。一般に企業とNPOの協働が進んでいく過程は，第1に問題や課題の明確化のステージ，第2に目標の設定のステージ，そして第3に実行・制度化・評価のステージという3つの段階に区分することができる。第1の問題や課題の明確化のステージは，関係する組織の明確化と技術的課題に対する参加組織間の相互認識の段階である。企業とNPOが協働するためには，関係する組織間で何が問題（problem identity）なのかを明確にしなければならない。即ち，解決すべき課題は何か，直面する問題は何かについての組織間の共通認識である。

第2の目標設定のステージは，企業とNPOの協働行為の理想的状態を明確にする段階である。具体的にいえばコンセプト創造やビジョン設定である。最終的には，参加組織が合意しうる共通の目標や価値を創造しながら，将来に向けての明確な方向を設定していく段階である。

そして第3の実行・制度化・評価のステージは，企業とNPOの協働を維持・発展させるため，他の組織からの支援や支持をもとにシステムや機構を創り上げる段階である。即ち，共通目的や価値の達成度を評価し，さらにより発展した状態へと発展させるためのシステムを構築し整備する段階である。

図表1-3　企業とNPOの協働の過程

	問題の明確化	目標設定	実行・評価・制度化
松下電器	地球環境との共存（グリーンプロダクト）	環境配慮型冷蔵庫の開発による差別化 家電市場での競争優位性の確保	安全自主基準の制定 政府・業界・大学・認証機関等の支援
グリーンピース	フロンや代替フロンの生産と使用の早期中止	ノンフロン冷蔵庫（グリーンフリーズ）の開発と普及	戦略的架橋としての役割（前半） キャンペーン活動（後半）

この3つの段階を前提にすると，第一の問題の明確化については，松下は地球環境に優しいグリーンプロダクトの開発と販売が第一義的問題であり，グリーンピースはフロンや代替フロンの削減が最も中心的課題である。つづく段階の目標（方向）設定に関しては，松下は環境配慮型冷蔵庫の市場投入による差別化を通じて家庭用冷蔵庫市場での競争優位を築くことが先決であった。グリーンピースは，ノンフロン冷蔵庫を早期に開発普及させることが目標であった。

　最後の実行・制度化・評価のステージにおいては，松下は経済産業省をはじめとする政府，日本電機工業会をはじめとする業界，大学，試験期間などのサポートを受けたり，ガスメーカーやガスセンサーメーカー，インターリスクなどの協力が大きい。グリーンピースは，はがきキャンペーンやペンギンキャンペーンなどのキャンペーン活動が大きな比重を占めていた。

　また協働の結果に関しては，企業とNPOそれぞれに意図した結果を生み出すこともあれば，マイナス結果を含めて意図しない結果を生み出すことも多い。日本の松下冷機とグリーンピース・ジャパンのケースでは，省エネ・ノンフロン冷蔵庫の投入により市場占有率が大幅にアップしたことがあげられる。ノンフロン冷蔵庫投入前年である2001年度の松下冷機の冷蔵庫販売台数は88万台であり，市場シェアは18.3％と過去最低に落ち込んでいた。それが2002年には111万台で21.1％，そして2003年には115万台で22.3％まで大幅にアップした要因の一つが，地球環境保護に配慮した省エネ・ノンフロン冷蔵庫であった。またグリーンピース・ジャパンにとっても，松下との正当な対立関係を維持しながらも協力関係を発展させることの意義を再確認できた点で大きな成果があったと考えられる。ただ前述したように，グリーンピース・ジャパンがもつNPOとしての専門性・正当性・信頼性が十分に評価されないという意図せざる結果も生み出した。このことはヨーロッパのように，グリーンピースが戦略的架橋として機能できなかった要因のひとつである。

何がポイントか考えよう

・ノンフロン冷蔵庫開発に対してグリーンピース・ジャパンはNPOとして

どのような貢献をしたか。
- 松下冷機さらには松下全体のNPOに対する姿勢はどのようなものだったか。
- ノンフロン冷蔵庫の開発環境についてドイツと日本の違いは何か。
- 企業とNPOが共同で製品・サービスを開発するときに必要なことは何か。
- この協働によって松下とグリーンピース・ジャパンは何を学んだか。

もう少し深く考えよう

　企業とNPOの協働については，これまでにも多くの研究が蓄積されつつある。第一の流れは，協働そのものの特徴を明らかにして，ある特定の業界で協働がどのように進化してきたかを探るような研究である。第二の流れは協働のマネジリアルな研究であり，協働のための目標をどのように設定すべきか，協働に向けて人々をどのように動機づけるか，組織機構をどうデザインするか，ボランティアをどのように集めるかなどのマネジメントを考える流れである。

　第三の流れは，企業やNPOが持続可能な成長発展を遂げるためには協働をどのようにして育てればよいかを考える視点である。また第四の流れは，協働の法律的あるいは倫理的側面に注目する流れである。第五の流れは，協働を何らかの指標で測定しようとする流れである。例えば，協働に投資したコストと協働から得る便益を比較することで協働のバランスシートを考えるという方向である。第六の流れは，第一の流れや第二の流れを基礎に協働が社会に及ぼすインパクトを考える流れである。

　さらに1990年代に入ると，企業とNPOの協働だけでなく，企業と行政の協働，さらには企業とNPOと行政の3者間の協働など異なったセクター間の関係についての議論がなされるようになってきた。マルチセクター協働あるいはクロスセクター協働に関係する議論である[11]。

　このようにマルチセクター協働あるいはクロスセクター協働の研究が増えているが，このことは21世紀が多様な組織が協働することで社会課題を解決することが不可欠な社会であることを示している。こういう時代こそが，協働を

マネジメントしていく，いわゆるソーシャル・マネジメント能力が必要になる社会である。

もっと知ろう

　企業とNPOが，それぞれ自らの強みを活かしながら全体としての相乗効果を生み出したケースとして積水アクアシステム（株）とNPO法人APEXの協働によるエスローテ（立体格子状接触体回転円板）の開発・製品化を取り上げる。積水アクアシステムは積水化学の連結子会社であり，排水処理プラント等を供給する水環境のエンジニアリング企業である。事業領域としては，各種産業プラント建設・水環境設備，水利施設，上下水道工事・給水設備，浄水設備などである。

　積水化学自体は，住宅カンパニー（売上高4304億円），環境・ライフインフラカンパニー（売上高2264億円），高機能プラスチックカンパニー（売上高2454億円）の3つからなり，そのなかの環境・ライフインフラカンパニーのなかに積水アクアシステム（株）が扱う事業領域が含まれている。この協働ケースに関係したのは，工場等の排水処理を行うエンバイロメント事業部である。またNPO法人APEX（Asian People's Exchange）は，インドネシアを中心に現地NGOと協力しながら排水処理，バイオマスエネルギー，小産業の創出，職業訓練，などの分野で活動している国際協力団体である。2007年に20周年を迎えている[12]。

　この両者の協働は，APEXの田中直代表理事が積水アクアシステムに新型回転円板の共同開発をもちかけたところから始まる。それ以前にも，1996年に田中の元勤務先企業である興亜石油の排水処理に積水アクアシステム（株）の回転円板が採用されたこともあり，ある程度の交流があった。APEXの田中直代表理事は，アジアにおける水質汚濁がかなり深刻化しているにもかかわらず，現地政府や企業による排水処理の必要性の認識は欠如していると考えていた。また一般的に排水処理施設は建設コストが高く運転管理が難しいというのが常識であった。そこで現地NGOのディアン・デサ財団と協力しながら現地での入手が容易で，耐水性や耐久性に優れたサトウヤシ（イジュック）の幹

から取れる繊維を用いた回転円板式排水処理装置を新たに開発した。この回転円板式排水処理装置は管理が容易で消費電力も少なく，まさにアジア向け排水処理の開発・製品化であった。

しかしこの装置は数年に一度メンテナンスが必要であり，APEX というNGO 単独では処理できないこともあり，過去に取引のあった積水アクアシステムに共同開発の話を持ち込んだ。積水アクアシステムとの協働の成立までには多くの紆余曲折があったが，岡川社長の大きなリスクのあるなかでの決断により契約が成立した。

そして 1997 年から共同開発がスタートし，1999 年にはエスローテという商品名で販売が開始されている。2000 年には，APEX が国際協力事業団（JICA）の開発パートナー事業に採択され，インドネシアの排水処理適正技術の普及活動を本格的に実施することになった。エスローテは，公立の 8 つの病院，食品工場などに納入されている。2006 年には，エスローテのインドネシアにおける本格的普及を図るために，両社が折半で金型の費用を負担し，ディスクの現地生産に着手することになった。現在では，積水アクアシステムのエスローテの販売実績は合計 174 台になっている。

積水アクアシステムは，APEX に対して資金提供や技術提供さらには製品化につながる貢献をしながら，自社の新製品開発や新市場開拓につながる結果を得ている。また APEX は，積水アクアシステムに対して現地ネットワーク情報を提供したり，基礎技術を提供したり現地でのプロジェクト対応を行ったが，結果としてアジアに適した排水技術の開発や排水処理装置の現地生産につながる結果を生み出している。

積水アクアシステムの松原善治氏は，「とくに CSR を意識したわけでもなく，たまたま新しい技術の提案を受けたのが技術系 NPO であったということである。連携を通じて途上国に適した排水処理技術が開発できたことが大きな成果である」と話している。また APEX の彦坂哲弥氏は，「NPO にはない製造技術・品質管理能力・営業力が企業にはあること，技術の裏付けと社会的ニーズがあれば企業にも受け入れる素地があることを学んだ」と述べている。このケースは，本業中心の相互補完型の協働ケースであるといえる。

もっと調べよう

佐々木利廣・加藤高明・東俊之・澤田好宏（2009）『組織間コラボレーション』ナカニシヤ出版。

パートナーシップ・サポートセンター岸田眞代・高浦康有編著（2003）『NPOと企業―協働へのチャレンジ』同文舘出版。

パートナーシップ・サポートセンター岸田眞代編著（2005）『NPOからみたCSR―協働へのチャレンジ』同文舘出版。

パートナーシップ・サポートセンター岸田眞代編著（2006）『企業とNPOのパートナーシップ―CSR報告書100社分析』同文舘出版。

横山恵子（2003）『企業の社会戦略とNPO』白桃書房。

注

1) このケース作成のため元グリーンピース・ジャパンの松本泰子氏，鈴木かずえ氏，松下冷機の石王治之氏，秦聖顥氏，積水アクアシステムの松原善治氏に資料提供やインタビュー調査にご協力いただいた。記して感謝申し上げる。なお松下冷機は2008年4月1日をもって松下電器産業により吸収合併され，10月から商号を「パナソニック株式会社」に変更しているが，このケースの記述では松下冷機の社名をそのまま使用している。

2) ドイツでのグリーンフリーズの経過について佐々木利廣「企業とNPOのグリーン・アライアンス」『組織科学』第35巻第1号，2001.9，18-31ページを参照。

3) 「企業の環境への取り組み　ノンフロン冷蔵庫開発秘話」ewoman 開発ストーリー（http://www.ewoman.co.jp/kurashi/frontier/nonfron/index.html）アクセス日 2003.12.3。

5) フロン（含む代替フロン）にはCFCとHCFCとHFCがあり，CFCはモントリオール議定書で対象物質になり1996年に全廃になっている。HCFCも2020年の全廃が決まっている。HFCについては京都議定書で対象物質になった。なおこれまでの冷蔵庫は，冷媒と発泡剤にCFCが使われていた。代替フロン冷蔵庫は，冷媒にHFC，発泡剤にHCFCが使われている。ノンフロン冷蔵庫（グリーンフリーズ）は，冷媒と発泡剤ともにHC（炭化水素）を使用した冷蔵庫である。

6) 秦聖顥「企業の社会的責任と企業・NPOの協働―ノンフロン冷蔵庫開発事例」明治大学経営学部公開講座資料（2004.11.12）。

7) 「企業の環境への取り組み　ノンフロン冷蔵庫開発秘話」ewoman 開発ストーリー（http://www.ewoman.co.jp/kurashi/frontier/nonfron/index.html）アクセス日 2003.12.3。なお家庭用冷蔵庫の競争企業間の協調過程を含むさまざまなアクター間の関係については省略した。

8) 松本泰子「地球環境ガバナンスの変容とNGOが果たす役割：戦略的架橋」松下和夫編著『環境ガバナンス論』京都大学学術出版会，2007年，109ページ。

9) 図表1-2は以下の文献をもとに作成している。

　　船橋晴俊「環境問題をめぐる政策的課題とコミュニケーション」『都市問題』第93巻第10号，2002年10月号。

　　B. Gray, *Collaborating*, Jossey-Bass, 1989, chap. 3.

　　A. Crane, D. Matten, *Business Ethics : A European Perspective*, Oxford Univ. Press, 2004,

pp.373-378.
10) 協働の過程（collaborating）については佐々木利廣「企業とNPOのグリーン・アライアンス」『組織科学』第35巻第1号, 2001.9, 18-31ページを参照。
11) マルチセクター協働に関する理論と事例の紹介については以下を参照。佐々木利廣他『組織間コラボレーション』ナカニシヤ出版, 2009年。
12) 積水アクアシステムとの協働を含め, 排水処理技術の開発と普及については以下を参照。APEX『APEX20年の歩み：適正技術への道』2007。

〔佐々木利廣〕

第 2 章

環境マーケティングの先駆者
―宝酒造株式会社[1]―

　お酒を売って自然保護にも役立つ。企業にも，市民団体にも，自然環境にも利益がある。まさに「一石三鳥」とも言うべきユニークな取り組みを，1979年という早い時期に始めた企業がある。それが，京都に本社がある宝酒造だ。
　「環境マーケティング」という言葉も日本にはなかった時代に，宝酒造は，どのようなきっかけで自然保護とマーケティングを結びつけることになったのだろうか。どのようなマーケティング活動だったのだろうか。その効果はどの程度あったのだろうか。その取り組み以後は，経営において，どのように環境を保全する活動を発展させてきたのだろうか。本章では，これらの疑問を解き明かそう。

ケースを読む

1．環境問題と環境政策の歴史

　今からおよそ 20 年前はどのような時代だったのだろうか。環境問題に絞って，1979 年の少し前の時代から概観しよう[2]。
　第二次世界大戦後，日本では産業復興として重工業化が進められた。特に 1960 年代は当時の「国民所得倍増計画」に基づく政策により，著しく経済が発展した。しかし，工場から有害な化学物質が混じった廃水が垂れ流されたため海や河川の水質汚濁が起こり，工場の煙突からのばい煙によって大気が汚染された。各地で産業公害問題が多発した。四大公害と呼ばれる水俣病・新潟水俣病・四日市喘息・イタイイタイ病が深刻化したのもこの頃である。公害によ

る住民の健康被害が顕在化するにつれ，社会の関心も高まり，公害反対運動が起こった。また，経済成長に伴って都市に人口が集中し，宅地や道路などの開発も活発になった。それらに対して，自然や文化財を乱開発から守る運動や道路建設反対運動などが起こった。

そのような中で政府も対応に迫られ，1967年に公害対策基本法が制定された。1970年にはヘドロや光化学スモッグなど新たな公害問題も多発した。その年の11月の臨時国会は「公害国会」と呼ばれ，水質汚濁・大気汚染・土壌汚染・地盤沈下・騒音・悪臭・振動の7公害など公害対策に関する多くの法律が制定された。1971年には，環境行政を一元化するため環境庁（現在の環境省）が設立された。以後，環境規制の強化が環境庁により積極的に進められた。

また，この時期には，経済成長に伴って人々のライフスタイルも変わり，生活排水による河川の汚染，自動車の普及による排気ガス問題や，ごみ問題など，都市・生活型の公害問題も発生してきた。1970年には，公害に関する法律と同時に，廃棄物の処理および清掃に関する法律も制定された。河川の汚染は，下水道の整備が進み軽減されていくが，身近な河川をきれいにしようという住民の運動が各地で起こった。

公害対策の法規制を順守するために，企業も環境管理部門を設置し汚染の排出防止に取り組んだ。公害防止技術も発達した。1973年と1978年の2度のオイルショックで政府の公害対策は停滞するものの，1979年には省エネ法が制定され，省エネ技術の開発が促進された。

1980年代には，オゾン層の破壊や地球温暖化など地球環境問題が顕在化し，国際的な枠組みで解決策の検討が始まった。日本も条約の締結や議定書に批准し，国内でも対応する法制定などを始めた。しかし，1980年代の日本では，公害対策は終わったものという風潮があり，地球環境問題や都市・生活型環境問題への対策は進まなかった。

1992年にブラジルのリオ・デ・ジャネイロで開催された「環境と開発に関する国連会議（地球サミット）」では，地球環境問題への対策が検討され，「持続可能な発展」の実現に向けて「リオ宣言」や行動計画「アジェンダ21」が

採択された。日本も地球サミットをきっかけに人々の環境問題への関心が高まった。企業でも「環境憲章」を制定し，以後の環境経営に影響を与えた。1993年に，それまでの公害対策基本法が廃止され，地球環境問題や都市・生活型環境問題への対応も含む環境基本法が新たに制定され，新たな環境対策の時代が始まった。

2．宝酒造の焼酎「純」誕生の歴史

(1) 会社の誕生と焼酎事業の発展

宝酒造の歴史は古い[3]。源流は，江戸時代後期の1842年，京都の伏見の地で，四方家4代目卯之助が，酒造業に参入したことに始まる。卯之助が5年後に若くして亡くなってしまうなどのハプニングがあるものの，四方家は事業を発展させ，明治時代の1905（明治38）年には四方合名会社を設立した[4]。

『宝酒造株式会社三十年史』によると，「宝」の商標は，明治初年，5代目の四方卯之助が製品に「宝」を冠したことに起因しているとされている[5]。商標登録の記録に「宝」印が最初に登場するのは1897年のことで，みりんの商標として登録されている。合名会社設立時もみりんが主力の商品で，関西に加えて東京の市場へも販売網を拡大していった。なお，当時のみりんは高級酒に属しており価格も高く，そば・うどん屋，鰻屋などの業務用が中心で，家庭用にはほとんど普及していなかった。後の1950～60年代に，最新鋭設備の導入，料理教室などのイベント開催，減税運動を積極的に展開し，家庭用としてみりんが普及することになった[6]。

みりんの次に力を注いだのは，「新式」焼酎であった。この新式焼酎にも「宝」の商標がつけられた。新式焼酎の開発者である大宮庫吉をスカウトし，工場を建設し自社製造で焼酎事業を発展させた。庫吉は，販売面でもユニークなアイデアを打ち出し，銀の延べ棒や小判を景品とする特売，愛飲者を帝国劇場や大相撲に招待する懸賞などの販売促進を行っていた。

焼酎事業の発展により，大正時代の1925年には株式会社に改組され，宝酒造株式会社が設立された。社名には，市場で広く知れわたっている商標である

「宝」を冠することに決定された。大宮庫吉は，宝酒造を発展させたキーパーソンで，株式会社の3代目社長に就任した。株式会社への改組後には，焼酎や清酒，ワインを製造していた他の酒造会社を，吸収合併あるいは買収し，事業の規模や範囲を拡大していった。1945年には株式を上場している[7]。

(2) お酒の種類と焼酎の甲と乙

ここでは，焼酎などお酒の分類について触れよう[8]。

お酒には，つくり方によって，醸造酒，蒸留酒，混成酒がある。

醸造酒とは，果実などの汁や穀物などを糖化し発酵させてつくる酒のことである。代表的なものには，清酒，紹興酒，ビール，ワインがある。

蒸留酒は，醸造酒を蒸留したものである。醸造酒である清酒，ビール，ワインを蒸留したものは，それぞれ，米焼酎，ウイスキー，ブランデーという蒸留酒となるのである。

混成酒は，醸造酒や蒸留酒をベースとしてつくった酒のことである。例えば，焼酎と蒸米と米麹から白酒，白酒をこしてつくる味醂，焼酎に梅の実を漬けてつくる梅酒などがある。

焼酎は，酒税法により甲類と乙類に分類されている。甲類と乙類の違いは蒸留方法にある。乙類は，単式蒸留機で蒸留した酒である。甲類は，何段にも蒸留する連続蒸留機で，純度の高いアルコールに製造したものである。

歴史的にみると，乙類は15, 6世紀頃からつくられていた製造方法によるもので，甲類は明治時代に西欧から輸入されたアルコール製造技術によって製品化されたものにあたる。かつては，前者は「在来式」焼酎，後者は「新式」焼酎として区別されていた。乙類は，昔，学業成績が甲乙でつけられていたことから，学業成績を連想するという乙類業界の要望から，「本格」焼酎とも表示されるようになった。

ヨーロッパから日本に連続式蒸留機が初めて輸入されたのは，1895（明治28）年頃で，東京の板橋と京都の宇治の火薬製造所に設置された。この装置によって，日本でも高純度のアルコールが製造できるようになった。日本酒精株式会社が1899（明治32）年に創立され，旭川工場にドイツ人技師を招いてア

ルコールの製造を始めた。同社は1910年には，高純度のアルコールを水で割った日本最初の焼酎甲類を，愛媛県宇和島の工場で製造した。

宝酒造の社史によると，このときの開発者の1人が大宮庫吉であり，1912（大正元）年に，宝酒造は日本酒精と「関東一手販売」の契約を結んでいたが，1916（大正5）年に日本酒精が他社に買収されたことを機に，庫吉を宝酒造にスカウトし，焼酎甲類を自社生産していくことになるのである。

(3) 焼酎の低迷とビール事業失敗からの再生

第二次世界大戦後の日本経済の復興期には，焼酎は「庶民の酒」として親しまれ，宝酒造の主力製品である焼酎も爆発的な売れ行きを見せた。しかし，人々の暮らしが豊かになると，清酒や，ビールやウイスキーといった洋酒の人気が高まり，1955年をピークに，焼酎は下落していった。

宝酒造も1950年代にはビール事業に参入し，「タカラビール」を発売した。しかし，発売当初のビールはドイツ風の苦みが強い味であったこと，既存ビールメーカーがもつ販売チャネルに参入できなかったこと，「焼酎くさい」というあらぬ悪評を受けたことなどから，ビール事業は失敗に終わる。

ビール事業で痛手を負ったものの，後述するようにプロダクトマネージャー制を導入し，清酒「松竹梅」のブランド戦略などで成功をおさめてゆく。また加工食品用の発酵調味料の開発でも，魚臭を抑える機能を付加するなど，全国の加工業者からの信頼を集めた。その開発の基盤を担ったのが中央研究所であった。1950年に酒精研究所として設立され，1967年に名称が変更され，研究員が増員された。1967年当時はビール事業の低迷期であったが，苦しい時期にこそ投資が必要という社長の決断によりなされたものだ。この研究所は，現在のタカラバイオ株式会社の基盤である。

ビール事業失敗からの再生として，残る課題は主力商品である焼酎の復活だった[9]。

(4) 白色革命と宝焼酎「純」の誕生

1965年頃から，アメリカで，「大統領とともに生まれた」と言われるバーボ

ン・ウイスキーから，ウォッカへと需要が変化し始める。1974年には，ウォッカの消費量がバーボン・ウイスキーを抜くまでになった。ウイスキーもウォッカも蒸留酒だが，ウイスキーは濃色蒸留酒，ウォッカは無色で白色蒸留酒に属する。濃色蒸留酒には，ウイスキーやブランデーなどがある。白色蒸留酒には，ウォッカ以外に，白色ラム酒，ジン，テキーラ，焼酎などがある。

　白色蒸留酒が濃色蒸留酒にとって代わる現象は「白色革命」と呼ばれ，アメリカから始まり，イギリスや世界各国で広まってゆく。1978年頃には，それまでは飲まれる全蒸留酒のうちの51％がウイスキーであったイギリスでも，ウォッカのシェアが急増していた。1981年には，アメリカでの蒸留酒販売実績のトップの座を，ウォッカや白色ラムの有名銘柄のものが占めた[10]。

　白色革命は，人々の色の好みが変化したということではない。宝酒造の社史に「人々は，ウォッカ，ジン，テキーラなど，無色透明の酒をベースに，思い思いのミックスドリンクを楽しむようになった。」[11]と書かれているように，飲み方，飲むスタイルの変化と言えるものである。そのスタイル自体が好まれ広まったのである。

　「蒸留酒をめぐる新しい潮流は必ず日本にもやってくる。その時，日本において白色革命を担いうるのは，焼酎以外にはない。この波は日本の蒸留酒・焼酎の再発見へとつながり，焼酎にマイナスイメージを持たない戦後世代に注目されるに違いない。この新しい世代に向け，高品質で全く新しい焼酎を提案しなければ。」

　宝酒造では，そのように確信し，当時の大宮隆社長が陣頭指揮をとり，それまで培ってきた技術力やマーケティング力を結集して新たな焼酎の開発に乗り出した。基本構想から1977年3月の発売までに2年余りを費やして，宝焼酎「純」が誕生する。それは，改良型蒸留機などで蒸留した複数の長期樽貯蔵原酒を，最高純度の甲類焼酎にブレンドし，独自の濾過を施して仕上げた無色透明なものであった。

　発売まで2年余りという長い歳月を要したことが，「純」のボトルの開発にプラスになった。「純」のボトルは，シャープなクリスタル風の角型ボトルに商品ロゴをダイレクトプリントしたデザインのものだった。当時の製造技術で

は実現が難しかったが,「純」の開発に苦しみ発売時期が延期になっている間に,ボトルの技術開発が進んだ。その結果,当初の構想どおり,「純」のイメージにふさわしいデザインのボトルで発売できたのである[12]。

3. 宝焼酎「純」のマーケティング戦略

ここでは,宝焼酎「純」がどのような製品でどのように販売されたかを知るために,宝酒造の社史や当時の新聞記事などから,新製品「純」のマーケティングの4P[13]を整理してみよう。

(1) 製品 (Product)

宝焼酎「純」の製品としての物理的特性は,「従来の味わいの薄い甲類焼酎に,味わいを持たせて飲みやすくした」[14]焼酎である。しかし,製品は単に物理的特性を消費者に提供するのではなく,その製品のもつ本質的サービスがある。「純」の本質的サービスとは何か。それは,もちろん「白色革命」であり,「新しい飲み方の提案」であったと言えるだろう。宝酒造は「純」を,日本の白色革命の到来を先導するという気概で開発した。また,後述するが,「純」をフルーツジュースなどとミックスする飲み方を提案した。

ターゲット市場は,図表2-1に示すように,年齢層では,戦後生まれの若者層である。特に,「焼酎にマイナスイメージを持たない戦後世代」である。「純」は「この新しい世代に向け,高品質で全く新しい焼酎を提案」[15]するものであった。もちろん,新しい世代に受け入れられれば,その波及効果として,古い世代にも「白色革命」「新しい飲み方」の「純」が受け入れられると考えていただろう。

消費者は,製品の物理的特性だけでなく,その本質的サービスを求めて消費している。さらに,製品の付加価値を高める補助的サービスからも効用を得る。宝焼酎「純」の付加価値を高める補助的サービスで重きを置くものは何か。それは,ボトルであったと言える。宝酒造では,先に述べたように,「純」のイメージにふさわしいデザインのボトル開発にもこだわった。図表2-1の横

第 2 章　環境マーケティングの先駆者　37

図表 2-1　宝焼酎「純」のターゲット市場

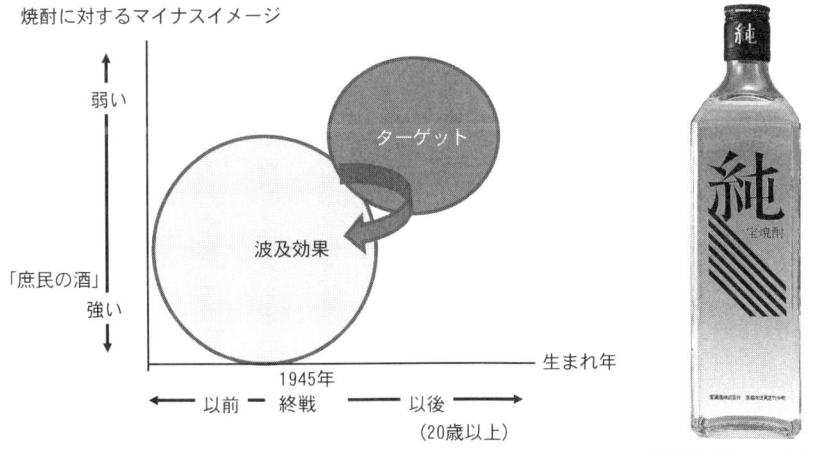

宝焼酎「純」のボトル

　の写真に示すように，シャープなクリスタル風の角型ボトルに商品のロゴをダイレクトプリントしたデザインで，当時の製造技術を結集して到達した優れたボトルであった。このボトルこそ，「純」の「純粋」や「白色革命」という付加価値を高めるものであった。
　差別化戦略のポイントは，従来よりも飲みやすくした「味わい」である。宝酒造が甲類焼酎を発売して以来，日本の「白色革命」に追随すべく，大麦を主原料として原酒を 1〜2 年貯蔵してコクと丸みを持たせる「純」の製造方法を採用するメーカーが続出した。1983 年には，宝酒造，合同酒精，協和発酵工業，三楽オーシャンの 4 社で全国の甲類焼酎シェアの 70％近くを占めるまでになった。各社はボトルも重視しており，若者向け斬新なデザイン容器入り焼酎を主力に競争を展開[16]していた。「味わい」と「ファッション性の高いボトル」による差別化競争であったと言えよう。

(2) 価格 (Price)

　焼酎は，もともと「労働酒」「庶民の酒」として，人々に親しまれてきた酒である。その背景には，焼酎が相対的に他の種類より安かったこともある。安

い理由の一つに，酒税がある。お酒には，酒税が課せられているが，焼酎に対する課税率は，他の酒類に比べて小さかった。それは，「大衆酒からは税金は多くを取らない」という趣旨とされており，事実，統計的には低所得層ほど焼酎を飲むという結果も指摘されていた[17]。

1977年3月に発売された「純」は，アルコール度数35度で，720ml入りで580円であった。この価格が高かったのか安かったのか，図表2-2で検討してみよう。

図表2-2　宝焼酎「純」の価格

銘柄	容量 (mℓ)	価格 (円)
甲類焼酎	1800	910
甲類焼酎「純」	720	580
甲類焼酎「純」×2.5倍	1800	1450
清酒2級	1800	1000
清酒1級「松竹梅・豪快」	1800	1455

出所：宝酒造へのインタビューより筆者作成。

当時，普通の甲種焼酎は1.8ℓ入りで910円，やはり庶民の酒である清酒2級は同容量で1000円であった。720mlの2.5倍は1.8ℓで，580円の2.5倍は1450円となる。普通の甲類焼酎や清酒2級よりも高かったことがわかる。また，度数が異なるので単純比較はできないが，参考までに，1979年発売の清酒1級の「松竹梅・豪快」は1.8ℓ瓶入りで1455円であった。焼酎は安い酒と言われていたが，「純」はそれまでほど安くはなかったと言えよう。その理由としては，製造方法やボトルが新しく開発されたものであり，コストを要したことが考えられる。

しかし，「純」の容量は「松竹梅・豪快」より小さいため，若者にも買い求めやすい価格であっただろう。さらに，半分の容量の「純ハンディボトル」も販売された[18]。容量を小さくすることで価格が抑えられ，ターゲットである若者にも買いやすく，試しやすくなった。

(3) 流通経路 (Place)

　日本での「白色革命」の先駆者である「純」が提供した「新しい飲み方」は，都市部の料飲店に広まっていった。1982年頃には，焼酎専用のパブができ，ソーダ割りや梅酒割という新しい飲み方が定着した[19]。特に，東京地区での焼酎の販売数量の増加は20%近くにも達し，全国平均を大きく上回っていた。東京で安定して飲まれていた甲類焼酎だが，さらに伸びたことは注目に値するだろう。縄のれんが中心だった焼酎に新たな需要層を加えることで，都市部から焼酎ブームが引き起こされた[20]。

　さらに1年後の1983年には，東京，札幌，仙台，大阪，広島，福岡など都市部の料飲店に，「人気のチューハイあります。」という看板が見られるようになった。チューハイとは，焼酎ハイボールの略で，透明な甲類焼酎を炭酸水で割ったもので，一杯2百円前後で出されていた[21]。

　これらのことから，魅力あるボトルで提供される買いやすい価格の甲類焼酎であるが，まずは家庭用よりも業務用として消費されたことがわかる。当時，業務用から家庭用に需要が浸透するか否かが，すなわち，料飲店でチューハイからアルコールに入門した若い人が家庭でも気軽に飲むようになることが，焼酎ブームを定着させる決め手となると指摘されている[22]。

(4) プロモーション (Promotion)

　宝酒造では，1967（昭和42）年に，それまでの販売企画課と宣伝課を統合して，企画宣伝課とした。また，同課にプロダクトマネージャー制も導入され，焼酎，清酒，みりんについて，製品別のプロダクトチームが編成されてプロモーションに，それまで以上に力を注がれることになった。その背景には，当時，社長に就任したばかりの大宮隆氏が，「良いものを安く，大量に供給するだけでは生き残れない。潜在的ユーザーの心をもつかみ，安定したリピーターとするため，積極的なマーケティング戦略，広告戦略が不可欠だ。」と考え，「販売計画の推進と広告のあり方に重点を置く」ことを宣言したことがある。

　それを受けて，例えば，清酒「松竹梅」では，1968年から「CHARM作戦」

と称して「祝事・幸福・めでたさ・よろこび・陽気」というシーンにおける需要の掘り起こしや，1970年より当時とても人気のあった俳優である石原裕次郎を起用する広告・宣伝活動を実施していた[23]。

1977年3月に発売された「純」でも，積極的な広告・宣伝活動を展開している。

まず，東京や大阪で開催され商品発表では，「世界はいま，『純粋』の時代へ向かっている。」というキャッチコピーで大々的に宣伝された。「白色革命」到来を示すものであった。先にも述べたように，「白色革命」は酒の「新しい飲み方・楽しみ方」という意味がある。宝酒造では，「凍らせて純粋さを飲む」「ミックスで調和を愛でる」という広告宣伝を行い，「純」をフルーツジュースなどとミックスする飲み方を提案した。これが，若者を中心とする幅広い層に受け入れられ，新しいドリンクファッションとなり，1980年代前半のチューハイブームへとつながっていった。チューハイは，宝焼酎「純」がきっかけとして登場したお酒なのである。宝酒造では，1984年には缶入りの「タカラcanチューハイ」発売に至っている。

「純」は販売直後から好調な売れ行きを見せた。それを安定軌道に乗せるべく，宝酒造では，1978年に，「純」販売作戦推進委員会を設置し，各支店と本社の緊密な情報交換を行うなど，プロモーションにさらに力を注いだ[24]。

当時の広告・宣伝活動として，例えば，犬ぞり単独行で北極点に到達した登山家・冒険家の植村直己氏へのサポートがある[25]。また，特に注目されたものは，当時の若者に話題の松竹映画「なんとなくクリスタル」とのタイアップである。この映画は，田中康夫原作の同名のベストセラー小説を映画化したものだ。映画の中でテレビCFを撮影する1場面に「純」を登場させ，さらにそのCFを映画の中のテレビで放映するという手の込んだ趣向で，「純」の広告宣伝をするというものだった。商品の「純」というイメージと，「クリスタル」の言葉のイメージや映画の内容とが一致していること，また，ベストセラー小説の映画化という話題性があることが，この広告戦略の主な狙いであった[26]。

その他にも，「純」の広告には，当時の若者に人気の海外スターも起用された。1980年にはデビッド・ボウイが登場する「時代が変わればロックも変わ

る 純ロック・ジャパン」や，1985年にはシーナ・イーストンがあでやかな着物姿で登場する「日出ヅル国ノ宝物」があった[27]。

4．環境マーケティングの誕生

(1)「純」の成功と他社との競争

　1977年3月に発売された「純」は，発売直後から売れ行きが好調で，わずか2週間で10万ケース（1ケースは720ml×12本）を出荷した。生産が追いつかず，4月には注文の70%，5月には60%しか出荷できなかったほどである。初年度の販売数は61万ケースに，続く1978年度の販売数は66万ケースに到達した[28]。その後も前節で述べたマーケティング戦略が功を奏し，宝酒造の1981年の焼酎売り上げは161億4400万円にまで達し，前年度より20%も増加した。その中でも「純」は特に若者に好評で，売上高は23%増の41億2200万円だった[29]。

　1977酒造年度（1977年10月〜1978年9月）は，「純のヒット」の年であった。宝酒造が仕掛けた飲み方の提案が定着し，チューハイが広まり，さらに他社の参入によって，甲類焼酎の需要はさらに増加した。1981酒造年度（1981年10月〜1982年9月）は，日本の甲類焼酎の販売量が前年比21%も増加し，「焼酎ブーム」とも言える伸びになった[30]。

　図表2-3は，当時の甲類焼酎メーカーの業界ポジションと特徴を示したものである。

　宝酒造は「白色革命」の仕掛け人であり，甲類焼酎の最大手として不動の地位を築いていた。特に首都圏に強く圧倒的なシェアを確保していた。甲種焼酎を長期間樽貯蔵する設備を増設するなど，積極的な設備投資も行っていた。

　宝酒造を追うチャレンジャーは，合同酒精であった。発祥の地である北海道ではシェアが高かった。首都圏市場を第二の拠点とする戦略であり，CMタレントとして人気俳優の千葉真一の起用，番茶で割る飲み方の提案など，積極的な広告宣伝活動を展開していた。

　甲類焼酎シェア3位の協和発酵と4位の三楽オーシャンはともに販売量の半

図表 2-3　甲類焼酎メーカーのポジション（1981 酒造年度）

甲類焼酎シェア	企業名	業界のポジション	銘柄	強い地域
1位	宝酒造	リーダー	「純」「宝焼酎」「特選マイルド宝焼酎」	特に首都圏で圧倒的
2位	合同酒精	チャレンジャー	「ホワイトリカーゴールド」「ワリッカー」	北海道ではシェア60%
3位	協和発酵	フォロワー	従来の銘柄を統一ラベルに変更	販売量の50%を九州に依存
4位	三楽オーシャン	フォロワー	「マイルド白楽」	販売量の50%を九州に依存
5位以下	例：江井ケ嶋酒造	ニッチャー	「白玉焼酎」	兵庫県の名門

出所：1983年1月6日付の日経産業新聞をもとに筆者作成。

分を"焼酎天国"九州に依存しており、首都圏市場でのシェアアップに力を入れていた。

5位以下のメーカーはシェア3％前後と小さく、販売地域の限定、梅酒用など、ニッチの特色を生かして販売していた[31]。

(2) 北海道での販売促進と「カムバック・サーモン」運動

宝酒造は、「純」により1977年から1978年の第1次焼酎ブームを作り上げた。特に、首都圏で需要が大きかった。1981年のデータであるが、図表2-3からもわかるように、当時、地方では他社メーカーが存在しており、宝酒造にとっては地方に食い込むことがマーケティングの課題であった。そのような折、「地元で支持される会社でなくてはならない」と考えていた北海道のマーケティング担当者が注目したものが、豊平川の「カムバック・サーモン運動」という市民による自然保護運動ウェーブであった[32]。

宝酒造の札幌工場[33]は、豊平川沿いの雁木という地に位置していた。豊平川は、かつては多くのサケがのぼってくるきれいな川であった。しかし、特に戦後、工業化や都市化によって豊平川の水質が悪化してしまい、サケは見られなくなった。1970年代に入ると公害対策や、下水道の整備により、河川の汚

染は減少しはじめた。1978年には，豊平川に24年ぶりにサケが発見された。これをきっかけに，「豊平川にサケを呼び戻そう」という呼びかけが市民の間に広まり，1979年3月に市民運動グループ「さっぽろサケの会」（発起人代表・吉崎昌一北海道大学理学部助教授（当時））が誕生した。この市民団体が中心となって，サケが戻ってこられるように豊平川を浄化，保護し，あわせて稚魚を放流するという活動が展開された。

宝酒造では，1979年4月に，この市民活動を支援することを表明した。河川を浄化しサケを呼び戻す活動が，焼酎「純」の「純粋で混じりけがない」というイメージに一致することから，次節で紹介するようなユニークなプロモーションを行った。

宝酒造では，以前から，「いいお米と水がなければ，いいお酒が作れない。」「酒造りは自然の恩恵がないとできない。」という思いがあった。水を大切にしたり，穀物の豊かな実りを尊ぶ精神が企業に根付いていた。社名の「宝」の語源は「田から」にあるとされている。このような思いがあったことも，支援の理由の一つである。

また，豊平川流域にある札幌工場でも，水質汚濁防止法や札幌市公害防止条例が制定される以前から，排水対策などに取り組んでおり，1979年はちょうど工場設立20周年であった。その記念すべき年のイベントという意味もあった。

さらに，甲類焼酎業界ではシェア1位であり，豊富な経営資源を生かすことができたことや，リーダーとして市場の安定化を図るポジションにもあったことも背景にはあるだろう。

(3) 「カムバック・サーモン」の環境マーケティング

ここでは，「カムバック・サーモン・キャンペーン」と称する，日本初の環境マーケティングの活動内容を紹介しよう。

(イ) サケのイラスト入り特製ボトル発売と寄付活動

図表2-1の横の写真に示したように，「純」は，その言葉のイメージにふさわしい透明なボトルに直接ロゴを印刷された美しい容器で発売された。このボ

宝焼酎「純」のサケイラスト特製ボトル

トルこそ，商品の付加価値を高める重要なカギの一つであったと言っても過言ではないだろう。

「カムバック・サーモン・キャンペーン」では，北海道地域限定で宝焼酎「純」の協賛記念ボトルが発売された。上の写真で示すように，ボトルには，サケが川を上ってくるイラストと，「COME BACK SALMON」「豊平川にサケを呼び戻そう」という言葉がプリントされている。

宝酒造では，特製ボトルの「純」の売上から，年250万円ずつ，4年間で合計1000万円を，「さっぽろサケの会」に寄付した。

(ロ) **商品広告の枠を超えた広告宣伝活動**

「カムバック・サーモン・キャンペーン」では，それまでの商品を宣伝する広告ではなく，新しいスタイルの広告活動が展開された。

広告では，「PURE SPIRITS」をキーワードとして，「純な世界が返ってくる」「純な心をつないで，市民のサケを迎えよう」「サケ戻る美しい川，豊かな街をつくろう」「本日放流。元気で旅立て，140万尾のサケたち」という魅力的な言葉で，豊平川の保全とサケを戻す活動がPRされている。

さらに，「さっぽろサケの会」の活動に携わる人々の写真と言葉などを紹介している。単に企業イメージだけの広告でなく，市民とともに自然保護に取り

組む姿勢を示すものであった。ポスターや新聞などでの広告紙面では，市民活動の紹介に約半分も使われている。

　企業の環境経営やCSR経営が進んできている現在では，環境保全をうたう企業広告は珍しくはないが，1979年という当時にこのような広告は画期的であった。

(ハ)　募金箱の販売員活動

　「カムバック・サーモン・キャンペーン」では，販売員が北海道内の酒屋を回り，募金箱を置いてもらうという活動も行った。酒屋を訪れた消費者に募金してもらおうというものだった。地域に根ざした市民活動としてキャンペーンが展開されている。

(ニ)　広報：新聞報道での注目

　1979年6月1日の日経産業新聞で，「宝酒造，北海道でしょうちゅう「純」のサケのイラスト入り特製ボトル発売へ。」という，キャンペーン特製ボトル製品の紹介がされている。また，後述のように，このキャンペーンでマーケティングに関する国際的な賞を受賞し，そのニュースも新聞報道された。これらの報道などで「カムバック・サーモン」は全国の人々に知られることになった。

(4)　環境マーケティングの"ソーシャル・アントレプレナー"

　企業の環境保全への取り組みは，まだ，公害対策という枠組みで捉えられていた時代であった。市民団体への寄付を行う企業活動も，日本にはまだ定着していない時代だった。そのような時代にあって，自社商品のプロモーションと市民活動支援を結びつける発想をした人が，宝酒造にはいた。

　そのキーパーソンの1人は，元会長の細見吉郎氏である。2008年3月26日付の京都新聞に，細見氏へのインタビュー記事が掲載されている。以下，記事から紹介しよう。

　細見氏は，今からおよそ50年前の同志社大学の学生時代に「誰もやったことがないことを」ということで，当時の最先端学問であるマーケティングの分野に飛び込んだ。卒論は，当時発売されたばかりの宝酒造のビールについて，

消費者アンケートを行い，売れない要因を調査したものだった。この研究が宝酒造入社のきっかけとなった。

細見氏が，「カムバック・サーモン・キャンペーン」のことを「人生のクリーンヒット」と振り返っている。市民団体とともに稚魚を放流し，川の清掃も行った。「サケが遡上してきた時の感動は忘れられない。」と当時の思いを語っている。「大切なのは喜びや悲しみに反応できる感性。人の心を動かせる。」という細見氏は，2008年4月に京都市の半世紀ぶりの民間副市長に就任し，自身の培ったマーケティングの感性で市民の心を動かす市政に取り組んでいる。

社会的課題の解決につながるビジネスを，それまでには見られない手法などで取り組む人は「ソーシャル・アントレプレナー」と呼ばれる。細見氏ら，「カムバック・サーモン・キャンペーン」を発案したマーケティング担当者やそのアイデアを採用した責任者は，地域の環境問題の解決と自社の販売課題の解決を結びつけ，新しいアイデアを企て実践した。そのような意味で，彼らは，環境マーケティングの"ソーシャル・アントレプレナー"である。

5．環境マーケティングの成果と発展

(1)　「カムバック・サーモン・キャンペーン」の成果

宝酒造の「カムバック・サーモン」の環境マーケティングでは，企業の内部や外部に実際に様々な成果をもたらした。以下で紹介しよう。

(イ)　北海道の販売増加

「カムバック・サーモン・キャンペーン」は，北海道の販売量を伸ばそうというマーケティングとして始まった。地域に根差す市民の取り組みとして展開したキャンペーンによって，宝酒造には，地域を超えて全国から数多くの反響と賛同の声が届いた[34]。

北海道地域の販売も伸びた。焼酎「純」の北海道地区での販売数量は，1979年4月から1980年1月までの10カ月間で73万3千本であり，前年同期の2倍以上に膨らんだ[35]のである。

第2章 環境マーケティングの先駆者　47

(ロ) MCEIの国際グランプリ受賞

「カムバック・サーモン・キャンペーン」のマーケティング活動は，国際的な評価を受けた。MCEI (Marketing Communications Executives International) の第23回国際大会で，リージョナル部門の1980年度国際グランプリを受賞した[36]。MCEIは，マーケティング研究の国際組織で，スイスのジュネーブに国際本部があり，世界各地の支部がマーケティングを通じて交流している。

宝酒造が受賞した賞は，世界中のキャンペーンの中から，特に社会性，独創性，話題性，成果の優れたものに対して贈られる賞で，日本で初の受賞であった。宝酒造では，この受賞を生かした「純」の広告も展開している。「市民と企業の純なスクラム　世界の絶賛を浴びる」「純な心に「純」を乾杯!!」[37]という粋なものだ。

また，この受賞をきっかけに，後述の海外の保護活動ともつながることになった。

(ハ) サーモンがカムバック

「カムバック・サーモン」運動は，豊平川を浄化し，サケが戻るようなきれいな川にすることが目的であった。「さっぽろサケの会」を中心とする市民の地道な活動が，ついに身を結んだのである。1981年10月5日，1979年の春に放流した稚魚が3年魚となってふるさとの川に帰ってきた。このニュースは全国でも大きな話題になった。

札幌市民とともに，宝酒造の社員も損得抜きに歓声を上げた。宝酒造にとって，キャンペーンを行ってきたことへの何よりの励みとなった[38]。

(2) 「カムバック・サーモン・キャンペーン」の発展

宝酒造の「カムバック・サーモン・キャンペーン」は，豊平川の取り組み以後，国内外に広がってゆく。

(イ) カナダとの交流

カナダのバンクーバー市にある「フレーザー教育財団」は，市を流れるフレーザー川にサケを呼び戻す"Save the Salmon"運動に取り組んでいた。

この財団は，1979年に宝酒造が豊平川の「カムバック・サーモン」運動支援を開始したことを知り，宝酒造に熱いメッセージを送った。それは，交流を深めながら，ともにサケの回帰増殖運動を行っていこうという提案であった。宝酒造は，この財団と情報交換を進め，1981年2月に，この運動の支援を決定した[39]。

宝酒造は，サケのイラスト入りボトルの「純」を，フレーザー教育財団傘下のカムバック・サーモン・ディストリビューターズ社を通じて，ブリティッシュコロンビア州の約300の酒屋で販売し，財団に，輸出にかかる経費を差し引いた売り上げの全額を寄付した[40]。

フレーザー川の支援活動は，宝酒造にとって利益を伴わないものである。しかし，活動の実践が，バンクーバー市や日本国内の多くの市民に知られることになれば，イメージアップにつながる。

(ロ) 広がる「カムバック・サーモン」運動

豊平川の市民による「カムバック・サーモン」運動は，人々の共感を呼び，1981年には日本の各地でも次々と運動が始まった。かつてはサケがのぼってくることで知られた，長野県の千曲川や，京都府福知山の由良川にも「サケの会」が誕生した。また，群馬県の利根川でも運動が起こった。さらには，「利根川でサケがのぼってくるのなら多摩川でも」という声まで起こり，「東京にサケを呼ぶ会」まで誕生した。

これらの「カムバック・サーモン」運動に対しても，宝酒造は支援を行った。それぞれの地域版の「カムバック・サーモン」特製ボトルが販売され，「「純」な流れ，いま京都にも」「1984年秋，サケ回帰。おめでとう多摩川の純な仲間たち」など，地域の広告も展開された[41]。

(3) 環境マーケティングのビジネスモデルと課題

宝酒造が焼酎「純」で実践した環境マーケティングは，図表2-4に示すようなビジネスモデルとして表現することができる。

企業は，自社の商品やその広告を用いて，商品や社名に加えて環境保全に取り組む市民活動について知らせる。消費者は，それらの情報を知ることによ

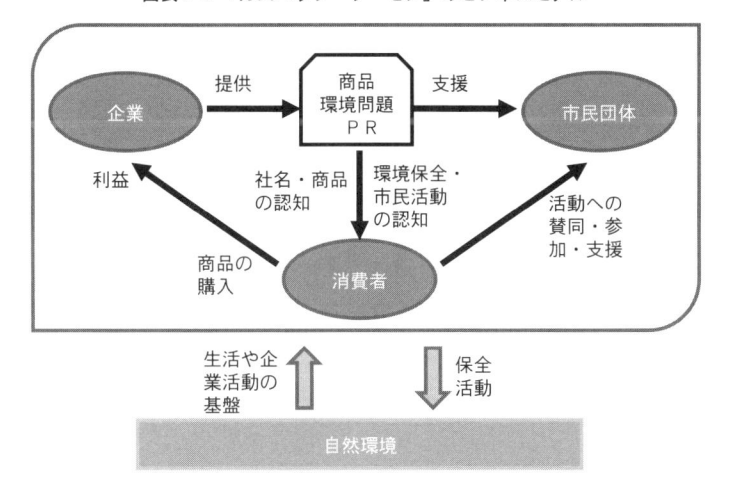

図表2-4 「カムバック・サーモン」のビジネスモデル

り，市民団体に賛同して寄付や，実際の活動に参加する。消費者が商品を購入してくれることによって，企業には利益がもたらされる。企業は得た利益の一部を，市民団体への寄付や，さらなる広告活動に充てる。市民団体は，企業のマーケティング力を借りることでPR活動の経費を削減し実践の資金を増やすことができる。また，市民の賛同を得て，活動を広げ，深めてゆく。このような，企業，市民団体，消費者の活動の循環によって，生活や企業活動の基盤である自然環境は保全される。

宝酒造では，焼酎「純」の環境マーケティングの成功を受け，清酒「松竹梅」でも，自然保護と商品広告のPRをタイアップさせる活動を行った。1982年5月より「日本の松を守る会」への支援を，さらに1983年7月より「日本の竹を守る会」への支援を開始し，全国規模で広告や募金活動，小学校に植竹を寄贈する活動などを行った[42]。

「カムバック・サーモン・キャンペーン」では，地域に密着した環境保全の課題に取り組む市民団体を支援することを通じて，宝酒造のマーケティングの課題であった，北海道の販売量を増やすことができた。宝酒造の知名度は，支援活動を実施した北海道で向上しただけでなく，上述のように，全国各地の

「カムバック・サーモン」運動からも支援のラブコールがかかるほど向上した。このように，「カムバック・サーモン」の環境マーケティングでは，宝酒造に大きな成果をもたらした。

　環境マーケティングの課題は，効果の持続性である。地域密着型のキャンペーンでは，一度，その地域で社名が知れ渡ると，同じ手法で効果は得にくくなる。また，全国で同じようなキャンペーンがたくさん登場すると，地域のオリジナリティがなくなってしまう。いかにして革新的なアイデアで自社の販売と地域の環境問題の課題を結びつけるのか。企業の挑戦に期待したい。

(4) 発展する環境マーケティング

　宝酒造では，1990 年代にも，環境マーケティングを生かして地域の人々と一体となって取り組む自然保護活動を続けている。それらは，1994 年 4 月に開始した「北海道ほたる計画キャンペーン」や「四万十川の清流を守ろうキャンペーン」である。

　宝酒造は，1994 年に北海道で焼酎「純」に回収・再利用を可能にしたリターナブルボトルを採用し，同地域でリユースやリサイクルを推し進めることになった。それを機に，北海道新聞社の「ホタルにやさしい北海道キャンペーン」に支援を始めた。回収・再利用した「純」の売り上げの一部を寄付した。また，「北海道ほたる計画」と称したプロジェクトでは，北海道新聞社とともに，北海道のホタルが住める環境などに関する情報を地域の人々へ提供することから始まり，ホタルが飛ぶ姿を体験する教室を開催するなど，様々な活動を展開してきた[43]。

　高知県西部を流れる四万十川は日本有数の清流として知られる。高知県では，1994 年に，生活排水などによる水質悪化から川を守るため，強大な浄水装置を埋め込み，化学薬品を使わずに水をきれいにするクリーン作戦を開始した。また，同時に，高知県では，1994 年度より四万十川の環境保全活動への資金援助を行う「四万十川の清流を守ろう」キャンペーンも始めることになった[44]。

　宝酒造ではこれを知り，高知県に支援を申し入れ，商品の売り上げから

2000万円を高知県に寄付した。この寄付金は，四万十川保全基金「四万十川ファンド」の母体となった。また，高知県と市民が中心となって行っている一斉清掃活動「四万十川クリーン大作戦」を協賛し，清掃活動にあわせて石原プロモーションの協力を得てミニコンサートも開催した。イベント当日は，1万人もの人々が参加し，宝酒造の社員も清掃に汗を流した。また，宝酒造では，1995年に，北海道で先行導入していた「純」のリターナブルボトルを関東でも導入した。これを機に，四万十川に関する新聞広告キャンペーンを開始し，売上の一部を四万十川ファンドに寄付した[45]。

　これらが「カムバック・サーモン」の頃から発展しているポイントは3つある。

　1つは，ワンウエイボトルからリターナブルボトルに変更し，実際に回収・再利用を開始し，商品の消費後に発生する環境負荷の削減を行っていることである。差別化戦略のポイントの一つであったデザイン性の高い「純」のボトルを，リターナブル化のためにわざわざ変更したのである。先進的な製品の環境配慮の取り組みとして，高い評価に値するものである。

　2つは，社員に呼びかけて清掃イベントへの参加を促していることである。社内でも輪を広めている点がユニークである。

　3つは，四万十川のケースだが，行政との連携である。環境保全は，人々のボトムアップの小さな行動の積み重ねと，行政主導のトップダウンでの環境政策での両輪が必要である。そこに企業の経営資源を生かしたパートナーシップが入るとさらに強力になる。しかし，企業がお金を出せばすぐに行政に受け入れられるというものではない。「カムバック・サーモンの実績を評価された。」と環境広報部の井上氏は話す。

6．環境経営の先駆者

　宝酒造の「カムバック・サーモン」の環境マーケティングが，今からおよそ30年も前のことなのに，今なお高い評価が与えられる理由は，それを一時しのぎの手法で終わらせなかったことにある。環境マーケティングによる地域の

自然保護活動を続けるとともに経営の様々な活動でも環境への配慮を導入した。環境マーケティングの先駆者であった宝酒造は，環境経営でも常に画期的なアイデアを示し，先駆者的存在であった。ここではそれらのいくつかを紹介しよう。

(1) ユニークな環境活動
(イ) 環境マーケティングから社会貢献へ：**自然保護研究・活動への助成**

宝酒造は，創立60周年を迎えた1985年，酒類・薬品（バイオ）・食品を三本柱とすることを発表し，新たな企業理念「自然との調和を大切に，発酵技術を通じて人間の健康的な暮らしと生き生きとした社会づくりに貢献します。」を掲げた。さらに，「ハーモニスト（＝調和の推進者）」をスローガンとして，失われつつある自然を守ろうとする人々の活動を支援するため，「公益信託TaKaRaハーモニストファンド」を設立した。環境マーケティングから始まった自然保護に携わる活動や研究への支援を，社会貢献としての助成活動へと移行したのである。活動助成と研究助成を合わせて，毎年10件前後，総額500万円の支援を実施している[46]。

設立後の当初はファンド運用の利回りが高かったが，現在は運用利益が期待できない状況である。資金が目減りするリスクも抱えている。しかし，社員を巻き込み会社として寄付をする仕組みも導入している。宝酒造では，あらかじめ用意されている福利厚生メニューの中から社員が一定のポイント内で選択できる「カフェテリアプラン」を導入している。医療費用補助や育児サービス利用補助，住宅ローン利子補助，スポーツ施設や社内食堂の利用補助などがある[47]。この選択肢にファンドへの寄付の項目も追加された。「このメニューを利用して寄付が集っている。」と井上氏は話している。全体からみると小さい額でも，社員の心のこもったファンドである。

(ロ) 新しいものにチャレンジする企業風土：**ステイオンタブ缶でも**

現在ではアルミ缶やスチール缶飲料のステイオンタブは当たり前である。かつて，缶入り飲料容器では，飲み口の金属を開けたとき，そのタブが蓋からはずれた。アメリカではステイオンタブ缶が普及していたが，日本で初めて採用

したのは宝酒造である。1989年にスポーツドリンク「PADI」に採用後,「タカラ CAN チューハイ」や「バービカン」などのアルミ缶を次々とステイオンタブにしていった[48]。

目新しいなら顧客の注目も集めるので,どの飲料メーカーでもすぐに飛びつくのではないかと思うだろう。しかし,新しいものの採用に慎重になる場合も多い。それは,様々なリスクもあるからである。当時は,消費者が衛生面での不安を感じるのではないかという点が懸念された。また,コストもわずかながら高くなってしまう。品質面も確実に保証できることが必要である。そのような中で宝酒造が採用に踏み切ったのは,よいことはリスクを負ってでも「最初にやろう」という企業風土が宝酒造にあるからである。実は,「宝酒造さんなら。どうですか。」ということで容器メーカーから宝酒造にもちかけられた経緯もあるほどだ[49]。

空き缶自体も回収されリサイクルされなければ環境破壊につながってしまう。宝酒造では,缶入り容器を使用するメーカーの責任として,自然の中に放置された空き缶を回収する「TaKaRa クリーン缶ウォーキング」という社員や市民参加型の活動を,1991年から実施している。

(八) 日本で最初の環境会計導入

宝酒造の会社案内のパンフレットのタイトルは「緑字(りょくじ)企業報告書」という変わった名前である。2004年までは「緑字決算報告書」という名称であった。この報告書では,事業に伴う環境負荷や削減した量など,企業活動が地球環境に与えた影響を数値化し,「ECO(エコ)」という統一指標で表したものである。同報告書は1998年から開始している。企業と地球環境との間の貸借をトータルで捉え統一指標化したのは,日本では宝酒造が最初であり,高い評価を受けている[50]。

宝酒造の環境会計は,「企業は地球環境から得た資源やエネルギーをもとに生産活動を行い,生産過程や消費後に出る廃棄物は地球に放出される。ならば,財務面と同様,環境面からみた事業活動の収支決算も必要では。」という考えから生まれた[51]。

(二) 焼酎の「はかり売り」

　酒など飲料メーカーの企業活動においては，製造過程で排出される汚染は比較的小さく，消費後の容器が与える環境への負荷が相対的に大きい。宝酒造では，1998年より，容器を使用せずに中身だけ販売する焼酎の「はかり売り」を実施している。宝酒造の工場から1キロリットルや200リットルの専用タンクを販売店に直送し，店頭で顧客が持参した容器を洗浄し必要な分だけ詰めて販売している。顧客にとってはほしい分だけ購入できることに加えて，容器代の分だけ安く購入でき，さらに家に容器が溜まらないというメリットがある。全国で約200店舗が協力している。緑字企業報告書2008年版によると，1998年から2008年3月までの期間に，2.7リットルペットボトル換算で約433万本，段ボール約74万枚を節約できた。「はかり売り」は消費者・販売店・メーカーの信頼関係に基づく協働である[52]。

(六) お米とお酒の学校

　宝酒造の「緑字企業報告書」の表紙は，2005年度版から，子供が田んぼで楽しそうに作業している写真が採用されている。これは，2004年から千葉県で開校した「お米とお酒の学校」の参加者の姿である。この学校は，お酒の原料であるお米をつくることで，自然の力がお米を育むこと，そのお米がお酒になっていくことを実際の体験を通じて学んでいこうというもので，NPO法人森の学校（代表理事・佐伯剛正氏）の協力を得て開催されている。

　プログラムは年に4回シリーズで，参加者はすべてにトライする。4月には自分たちの手で苗をうえる「田植え編」，6月には豊かな実りのために雑草を足で田んぼに埋め込む「草取り編」，8月には昔ながらの道具で稲を刈り取り天日干しする「収穫編」が，それぞれ開催される。最終回の10月には宝酒造松戸工場で「恵み編」として，育てたお米でおにぎりをつくりパーティーやお酒についての学習・見学会が行われる。お酒の適正な飲み方についての啓発活動も含まれている。できたお米は工場で清酒につくりあげられ，子供たちが手作りしたオリジナルラベルを貼って，参加者に届けられる[53]。

　応募者は次第に増えてきており，2007年にはおよそ7000人もの応募があった。毎年100人程度が抽選で選ばれ参加している[54]。シリーズでの参加でき

るプログラムはめずらしく,とてもユニークな取り組みである。

(2) 先駆者の課題

本章で紹介したように,宝酒造では,日本初のユニークな環境マーケティングを行った。それにとどまらず,環境への取り組みを事業活動に導入する中で,オリジナリティの高い新しい様々な取り組みを展開してきた。それらの活動によって,環境配慮のブランドイメージが定着し,環境性や社会性での企業価値が向上した。経済性の向上に結びつく活動もあった。

環境への取り組みでこれまで「宝酒造は進んでいる」と言われてきた。著者が以前にある企業へヒアリングをした際,「宝酒造さんにも行かれたら,ぜひ新しい試みの緑字決算の仕組みを聞いてくださらないだろうか。」と言われたことがある。それほど他社から注目を集めてきた。

しかし,社会の環境問題への関心が高まり,企業の環境経営の導入が進むにつれて,多様な環境保全活動が展開されるようになった。他社でも先駆的な宝酒造に追いついてきたのである。例えば,大手企業の環境報告書では,その企業によって内容は異なるが,環境会計の項目が記載されるようになっている。

環境を保全する斬新な取り組みが,多くの企業に広まっていくことは,社会全体としてみるとプラスである。その意味で,宝酒造は,ボトムアップで新しい活動を広めてきた功労者的企業であると評価できる。

しかし,社会全体に広まってきた結果,宝酒造の「新しさ」は薄れつつある。これまでのように,独自性・先進性のある活動をいかに展開していくかが課題である。

また,本章で述べたように,宝酒造の環境活動は「おいしいお酒は豊かな自然の恵みを受けてこそできる」「宝は田から」という思いで始まった。現在は,宝ホールディングスグループで,酒類・調味料・酒精のマザービジネス,バイオ事業,健康食品ビジネスの3つの事業活動を展開している。それらの事業においても環境配慮でユニークな取り組みを生みだすことも,今後の課題である。

何がポイントか考えよう

- 宝酒造が環境マーケティングを始めるきっかけは何だっただろうか。
- 宝酒造が支援した環境保護活動は，宝酒造の製品とどのような関係があるだろうか。
- 宝酒造の販売戦略は，環境保全活動にどのような点でマッチしたのだろうか。
- 宝酒造は，環境マーケティング活動をどのように発展させたのだろうか。
- 宝焼酎「純」で始めた環境マーケティング活動の成果と課題を整理しよう。
- 宝酒造がこれからチャレンジできる環境保全活動として何があるだろうか。現在の事業活動や環境活動を調べて考えてみよう。

もう少し深く考えよう

- 河川の水質保全の現状を調べよう

『平成20年版　環境・循環型社会白書』の水質汚濁状況と見ると「人の健康の保護に関する環境基準（健康項目）」については，平成18年度の公共用水域における環境基準達成率は，全体で99.3％と非常に高い。また，「生活環境の保全に関する項目（生活環境項目）」のうち，生物化学的酸素要求量（BOD）あるいは化学的酸素要求量（COD）の環境基準の達成率については，平成18年度は，河川では91.2％にまで達しているが，湖沼では55.6％に留まっている。

河川の水質汚濁が減少した背景には，下水道の整備が進んだことや，本章で取り上げたような市民や企業，行政の河川をきれいにする取り組みがあった。それらの成果であると考えられる。これまでの環境白書を読んでみよう。また，あなたが住んでいる地域の水質保全の取り組みを調べて見よう。

水質保全の現在の課題としては，湖や沼といった閉鎖性水域の富栄養化や，地下水の汚染問題がある。湖沼の環境保全問題と企業のかかわりでユニークな活動としては，例えば，滋賀銀行の，環境対応型金融商品による琵琶湖の固有種「ニゴロブナ」放流支援がある。滋賀銀行の活動をインターネットなどで調

べてみよう。

・環境経営について学ぼう

企業の環境保全に関するマネジメント「環境経営」とは,「環境理念を組織に位置づけ,企業活動に環境配慮の視点を組み込み,環境パフォーマンスを向上させ,同時に,経済パフォーマンス向上を目指し,それらの活動の結果として環境配慮型社会の構築に貢献すること」である。

環境経営における活動領域は,3つに分類される。1つは,工場やオフィスにおける環境負荷削減の活動であり,「事業プロセスへの環境配慮の領域」である。2つは,企業本来の事業として環境ビジネスを展開する活動であり,「製品・サービスへの環境配慮の領域」である。3つは,経営資源を生かして地域や国際的な場で活動を行う「社会的な環境活動の領域」である[55]。

本章で取り上げた環境マーケティングは,事業活動領域と社会活動領域をマッチングさせた環境活動領域として位置づけることができる。また,他の領域間のマッチングとして,例えば,株式会社島津製作所の水質モニタリングシステムは,工場の環境負荷削減の計測機器開発を事業活動に発展させたケースである[56]。

環境配慮の活動を利益に結びつけるためには,戦略的な環境経営の視点が必要である。戦略的環境経営の理論と実践については,エスティ＆ウィンストン(2008)を読んでみよう。

もっと知ろう

自社商品を用いて環境保護に取り組む活動としてよく知られたものでは,WWFジャパン（世界自然保護基金ジャパン）の活動支援がある。例えば,和菓子の虎屋では,社名にちなんで,WWFジャパンが実施している野生のトラを保護する活動に協賛している。虎屋では,トラのワンポイントがついた手提げバッグなどの「とらやオリジナルグッズ」を販売しており,その収益の一部を寄付している。また,活動内容をホームページなどで公表している。

WWFジャパンの活動支援では,他にどのようなものがあるだろうか。インターネットなどで調べてみよう。

もっと調べよう

- 環境マーケティングの事例を探してみよう
- あなたが関心のある企業の環境への取り組みを調べてみよう。
- あなた自身が取り組んでいる環境に配慮した活動はあるだろうか。それらの活動はビジネスと結びつくだろうか。それはどのような点だろうか。

大塚直（2002）『環境法』有斐閣。
倉坂秀史（2004）『環境政策論　環境政策の歴史および原則と手法』信山社。
佐伯剛正（2007）『田んぼが学校になった』岩波書店。
菅間誠之助（1984）『焼酎ルネッサンス　焼酎のはなし』技報堂出版。
谷本寛治編（2004）『CSR経営　企業の社会的責任とステイクホルダー』中央経済社。
沼上幹（2000）『わかりやすいマーケティング戦略』有斐閣アルマ。
山田昌孝（2008）「第3章　マーケティング戦略」京都産業大学経営学部編『マネジメントを学ぶ』ミネルヴァ書房。
在間敬子（2008）「第12章　環境マネジメント」京都産業大学経営学部編『マネジメントを学ぶ』ミネルヴァ書房。
在間敬子（2001）「環境マネジメントシステムと組織学習：株式会社島津製作所の事例から」『経済論叢』第168巻第5-6号，61-79ページ。
Daniel C. Esty & Andrew S. Winston (2006), *Green to Gold: How Smart Companies Use Environmental Strategy to Innovate, Create Value, and Build a Competitive Advantage*, Yale University Press.（村井章子訳（2008）『グリーン・トゥ・ゴールド―企業に高収益をもたらす「環境マネジメント」戦略』アスペクト）。

[宝酒造株式会社発行資料]
『宝酒造株式会社三十年史』昭和33年10月2日発行。
『宝ホールディングス80周年記念誌』2006年5月31日発行。
『宝は田から　ハーモニスト TaKaRa 自然環境保護活動支援の歩み』。

『公益信託 TaKaRa ハーモニストファンド平成 18 年度研究活動報告書』。
『緑字企業報告書 2006』。
『緑字企業報告書 2007』。
『緑字企業報告書 2008』。

[新聞]

『日経流通新聞』1978 年 4 月 24 日付「「純」は潤沢, 北極先陣争い－冒険家植村氏をかついだ宝酒造（虫めがね）」。

『日経産業新聞』1979 年 2 月 3 日付「宝酒造, 360ml 入り甲種焼酎「純ハンディボトル」を 5 日から発売」。

『日経産業新聞』1979 年 6 月 1 日付「宝酒造, 北海道でしょうちゅう「純」のサケのイラスト入り特製ボトル発売へ」。

『日本経済新聞』1980 年 6 月 5 日付「宝酒造キャンペーン, MCEI の国際グランプリ受賞」。

『日経産業新聞』1981 年 5 月 16 日付「宝酒造, 松竹映画「なんとなくクリスタル」とタイアップで焼酎「純」の CF」。

『日経産業新聞』1982 年 1 月 14 日付「宝酒造, 56 年の焼酎売り上げが 161 億 4400 万円と 20％増」。

『日経産業新聞』1982 年 3 月 8 日付「宝酒造, 焼酎が収益向上に効く――清酒が不振補う（NEEDS 付加価値分析）」。

『日経産業新聞』1983 年 1 月 6 日付「甲類焼酎――チューハイ人気に乗る（激戦・ヒット食品）」。

『日経産業新聞』1983 年 10 月 28 日付「焼酎ブームを切る（上）「純」でヤングとりこ, 伸び見つめる清酒・ビール」。

『日経産業新聞』1983 年 10 月 29 日付「焼酎ブームを切る（中）常に安さ維持は必要, 税率見直しで悲観論も」。

『日経産業新聞』1994 年 3 月 21 日付「宝酒造が 2000 万円寄付, 四万十川の環境保全支援――イベントに社員も派遣」。

『日本経済新聞夕刊』1994 年 3 月 26 日付「高知県, 四万十川の清流を守れ――地域浮揚へ浄化作戦（いきいきニッポン）」。

『日経産業新聞』1999年9月7日付「宝酒造（上）「緑字決算」発表で先行——独自指数（エコカンパニーへの挑戦）」。

『京都新聞』2008年3月26日付「この人　京都市副市長に就任する宝ホールディングス元会長・細見吉郎さん　培ったマーケティングの完成で心を動かす市政へ」。

注

1) 本章の執筆にあたり，2008年3月26日に宝酒造株式会社の環境広報部・環境課の井上哲也氏と面談し，「カムバック・サーモン・キャンペーン」と環境活動に関するお話を伺った。この場をお借りして，感謝の気持ちを述べさせていただきたい。ありがとうございました。
2) 日本の環境問題と環境政策の歴史に関して詳しくは，大塚（2002）や倉坂（2004）を参照。
3) 2002年から持株会社制に移行したため，現在の宝酒造株式会社は，純粋持株会社の宝ホールディングス株式会社の子会社で宝酒造グループのメインの会社である。従って，正確には「宝ホールディングスの歴史」と記載すべきだが，本章では読みやすくするため「宝酒造」で統一している。なお，持ち株会社化まで社名の字体は「寳」で登記されていた。また，古くはブランド名に「寳」の字体が用いられていた。いずれも，読みやすくするため，「宝」で統一する。
4) 『宝ホールディングス80周年記念誌』（以下，「社史」と略す）86ページ。
5) 『宝酒造株式会社三十年史』80ページ。
6) 社史86ページおよび92ページ。
7) 社史87-90ページ
8) 菅間（1984）10-32ページと宝酒造へのインタビューより。
9) 社史90-96ページ。
10) 菅間（1984）7ページ。
11) 社史14ページ。
12) 社史14-15ページ，および，97-98ページ。
13) マーケティング・ミックスについては，例えば，山田（2008）や沼上（2000）を参照。
14) 宝酒造へのインタビューより。
15) 社史14ページ。
16) 1983年1月6日付の日経産業新聞。
17) 1983年10月29日付の日経産業新聞。
18) 1979年2月3日付の日経産業新聞。
19) 1982年1月14日付の日経産業新聞。
20) 1982年3月8日付の日経産業新聞。
21) 1983年1月6日付の日経産業新聞。
22) 1983年1月6日付および1983年10月29日付の日経産業新聞。
23) 社史94-95ページ。
24) 社史14-15ページ，および，98ページ。
25) 1978年4月24日付の日経流通新聞。
26) 1981年5月16日付の日経産業新聞。
27) 社史134ページ。
28) 社史98ページ。

第 2 章　環境マーケティングの先駆者　　61

29) 1982 年 1 月 14 日付および 1982 年 3 月 8 日付日経産業新聞。
30) 1983 年 1 月 6 日付の日経産業新聞。
31) 1983 年 1 月 6 日付，および，1983 年 10 月 28 日付の日経産業新聞。
32) 4(2)節および 4(3)節は，2008 年 3 月 26 日のヒアリング，社史 100 ページ，および冊子「宝は田から　ハーモニスト TaKaRa 自然環境保護活動支援の歩み」(以下「ハーモニスト」と略す) 3-4 ページ。
33) 1959 年 10 月落成，2003 年 3 月閉鎖。
34) ハーモニスト 3 ページ。
35) 1999 年 9 月 7 日付の日経産業新聞。
36) 1980 年 6 月 5 日付の日本経済新聞。
37) ハーモニスト 4 ページ。
38) ハーモニスト 6 ページ。
39) ハーモニスト 5 ページ。
40) 1982 年 5 月 7 日付の日経産業新聞。
41) ハーモニスト 6 ページ。
42) ハーモニスト 7-8 ページ。
43) ハーモニスト 13-14 ページ。
44) 1994 年 3 月 26 日付の日本経済新聞夕刊。
45) ハーモニスト 15-18 ページ，および，1994 年 3 月 21 日付の日経産業新聞。
46) 社史 100-101 ページ，および，『公益信託 TaKaRa ハーモニストファンド　平成 18 年度研究活動報告書』3-15 ページ。
47) 「緑字企業報告書 2006」。
48) ハーモニスト 10 ページ。
49) ヒアリングより。
50) 例えば，1999 年 9 月 7 日付の日経産業新聞。
51) 社史 104-105 ページ。
52) 「緑字企業報告書 2007」。
53) 「緑字企業報告書 2006」。「お米とお酒の学校」を舞台とした NPO 法人森の学校の環境教育活動は，佐伯 (2007) で詳しく紹介されている。なお，2008 年度からは，もち米を栽培し，それをみりんにするように変更されている。
54) ヒアリングより。
55) 環境経営の考え方については，在間 (2008) を参照されたい。
56) 在間 (2001) を参照。

〔在間敬子〕

第3章

中小企業の戦略的フィランソロピー
―株式会社兵左衛門[1]―

　企業の社会的責任 (Corporete Social Responsibilty=CSR) が本格的に議論されるようになって10年あまりが経過する。大企業の6割が積極的に取り組まれているが，中小企業では2割程度しか取り組まれていない[2]。世界的にも同様の傾向があり，中小企業に如何にCSRを導入させるかということが課題となっている。一方で，現代のCSRは取引先までの事業プロセスにCSRを求められるので，中小企業にとってもCSRの導入が死活問題になる可能性がある。本章では中小企業のCSRに関わる先進的な取り組みを概観していく。特に戦略的フィランソロピーという分野に絞り，先進的な取り組みをしている㈱兵左衛門を事例に，その有効性を考えていこう。

　本章で学ぶポイントは，本業を生かした戦略的フィランソロピーという活動がどのようなことを企業に気づかせ，それをどのように経営に生かしているかということを学ぶことである。具体的にはフィランソロピー活動によって様々なステイクホルダーと相互作用を繰り返し，その相互作用の中で気づいた点をつなげてイノベーションを発生させる。加えて企業にとって社会と関わることが，経営戦略上必要不可欠であることを学ぶことである。

ケースを読む

1. 戦略的フィランソロピーとは何か

　本章は6つの項目からなっている。第1に戦略的フィランソロピーを簡単に解説する。第2に兵左衛門の企業経営に対する考え方を，利益優先の企業経営

に対する疑問，啓発活動，お箸知育教室，そして本稿の中心的なテーマである『かっとばし!!』4つの視点から概観する。第3にそれらの戦略的フィランソロピーが本業にどのように与えたかを解説する。第4に兵左衛門の経営戦略について解説する。第5に戦略的フィランソロピーについてのディスカッションポイントを提示し，一緒に考えていこう。第6に他の事例を紹介する。

戦略的フィランソロピーとは，「企業の限られた資源を有効に活用し，フィランソロピー活動と企業目的を関連づけながら戦略性を持って取り組むこと」である。フィランソロピーの中でも本業の技術・リソースを用いたもの，ソーシャル・ビジネスとフィランソロピーの中間に位置づけられるようなもの，をさす（谷本，2004）。

企業の社会貢献活動に関しては，80年代以降，戦略的な関わり方が定着しつつある。企業のフィランソロピー活動を行う理由を説明する論理として，従来「啓発された自己利益」（enlightened self-interest：善い行いを行えば最終的に利益が企業に戻ってくる），倫理的モデル（良き企業市民），政治モデル（市民や政府からの批判を逃れるための免罪符や保健）を拠り所として理解されてきた。啓発された自己利益を拠り所とした企業は企業市民として，社会の利益を重視することが自己の利益が巡り巡ってつながるというものである。しかし長期的利潤と結びつくであろうという基準は企業行動のガイドラインとしては曖昧であるし，さらに利益の社会的還元という姿勢や倫理的・規範的な姿勢を強調するだけでは，この種の活動は常に景気の好・不況に左右される「限界活動」であることは避けられない。政治モデルのようにせいぜい社会的マイナスイメージを作らないような横並び行為というのが関の山であろうし，これまでもそういった姿勢が多かった（谷本，2004）。

しかし近年大きな流れとして社会貢献活動に対する社会からの期待や企業の姿勢が変化してきている。特に80年代後半から90年代にかけてアメリカにおいて社会貢献活動を企業の社会的戦略として位置づけられるようになってきた。それらの特徴をまとめておこう。

(1) 戦略的フィランソロピーとしての取り組み

社会貢献活動を企業の目的と関連付けること。できるだけビジネスのコアの部分と結びつけ，キーとなるステイクホルダーのニーズに合わせ，活動領域を絞ること。その方が資源を集中的に活用でき社会的な効果も明確になる。例えば化粧品会社の Avon は女性というステイクホルダーを重視し，乳がんキャンペーンに絞った活動をしている。企業の理念やミッションとコミュニティ活動をリンクさせることが必要である。

(イ) パートナーシップの形成

例えば社会貢献活動を専門的な NPO にアウトソーシング・委託すること。また同じような試みをしようとしている他の企業と協力して行うこと。これは限られた資源を生かすことでもあり，他の団体のもつ資源と結びつけることで活動幅を広げることにもなる。

(ロ) 支援対象の拡大

社会的・公共的課題への取り組み。80年代小さな政府化が進んだことによって，コミュニティにおいて従来政府・行政が取り組むような領域に企業がその資源を活用し，長期的支援・解決に向けて貢献しようとする動きが広がりつつある。そして，事業所の位置する地域性を考慮し，そこで求められる社会的課題に応えていくことが必要である。例えば地域社会の再活性化支援などである。

(ハ) 社会貢献活動の効果を評価すること

企業はステイクホルダー（特に株主）に対して，社会貢献活動も効率性や有効性についてアカウンタビリティを求められるようになってきた。そのためには社内の実施体制を構築することが必要である。具体的には戦略的なビジョンの策定，トップのリーダーシップ，専任スタッフ・部署，内部の支持，成果の評価とフィードバック体制づくりを進めることが必要になってきている。

(2) 本業を通して社会問題の解決に寄与しようとする動き

ビジネスのコアの機能や技術を活用・応用し，地域社会の経済的・社会的課題の解決を図ろうとするもの。それは社会貢献のレベルで行われるものから，

1つのビジネスとして成り立つものまで幅広い。本業を生かしたソーシャル・ビジネスは中小企業にとっても競争戦略として今後重要になってくる。

2．企業経営と『かっとばし!!』の意味

　ここからは兵左衛門の企業史を辿りながら，どのような視点から，どのような思いでCSR，特に戦略的フィランソロピーを取り入れていったのか解説していこう。

(1) 利益優先の企業経営に対する疑問
　社長浦谷兵剛氏の父は福井県で漆師屋の塗り職人を営み，商売人からずいぶん虐げられた経験があった。そのような経験をした社長の父は息子に商売してほしい，そうしたら自分で作ったものを商売して儲けてもらえるという思いがあった。それが現在の兵左衛門という企業の誕生のきっかけとなっている。そして，商品は道具ではなく，意味をもった社会的存在であることを気づいていく。この想いが様々な社会的活動の原点となっている。この創業経緯が企業理念の根幹を形作り，戦略的フィランソロピーへと引き継がれる。

(イ) 貨幣に対する疑問
　浦谷氏は創業当時の経験でコンサルタントや税理士などは利益を上げる方法しか説明してくれず，商売・経営というものは売れば売るほどお金が足らなくなるし，儲けよう儲けようと思うほどお客さんは逃げて行ってしまう，という矛盾があると感じていた。例えば，普通の箸は白い紙の上で擦ると色がつき，字さえ書ける。浦谷氏は，ある時消費者から「子供に毒なんじゃないか」と指摘された。その箸を調べると，鉛・ヒ素がこの中にいっぱい含まれていた。しかしながら，日本の法律では「含まれてても溶出しなければいい」という法律になっている。だったら事前にそういうようなものが含まないものに作っていくほうがよいと考えるようになっていった。これがきっかけとなって，どうしたら安全・安心な商品を提供できるのかを考え始める。浦谷氏は「薬品で漬けて，箸は食品であるがゆえ（食品衛生検査），使用実態に耐えられる事に優先

された原材料や作り方，酷使できる箸を提供する責任があるはずであって，安易に合成化学塗料や合成漆加工物を混入した材料で作った箸の量をつくって売って利益を上げる」という従来の経営スタイルに決別することになっていく。

　㈹　文化としての箸

　一方で，日本の文化の象徴である「箸文化」が失われ，単なる食事をとる道具になりさがったことにも疑問を感じるようになる。浦谷氏は，30年も前にある割り箸商業界の人が「箸はどんな使われ方しようが，安くて量をたくさん売って儲かればいいんだ」という話を聞いたとき，「それは違うんじゃないかな」という気持ちが沸いてきた。例えば外食産業が発達してきて割り箸の需要が増加し，その割り箸が使い終わった後に無残に踏みつけられるのを見て，「カチーンと頭に血が上った」と述べている。また，取引の中でただ見た目だけで判断され，材料からずっと積み上げて作り出して来た職人には，どうも中間で歪曲され，食べるための道具と商売の道具としてしか使われなかったという納得いかない思いがあった。あくまでも箸は"商売の道具"としてしか意味を持たなくなった。

　本来箸がもっている文化的な意味がどんどん失われていく。浦谷氏は現在の多くの子どもが箸を上手に使えず，それらが様々な事件にもつながっていると述べている。この危機感が今後の展開に重要な役割を担っていくこととなるし，この経験が経営戦略にも生かされていくこととなる。

　このような2つの経験から兵左衛門では，社員に対して「わが社の商品を，売上利益を，追うな。そうじゃなくてお客さんの気持ち，心を追っかけろ。」と言うようになっていった。最終的にはお客様に私たちの商品を評価して頂いて，評価に値すれば自分の大切な生活費の一部をそこに投入して頂ける，という発想が重要になっていく。このような思いが経営理念とか企業文化というものを育んでいくことになっていく。

　⑵　慈善活動

　このような経験があって1998年にお箸の知育教室をはじめる。このきっか

けは上記で説明した"箸が道具としてしか見られない"事と同業者に邪魔されるという2つである。例えば後者は兵左衛門が斬新なデザインを考えて，箸に対するこだわりをいろいろと表現しようとすればするほど，全く同じ商品柄の箸を真似て作るというやり方で，同業他社がつぶしにかかる。それは自分達の立場や利益を守るためで，このままやりたい放題やらせていたのでは，「あんな小さい一人の若い者がやってるのに，大きな会社がなぜ出来ないのか」と同業他社が売り先である得意先に言われるので，余計な事をするなとばかり邪魔や妨害され続けていく。

　この問題を解消するためには，同業他社に邪魔されない戦略が必要であった。その戦略が「お箸知育教室」という形態に具現化されていく。最終的にいろいろな事をやってきたが，既得権益から脱出するための一つの手段として，教育の中に入ることを考え始めていく。箸の持ち方にしても，箸に対する認識にしても，もう手段として，教育から手をつけなければいけないということと，教育の中には商売が入って来られないだろうという思いがあった。そこから消費者に訴える事によって，最終的に自分達の商品の「箸というものは，こういう正しいものなんだ」という，自分達が本当に考えている本質を見てもらえるのではないかと思えた。箸の持っている本質や文化そのものを伝えていくことで，初めて兵左衛門という企業の存在が浮き彫りになる。

　一方で社内でも反対はあった。社員にはそんなの商売にならないじゃないかという思いがあったからである。例えばこんなエピソードがある。お箸知育教室で展示のために商品を置いてくれと社員に言ったところ，社員から「これは置くものではなく売るものなのに売ってはいけないのか」と反対されたことがあった。この教室は箸を売るためにやっているわけではない。箸を売ってしまうと何の為に教えに来ているか分からないし，商売しに来たんじゃないかと言われたら，せっかくの志が違う方向に解釈され企業イメージもダウンしてしまう。しかし，社員の反応も無理からぬところがあった。それはお箸知育教室が多くの人件費や交通費を使い，材料費の実費のみを頂くというスタイルから起因する。このお箸知育教室の意味が社員に理解されるのは，成功体験ができるまで待つ必要があった。

このような経営を模索する中で，社員の反対を押し切ってお箸知育教室という啓発活動に進んでいった。結果として，浦谷氏が気づき，将来活用できる視点として蒔いてきた「点」がつながり，このお箸知育教室から『かっとばし!!』が誕生していく。

(3) お箸知育教室から打たれた点－『かっとばし!!』の誕生前夜

「お箸知育教室」は誕生する前そして誕生後にお客様から様々なご意見をもらえる機会が多くあり，その意見がビジネスへとつながっていく。浦谷氏は「ステイクホルダーの意見とビジネスとがどこかでつながっている」と述べており，これらのステイクホルダーとのやり取りの中でたくさんの点のようないろいろな思いがあって，これは必ずつながる，絶対に点と点はつながるという信念があった。さらに浦谷氏は「いろいろな点があって，それをいかに結びつけるかが，社長の腕の見せ所であり，それが経営だと」述べられている。そのような視点から，企業経営は点と点を結びつけて行く感性もしくは創造性が重要であることがわかる。そういう点が分からない経営者の方もたくさんいるし，そのような人々はイノベーションの基点となる点に気づくことができない。それこそ，折れたバットがあっても，これはただの折れたバットだと終わってしまう人か，違う所に持っていける人なのか。やはり経営は様々に目の前に現れてくる点と企業がどう関わって行けるのとか，何かつながって行けそうだなとか，常に考えることが重要である。

このようなお箸知育教室と野球という点が結びついたのが折れたバットを利用した『かっとばし!!』であった。知育教室の中で，単に箸の使い方や文化を教えても，子どもたちは楽しくない。なんとか楽しい教室にしたいという思いから，箸の製作を始める。最初は翌檜（あすなろ）を使っていた。翌檜は「明日は檜木になろう」という希望の木と言われる。翌檜は，野球少年にとっては「明日にはイチローになれよ，明日は松井になれよ」だし，サッカー少年には「中田になれよ」という木なんだよ，というような話をする為に使っていた。ほかにも，「手や足は第二の脳や心臓と言われる。だから日本人の手先の器用さは，こんなに経済まで成長させて来たんだよ」というような話をして行きな

がら，翌檜を使っていた。ここからさらに興味を持ってもらうために，バットを使おうという発想がでてくる。なぜ野球かというと，野球好きの人口は全人口の20%～25%くらいで，バットを材料にすると多くの人が興味をもつ，すなわち多くの人が受け入れやすい素材だったからである。

　ここまで説明したように色鉛筆の事件，人から虐げられたり，競争戦略の中で教育から入らなければと思いお箸知育教室を行い，翌檜を使うに至り，他の企業に真似できない経営スタイルを構築していった。その流れの中で，折れたバットという『かっとばし!!』を考案している。バットというのは，浦谷氏をはじめ多くの社員が野球をやっていたということも大きく影響しているが，それと自然環境の問題に取り組んでいたという関係もある。例えば1988～1989年頃加藤登紀子氏と一緒に「1990年代はアースの時代だ，地球の時代だ」と言って，「竹の箸を持ち歩きをしましょう」とマイ箸を作りました。いま当たり前になっているマイ箸は20年も30年も前におこなっている。日本で始めて箸を二つ折りにする「折りたたみ箸」を開発したのもこのころである。

　このように『かっとばし!!』のベースにはステイクホルダー（消費者・取引先）との相互作用によって浮かび上がった環境問題，安全・安心の問題，箸文

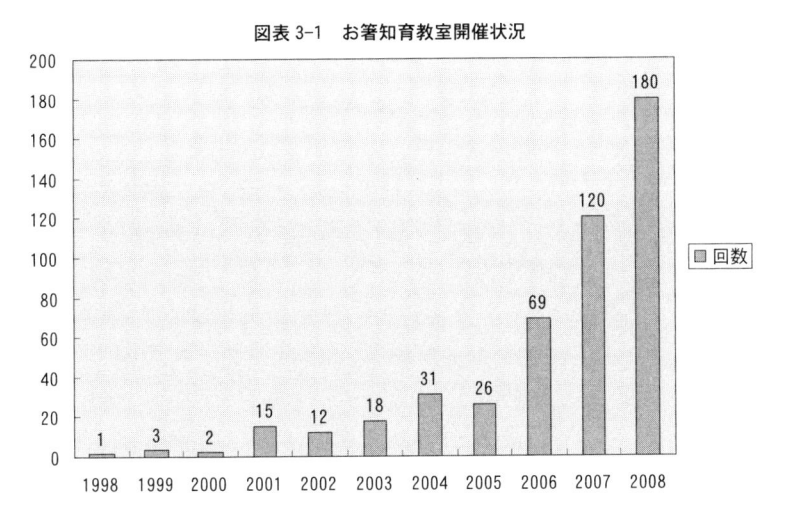

図表3-1　お箸知育教室開催状況

年	回数
1998	1
1999	3
2000	2
2001	15
2002	12
2003	18
2004	31
2005	26
2006	69
2007	120
2008	180

※2008年は予想開催数である。

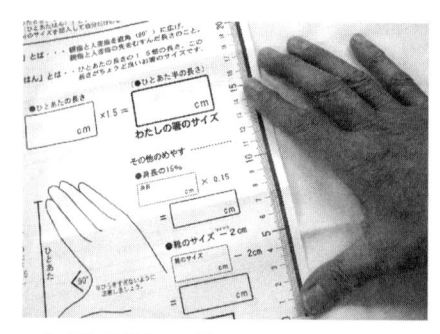

「お箸知育教室」の様子 1

「お箸知育教室」の様子 2

化へのこだわり，そして経営戦略と浦谷氏の個人的な経験が結びついているということがある。そしてこれらの点を結び付けた浦谷氏の企業家精神が，多くの様々な点が結びついてこのように『かっとばし!!』を誕生させた。戦略的フィランソロピーといっても，経営理念に裏打ちされたフィランソロピーでなければ『かっとばし!!』は誕生しなかったのかもしれない。

今なお増加する「お箸知育教室」の開催状況は図表3-1のとおりであり，2007年度までの10年間で参加のべ人数 1万4195人となっている。

(4) 『かっとばし!!』の誕生

教育という視点から折れたバットを利用した箸の製作が「お箸知育教室」で行われるようになったが，『かっとばし!!』の商品化にはさらに5年という年月が費やされる。それは野球関係において，バット材の端材や折れたバットが入手可能か，また折れたバットは選手の所有物だから円滑に入手出来るのか，出来たとしてもそれらで箸を作ったものを認めてもらえるかという事を含めて，その中の一員として，仲間に入れてもらえるかどうかという事であった。野球界を構成するすべての球団に認知され野球界という世界を巻き込み協力してもらえない限りこの商品化は成功することはなかった。

商品化にあたって，最初はNPO法人アオダモ資源育成の会にアプローチす

る。そのきっかけはアオダモ資源育成の会が日経新聞の記事（2000年10月28日）になり，浦谷氏の息子（専務）がその小さい記事を見つけて，浦谷氏に相談があり「いい事だから積極的にやろう」という話と共に他の3人の息子達即ち4人の息子たちと社長で様々なサンプル作りからやり始めたことである。結局プロ野球やその周辺にいる人達にこのビジネスモデルを理解してもらわないといけない。例えば，商品化に当たっては各球団のロゴマークがついているのと，いないのでは認知度，信頼度の影響で売り上げに大きく影響するが，NPOは商品の利益から寄付するという企業の論理を知るよしもなく，地球環境の中で企業として協賛してほしいという立場なのである。一方兵左衛門は企業なので一時的な寄付はできても，継続的な寄付は社内・株主の理解が必要であり，困難が想定される。しかし，関連する商品の売り上げの一部を寄付する方が理解が得られやすいので，継続的な支援のためには売れた収益の中から寄付していきたいという事を考えていた。つまり協賛とビジネスベースでは全く異なっており，その論理の違いを納得してもらうために多くの時間が費やされる。

　次に箸に対する価値感の相違から，球団のロゴマークをつけるまでの苦労があった。野球関係者はお箸がそんなに売れると思わないし，箸にロゴマークを入れても球団イメージがダウンするという思いがあったと考えられる。一般に箸といえば30円・50円・100円とかいう程度にしか思っていないし，せいぜい高くて300円〜400円ぐらいの認識である。それを1900円で売ろうという発想になかなかフィットしなかったということである。結果としては球団のロゴマークは12球団代表のみんなが地球環境保全策として植樹基金捻出ですので協力するということで無償で提供してもらうことができた。

　次にバットの加工にも大きな苦労があった。折れたバットというものはすべてに異なった形状で折れるので，すべてことなった加工工程を必要とする高度な加工技術が必要である。この点は兵左衛門が長年培ってきた技術を生かせる点でもあった。兵左衛門にしかできない加工技術であり，重要な差別化戦略にもなっている。ゆえにこのような工程があるので，それなりの価格設定をしないと，職人のプライドを傷つけていくことになってしまう。また，マスコミ関係者が，『かっとばし!!』を取り上げてくれることになり，話題が話題を呼び

TV・新聞・雑誌のマスコミに注目されることとなる。極端に言うと職人の手柄によって商品が有名になるわけで，そうすると，ようやく実績が伴って来るから，多様なところから認められ，高い価格設定も納得してもらえるようになっていく。

　兵左衛門がこれまで原材料から消費者の手の届くところまで，一気通貫でやってきたことが結果として『かっとばし!!』を生むことになっていく。バットが折れた時に材料が調達できるという特殊な製品だったため，当初はこの確保が大きな問題となっていた。しかし野球界組織全体の理解と各球団と選手会の協力・賛同のおかげで，回収量も増加し，切削加工時にも無駄の出ないよう様々な工夫もあって，増産が可能になった。そして『かっとばし!!』はバットの先端の太い部分を利用した製品だが，グリップ部分を利用した靴べらの『すべりこみ』，バット中央部分の『かっとばし!!』に利用できない細い部分は印鑑の『ホーム印』，ボールペンの『ブルペン』，箸置きの『ベンチ』等折れたバットを余すこと無く使った幅広い製品展開もはじめた。『かっとばし!!』というネーミングは折れたバットのカットと，かっとばせ！のカットとからネーミングされたものである。その他の商品も同様の視点からネーミングされたものである。

　このように『かっとばし!!』の誕生と商品化には，NPO，公益法人，企業が様々に得意分野を紡いで成立している。そして『かっとばし!!』の誕生には，その様々な主体やステイクホルダーの価値規範を点として結ぶ企業家として浦谷社長と兵左衛門の技術の存在が重要となっていることがわかる。

　最終的なビジネモデルはこうである。まず，日本野球機構，さらには大学のロゴマークまで広がりを見せてアマチュア野球連盟などが折れたバットと球団のロゴマーク（セ・パ12球団等）を無償提供し，日本通運がバットを回収し福井県小浜の兵左衛門の工場に搬入する。さらに搬入されたバットは兵左衛門で加工され，自社の流通ルートに乗せたり，各球団で販売してもらう。販売された商品の収益の一部はNPO法人アオダモ資源育成の会に寄付されるのである。これを図示したのが図表3-2である。

図表3-2 『かっとばし!!』のビジネスモデル図

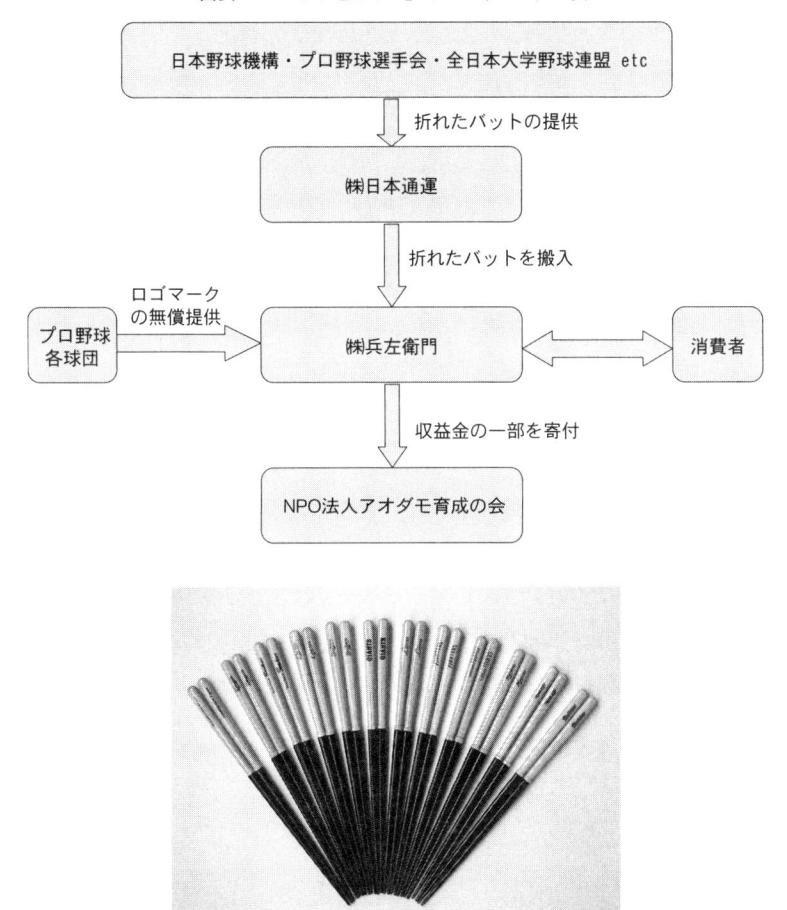

```
┌─────────────────────────────────────────┐
│ 日本野球機構・プロ野球選手会・全日本大学野球連盟 etc │
└─────────────────────────────────────────┘
                    │ 折れたバットの提供
                    ▼
            ┌──────────────┐
            │ ㈱日本通運    │
            └──────────────┘
                    │ 折れたバットを搬入
                    ▼
┌────────┐ ロゴマーク    ┌──────────┐        ┌────────┐
│プロ野球│ の無償提供    │㈱兵左衛門│ ◄────► │ 消費者 │
│各球団  │ ────────────► │          │        │        │
└────────┘               └──────────┘        └────────┘
                              │ 収益金の一部を寄付
                              ▼
                    ┌────────────────────┐
                    │ NPO法人アオダモ育成の会 │
                    └────────────────────┘
```

かっとばし!!

3．本業への影響

　兵左衛門の「お箸知育教室」や『かっとばし!!』というフィランソロピー活動は色々なマスコミが取り上げている。おそらく数十億円という広告効果が想

定できる。兵左衛門本体にも様々な影響がでている。兵左衛門本体への影響というのは，今まで「兵左衛門」というと名は業者では通っていたが，消費者には極少の知る人ぞ知る存在で浸透していなかった。しかし最近では消費者から「『かっとばし!!』のメーカーなの？」，『かっとばし!!』ってどこかいつかのTVで見た事があるな。「ああ，おたくなの」という事で，飲み屋へ行ってもどこへ行っても知られるようになってきた。『かっとばし!!』が出て，本体の売り上げも60度の角度で伸びている。企業イメージであったり，これからの戦略であったり，「ああ，あれはやっぱりおたくだったの」という，これが，社員を鼓舞する。社会的にもいい事をやってるんだなって気持ちにもなる。やはり，自分の勤めている兵左衛門という会社に対してすごく誇りを持つ。これは利益とか売り上げの問題ではない。それこそ，このアオダモ資源育成の会へのお金とか『かっとばし!!』だけで見ると，マイナスでしかないのかもしれないが，企業のトータルの部分で見ると，必ずどこかでプラスになって行くし，そしておそらく，こういうところから派生して来ているものはすごく大きいし，兵左衛門という名称を宣伝してくれるだけでも大きい効果をもつ。

　日本経済新聞，毎日新聞，朝日新聞，読売新聞の掲載件数は，延べ79回に上っている。年度別の掲載状況は図表3-3のとおりである。

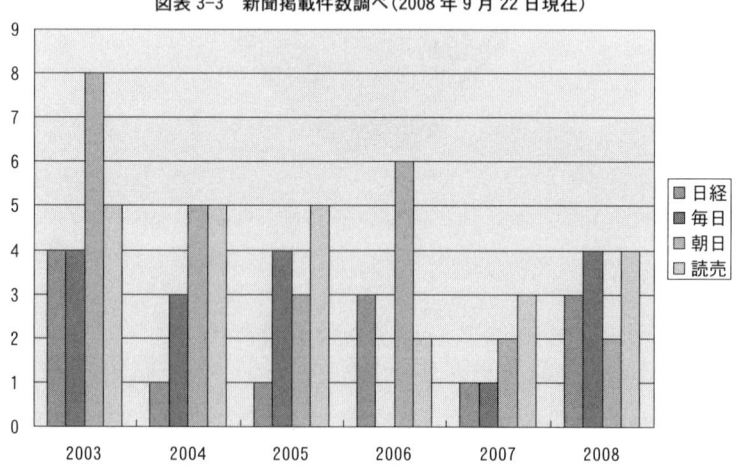

図表3-3　新聞掲載件数調べ（2008年9月22日現在）

兵左衛門では社会貢献に毎年およそ1億円使っているのではないだろうか。これはお箸知育教室と、国際箸文化研究所他の関連活動・その他色々な所への寄付金の合計金額である。お箸知育教室は2008年で180回ぐらいの開催を予定してされている。2007年度が120回から比べて大幅に増加している。これは，地域からの要望も増えているということである。1会場2人から3人で飛行機で行くので交通費と人件費だけでも大きな金額となる。

　これができるのも，やはり『かっとばし!!』というネームバリューがあるからです。それによってお客さんに信頼してもらえる。さらに，「あぁ，だから『かっとばし!!』の環境の事を考えた企業なんだね」という事で，企業理念とつながる，それともっともっと安全で安心な商品を提供しなければならないと考えているから行われているフィランソロピー活動である。いまだにプロ野球の『かっとばし!!』のメーカーという形容詞が付くが，結局いいことをする，あるいは世の中の人達に受け入れられて賛同される，理解される，そういうことの考え方とか，行動，誠意，サービスは，より「見える化」しないと駄目なんだなということを，浦谷氏は体験したと述べられていた。100年200年，いくらやろうとも外部にも内部にも「見える化」しないと駄目だということである。この出来事が非常にショックだったとも述べていた。結局ここ数年の動きは88年間兵左衛門の歴史を吹っ飛ばしてしまったくらい大きな出来事であった。本業の売り上げも60度の角度で上昇しているとのことであった。フィランソロピーと展開したこれら2つの事業が経営戦略にも企業にも大きな影響を与えている。

4．浦谷兵剛という企業家と経営戦略

　ここまで『かっとばし!!』が誕生するまでの出来事を説明してきた。ここからは浦谷兵剛という企業家が戦略的フィランソロピーを展開する上で，どのような経営戦略を持っていたかみておこう。

　ここまで解説してきたように兵左衛門において，戦略的フィランソロピーが経営戦略の中でいきなり位置づけられたわけでもなく，簡単にできたわけでも

ない。そこには創業当初からの経営思想があることを忘れてはならない。それは必ずしも利益にすべてを還元せず，箸の持つ文化や安全・安心な商品の提供という思想が脈々とつながっているということにある。そこから浦谷氏はステイクホルダーとのやり取りの中から様々な気づきを得ていく。それが点となり，それをつなげていく経営戦略を立案していくのだ。さらにその根幹には浦谷兵剛という企業家の存在が欠かせないことは言うまでもない。

　具体的に戦略的フィランソロピーと経営戦略の関係をイノベーションの視点から3つに分けて概観していこう。戦略的フィランソロピーの発想は，先に述べたように業界や地域の慣行を打破し，安全で安心なお箸を提供するために，本業以外の教育的視点を取り入れるところから革新的な展開が始まっていく。それが現在でも多くのスタッフと資金を投入する「お箸知育教室」である。この戦略が突破口となり，これまでの顧客のみならず小学校や大学・子どもサークルなどの様々なステイクホルダーが参加するようになっていった。このステイクホルダーを引き付けるためにマイ箸の作成というカリキュラムを生み，さらにバットを利用したマイ箸の作成へと進化していく。これが第2の革新的な視点である。さらに，この折れたバットから作成した箸を商品化するためには，アオダモ資源育成の会の協力を得て，様々な関係者のネットワークを構築することが必要であった。これが第3の革新的な視点である。

　最終的にこれらの一連の流れは，他の企業の追従を許さない競争戦略になっていることがわかる。つまり，このような本業を生かした社会貢献が「戦略的フィランソロピー」といわれるゆえんである。先に見たように啓発された自己利益や政治モデルのような視点からフィランソロピーに取り組むのではなく，本業の1つの重要な戦略として本業を支える事業として展開することが重要である。

何がポイントか考えよう

　兵左衛門を事例として，戦略的フィランソロピーについて解説してきた。ここからは，中小企業の戦略的フィランソロピーについて考えてみよう。

(1) 中小企業とコミュニティの関係を考えよう

中小企業にとって，地域コミュニティもしくはグローバルコミュニティは切っても切れない関係にある。このようなコミュニティと企業はどのような関係であったらよいのか。どのようなお互いにメリットのある関係かを考えてみよう。

(2) 経営理念と戦略的フィランソロピー

次に上記のような関係を実現する方法について考えてみよう。

- 経営理念と無関係なフィランソロピー活動は，社員やコミュニティの人々にどのような印象を与えるだろうか。
- 本業を生かした企業のフィランソロピー活動は，社員やコミュニティの人々にどのような印象を与えるだろうか。
- 他の企業などのお付き合いで行っている企業のフィランソロピーは，社員やコミュニティの人々にどのような印象を与えるだろうか。
- 本業と結びついた戦略的フィランソロピーは，本業に対してどのような効果を持つのだろうか。

(3) 中小企業と社会の関係

次に企業と社会について考えておこう。企業にとって社会は無視できない存在ですが，企業は社会との関係をどのように考えればよいでしょうか。

- 戦略的フィランソロピーは経営にどのような意味を持っているのだろうか。
- ステイクホルダーは企業にどのような影響を与えているのだろうか。
- 企業が社会的問題に積極的に関わることは，経営にどのような影響を与えているのだろうか。

もう少し深く考えよう

1990年代後半から企業の社会的責任が注目されるようになってきた。企業の社会的責任は，もともと企業の経済活動が社会や環境に対して意図せざると

もネガティブな影響を与えるようになったことに対し，社会から批判や社会的責任を求める運動が無視できなくなった状況において問われる課題である（谷本，2006）。企業の社会的責任の議論は，企業が社会との関係性の中で存在し，社会との相互関係の中で事業活動を展開しているという「企業と社会」の枠組みを再構築する動きとして捉えることができる。ここで再度企業と社会の関係を確認しておくと以下のような3つの次元に分類することができる。

図表3-3　企業の社会へのかかわり：3つの次元

①	経営活動のプロセスに社会的公正性・倫理性，環境への配慮を組み入れる
	株主，顧客，従業員，環境，コミュニティに対して社会的に責任ある企業経営
②	社会的商品・サービス，社会的事業の開発
	ユニバーサル・デザイン，環境配慮型商品の開発，障害者・高齢者支援商品・サービスの開発，NPO金融など
③	企業の経営資源を活用した地域への支援活動
	1）（金銭的）寄付による社会貢献 　＊NPO・財団への寄付，企業財団の設立 　＊matching gift, dollar for doer, 従業員参加 2）施設・人材などを活用した社会貢献 　＊非金銭的な寄付（in-kind contribution），従業員・役員のボランティア活動支援 3）本業を通した社会貢献 　＊本来の業務を通した支援，専門の技術を活用した支援，cause-related marketing

出所：谷本（2006），p.201

　このような企業と社会の枠組みの再構築は大企業主導で行われてきた。冒頭で触れたように欧米や日本において中小企業の社会的責任は，経済的な負担を増加させるために，あまり進んでいない状況にある。このような状況にあって，中小企業が如何に企業と社会の枠組みを再構築し，持続的な経営に取り組むかということが課題となっている。この課題に取り組むためには，企業と社会の関係の再構築が人や知識などの新たな経営資源をもたらし，イノベーションへ繋がることを認識する必要がある。

　このような企業と社会の関係を再構築しイノベーションへ繋げる動きは，中小企業においても徐々に出始めている。それらの多くは本業や技術を生かしたフィランソロピー活動である。なぜ本業に近い領域でフィランソロピー活動を行うようになってきているかというと，株主や従業員などの理解をえることは

もちろんのこと，企業の既存の経営資源を有効に活用することができるというメリットを持っているからである。そしてこれらの活動が新たな知識を創発したり，新たなニーズを認識できたり，新たな顧客を引き付けることになっている。

しかし，これまでのフィランソロピー活動はイノベーションを創発するまでに至っていないことが多い。その主たる要因はフィランソロピー活動とイノベーションの関係が十分認識されていないということと，それらを橋渡しする企業家もしくは従業員が存在しないことにある。本章の事例でいえば，社長の浦谷氏は企業と社会を結ぶ様々な接点を意図して作り出し，その接点をつなぎ合わせてイノベーションを創発している。つまり，イノベーションのためには，本業を生かしたフィランソロピー活動が「新たな結びつき」を創発することが必要となっている。「新たな結びつき」とは，従来の企業と社会の関係性に異質なステイクホルダーを結びつけ，新しい相互作用の仕組みを創発することである。このような視点に立って，中小企業の企業と社会の関係を再構築することが，中小企業の持続的な発展にとって重要になってきている。

中小企業にとっての企業の社会的責任は，社会からの要求事項になりつつあることはもちろんのこと，イノベーションを創発し続けることにおいても必要なこととなってきている。このような視点から再度本章の事例を検討してみよう。

もっと知ろう

(1) 株式会社カスタネット（京都府京都市）[3]

株式会社カスタネットでは，全国の企業や個人から提供してもらった文房具や"使用済みトナーカートリッジ"を財源に，カンボジアへ社会貢献活動を行っている。2002年3月より，オフィスや家庭に眠っている中古文具を集めて，文具の不足しているカンボジアの小学校に寄贈する。2003年にオフィスや個人から寄贈された文具は，目標の5万点を超え，カンボジアのプレックスバイ小学校など4校に文具を寄贈された。しかし，文房具を送るといっても送料がかかる。その送料を捻出したのが「使用済みトナー」の売却益であった。

集めたトナーは，業者に販売すれば，1本あたり50〜250円になる。このカンボジアに文具を送る活動がカンボジアの悲惨な状況を目のあたりにさせる。植木氏によれば「現地には，トイレのない小学校もまだまだ多い。子供たちはそれこそ，学校周辺の畑などで，用を足さなければいけないというのが現状で，これはたいへんなストレスとなっている。今後は文具だけでなく，使用済トナーの収益で，トイレ付の学校を建設することも目標にしていこうと思います」と述べている。2004年には，首都プノンペンの北約100kmトレア村にあるトレア小学校（児童数420名）の6教室1棟の新校舎を建設し寄贈した。現在では，文房具寄贈，遊具寄贈，国立小児科病院の給食支援など，活動を継続している。

(2) 野村グループ（東京都中央区）の「金融経済教育」[4]

野村グループでは，2000年より金融教育支援活動に取り組んでいる。市場経済や本業のさらなる発展のためには，それらに関わる人々の経済・金融に関する知識や判断能力の向上へ向けた教育活動が必要不可欠である。具体的な活動としては，2001年にスタートした大学生向けの金融・経済教育（2007年度実績は129校で証券教育講座を開催し，549名の野村グループの役員や社員が参加している）や，2003年スタートの生涯学習としての金融・経済リテラシー習得の場の提供（地域コミュニティや職場等での講座実施，開始以来の延べ参加者数は12万人を上回る），2000年からの日本経済新聞主催の日経STOCKリーグへの特別協賛，『お金の秘密―証券会社の仕事―』や『やさしい金融学』他の金融学習書の協賛，製作等があるが，中学生を対象とする教材「街のTシャツ屋さん」に関する取り組みは特にユニークといえる。

このように基本的にはCSRの一環として展開されているが，本業との関連が強く意識されており，本業にも様々にフィードバックされている。このような野村グループの取り組みは，「戦略的フィランソロピー」にあたるといえる。その会社だからこそできる取り組みを，社会的課題解決に生かしていくという意味で，積極的に市場に働き掛けていく「ソーシャル・ビジネス」活動の一つと考えられる。

もっと調べよう

植木　力（2008）『事業の神様に好かれる法17ヵ条』かんぽうサービス。

大室悦賀（2008）「組織ポートフォリオから見える社会的価値の創造と受容」社会・経済システム学会『社会経済システム』(29)，59-66ページ。

谷本寛治（2008）『新装版　企業社会のリコンストラクション』千倉書房。

谷本寛治（2006）『ソーシャル・エンタープライズ―社会的企業の台頭』中央経済社。

谷本寛治（2004）『CSR経営』中央経済社。

横山恵子（2001）「社会的価値創造企業におけるNPOとの協働型パートナーシップ―戦略的フィランソロピーの視座」オフィス・オートメーション学会編集委員会『オフィス・オートメーション』22(2)，63-71ページ。

Hippel, E (1988), *The Source of Innovation*, Oxford University Press.（榊原清則訳『イノベーションの源泉―真のイノベーターはだれか』ダイヤモンド社，1991年。）

Prahalad, C. K and Rawasmamy, V（2004），*The Future of Competition*, Harvard Buseness School Press.（有賀裕子訳『価値共創の未来』ランダムハウス講談社，2004年。）

注
1）本章の執筆にあたり，2008年7月31日に株式会社兵左衛門東京支社にて浦谷兵剛氏と面談し，『かっとばし!!』に関するお話を伺った。また，6月12日のNPO法人ソーシャル・イノベーション・ジャパンの「ソーシャル・イノベーション研究会」にも様々なお話を伺った。これらはお忙しい中時間を割いていただき，インタビューに応じていただいた。そのほかにも社長室の田中氏にはメールにて不足する情報にお答えいただいた。この場をお借りして，感謝の気持ちを述べさせていただきたい。
　　　本稿の草稿段階では，浦谷社長にご一読いただきご意見をいただいた。重ねて御礼申し上げます。
2）みずほ総合研究所(2005)『CSR（企業の社会的責任）は普及するか』http://www.mizuho-ri.co.jp/research/economics/pdf/report/report05-1012.pdf
3）http://allabout.co.jp/career/clerk/closeup/CU20030713A/
4）http://www.nomuraholdings.com/jp/csr/society/education/#education14 および http://www.social-market-press.jp/column/35/index.html

〔大室悦賀〕

第Ⅱ部

ソーシャル・エンタプライズ

第4章

ホームレス支援
―有限会社ビッグイシュー日本[1]―

　本章では，社会的弱者を作らない社会を実現するためにいかなるインフラ整備が必要なのか，一度社会から脱落した人々が社会復帰をするためにはいかなる支援を通して社会復帰を図ることが必要なのかを考える。

　公平なサービスが求められる行政と，収益を生む必要のある企業との隙間を埋めるために活動するNPOの存在が注目されるようになってきている。NPOはミッションの遂行を第一義的な目的としており，その活動を支えるために多くのボランティアを取り込みながら運営されている。中でも特に事業を展開するNPOは，社会的な価値を創出する一方で経済的な価値を生みながらその活動を継続させていかなければならない。そのために，マーケティングも行政の補助金や民間からの寄付といった資金調達と，組織が提供する財やサービスを顧客にアピールするといった2方面での取り組みが必要になる。活動を維持させるために必要な資金提供者と，財やサービスに対価を支払う顧客が異なっており，組織は多様なステイクホルダーを抱えているためにその運営は一筋縄ではいかない。ともすると「自分たちはよいことをしている」ということで自己満足に陥りがちなNPOの運営は，ミッションを優先しながら収入を必要とするというジレンマがあり，運営に関わる複雑なステイクホルダー，実現したいと考える社会的な価値はその成果を短期的に計りにくいといった特徴がある。

　運営が難しく内向きになりがちなNPOに対して今もっとも期待されているのがソーシャル・エンタプライズであり，それは社会的課題に対しビジネス・センスを持ちながら取り組み，時には企業という形態をとりながら自活する組織を目指している。これらのソーシャル・エンタプライズは，収益を生みにく

いためにこれまで企業が取り組んでこなかった分野に敢えて進出し，果敢に社会的課題の解決に取り組む社会起業家によって運営されている。その一つとして，ホームレス問題に取り組む有限会社「ビッグイシュー」の活動を見ていくことにしよう。

ケースを読む

1．日本のホームレス問題

　ビッグイシュー日本代表を務める佐野章二は，大阪・梅田駅前の高層ビル群の下を歩きながら，今回の『ビッグイシュー』の値上げがどう出るのか考えをめぐらせていた。これまで4年間，何とか頑張ってきたが赤字は一向に減ってこなかった。「マスコミにも取り上げられ，急速に知名度を上げてきたビッグイシューだが，今回，やはり値上げするしかなかったのだ…。ビジネスとして成り立たなければ，意味がない。しかし200円から300円の値上げがどう出るのか，これはやってみなければわからない。」そう思いながら，不安な気持ちも隠せなかった。2007年10月15日，『ビッグイシュー』は定価を200円から300円に価格変更した。苦渋の決断だった。

　日本のホームレス[2]人口は厚生労働省の統計によれば全国で約1万5000人と推定されている。中でも大阪が最も多く約4500人のホームレスがいる。例えば，全国には公立の小中学校だけでも不登校が15万人，ひきこもり人口は120万〜150万人と推定されているという事実がある。従って，数から言えばホームレスの現状はそれ程大きな社会問題ではないと見えるかもしれない。しかしビッグイシュー代表の佐野は「ホームレスの問題は，社会からの排除を伴う氷山の一角で，これが解決できれば裾野にある問題も対処できる」と確信している。社会の力というのはそこに生活する人々の意識にかかってくる。社会の問題解決能力は，排除することで確実に弱くなっていく。ホームレスの数と失業者数は完全に比例する[3]という。ホームレスの人々が公園や路上で生活しているのは知っていても，我々は敢えて彼らの生活を知ろうとはしないし，その姿が見えていても普段は目を合わせないように通り過ぎる。電車に一目で

ホームレスとわかる人が乗っていれば，乗客は黙って避けてまわりの席を空ける。ホームレスの存在に気がついても，多くの人々は彼らを直視しようとしてこなかった。

路上生活の実態は，生活している場所が定まっている人が 84.1％で，生活場所としては「河川敷」30.6％,「公園」29.6％である。ホームレスになってからの期間は,「1 年未満」が 30.4％,「1 年以上 3 年未満」が 25.5％,「3 年以上 5 年未満」が 19.6％で，5 年未満の人を合計すると全体で 75.5％になる。

我々の目にするホームレスは，夜には地下街で寝ているし，昼間ものんびりしているように映る。このように世間では「なまけ者」と見られやすいホームレスだが，実際にはその 64.7％以上が廃品回収（仕事全体の 67.9％にあたる）や建設関係の日雇労働など仕事に従事しており，約半数（47.2％）の人たちは，将来は就労して自立することを望んでいるという。ホームレスで「今のままでよい」と考えている人は，全体の 12.5％に過ぎない。アルミ缶の回収などは，早朝の仕事が多いので，まだ暗いうちから起き出して仕事をしている。このため，私たちが日中目にするホームレスは，なまけているように写ることが多いだけだ。それでも十分な生活費を稼げているわけではない。平均的な月収は「1 万円以上 3 万円未満」が 22.2％,「3 万円以上 5 万円未満」が 11.9％だ。家族・親族との連絡が途絶えている人が 77.1％と，社会とのコミュニケーションを絶ち，孤独な生活をしていることがうかがえる。

もちろん，ホームレスは日本だけの問題ではない。例えばビッグイシュー発祥の地イギリスではホームレスは 30 代前半が多いが，日本では 50 代が中心だ。路上生活直前の職業は，建設関係の仕事が 52.6％，製造関係の仕事が 10.2％で，常勤職員・従業員（正社員）が 38.6％，日雇が 35.0％である。路上生活に至った理由は「仕事が減った」が 20.8％,「倒産・失業」が 19.2％,「病気・けが・高齢で仕事ができなくなった」が 9.6％と，日本のホームレスの問題は，古くから行われてきた建設関係を中心とした日雇労働者の雇用と密接な関わりがあることがわかる。このように，日本のホームレスをとりまく環境や状況は，他国とは異なっている。日本独自の取り組みというものを考えていかなければならない。ホームレスの問題は，本来ならば日本の社会の仕組みの問

題として，行政や企業が取り組むべき課題かもしれない。しかし佐野は，ビッグイシューの販売を通して自立していくホームレスの人々の姿から，ホームレスは「市民の問題として考えられる」ことを問題提起している。

　自立支援といっても（有）ビッグイシューはチャリティではない。仕事そのものをホームレスに提供するというビジネスだ。本家イギリスのビッグイシューを創設したジョン・バードも「同情による購入」[4]であってはならないという。セルフヘルプ（自助）がビッグイシューの世界共通のポリシーだ。

2．ビッグイシュー日本の誕生

　「成り立つかどうかわからないけれど，とにかくやってみようと決断したのは，このビジネスがおもしろそうじゃないかと思ったからだ。」（佐野代表）

　『ビッグイシュー』は，ホームレスの自立を支援する日本で初めてのストリート雑誌だ。『ビッグイシュー』日本版は，2003年9月に創刊された。大阪や東京など全国の大都市の街頭で，ホームレスの販売員によって販売されているのが特徴だ。佐野は，水越洋子の熱い思いに圧される形でビッグイシューを創刊することになった。

　現在『ビッグイシュー』日本版の編集長を務める水越は，たまたま目にした『ビッグイシュー・スコットランド』の代表メル・ヤングに会うことになり，そこでビッグイシューを日本でやってみるように勧められた。「私でも，雑誌を作ることならできるかもしれない…」と憑かれたように訴え続ける水越に，はじめは乗り気ではなかった佐野も次第に動かされていった。

　水越は，佐野の経営する調査会社で20年来働いてくれているスタッフの一人だった。このシンクタンクでは，NPO法設立のための基盤調査も委託された。21世紀になったところでそろそろ自前でNPOを作ろうということになって，市民活動団体NPO法人「シチズンワークス」を設立し，水越が事務局長を務めるようになった。市民研究講座を立ち上げたが，そこで取り上げている社会問題の一つがホームレスだった。日本ではバブル経済が崩壊した1990年

代になって，ホームレスが急増していた。しかし，雇用と失業が大きな社会問題となっていても，行政は「ホームレスを誘致するのか」と，企業は「他の企業からリストラされた人たちを，企業が引き受けるのか」と消極的だった。佐野はホームレスの問題を，雇用・失業，福祉の問題と捉えるのではなく，暮らしている都市の問題として，転職したくても仕事がない中高年全体の問題としてとらえることが必要だと感じるようになった。

　2002年にホームレスの自立支援を目的とした「ホームレスの自立の支援等に関する特別措置法（ホームレス自立支援法）」が施行され，全国に再就職を斡旋する自立支援センターが設置されるなど，ホームレスの自立を支援する社会的な環境は少しながら整備されつつあった。そんな中で，『ビッグイシュー』日本版が発刊されることになった。ホームレスの問題は行政や企業ではなく，市民が取り組むのが生産的だ，というメッセージを佐野は送りたいと思っていた。

　ただ，日本で『ビッグイシュー』を販売しようと思っても，そう簡単にはいかない。まず，若者の活字離れが進んでいる。そして，日本には路上で雑誌を販売する文化がないために，売るという行為にも，買うということにも理解を得られない。さらに，情報が無料の時代だ。すでに『アール25』など優れたフリーペーパーが無料で配布されていて，200円という雑誌を，しかも路上で売っていくことは難しい。そして，だいたい好んでホームレスの人から物を買わないだろう，といった推測があった。

3．世界のビッグイシュー

　『ビッグイシュー』は，もともと1991年にロンドンで誕生した雑誌だ。イギリスで深刻な社会問題であったホームレス問題を，ビジネスの手法を使って解決しようとしたのが創始者ジョン・バードである。ジョンはロンドンの貧しい家庭に育ち，自らもホームレスの経験を持つというユニークな経歴の持ち主だ。

　イギリスでは「ゆりかごから墓場まで」をスローガンとする福祉政策で世界

をリードしてきたが，サッチャー首相のもとで徹底した規制緩和が進められた。その中で公共サービスの民営化を実行した結果，経済状況が悪化し，大量のホームレスが生まれて大きな社会問題となった。そんな中で生まれたのが，『ビッグイシュー』だった。ホームレスが販売員を務め，収入を上げることで自活できるように，という仕組みを作りだしたのが，ジョン・バードである。ロンドンでは週に10万部を売り上げている。ボディショップの会長ゴードン・ロディックがニューヨークで手にしたストリートペーパーをロンドンで実現するために多額の資金提供をすることで，この事業が立ち上がった。ジョンとゴードンは，パブで知り合った20年来の友人だったが，ゴードンがこのビジネスに注目したときに「これはジョンがやる仕事だ」と思って声をかけたのだ。貧困で兄弟4人が孤児院で育ち，刑務所にも服役したことがあるというジョンは，職を転々とする間に印刷技術を身につけ，その時すでに自分で印刷や出版の仕事をはじめていた。

　本場イギリスでは『ビッグイシュー』の知名度は高い。今や一種のステイタスともなっていて，大手企業が広告を出し，ビッグスターが自らインタビューに登場してくれる。広告収入で十分やっていけるイギリスとは，日本の状況はずいぶん違ったものだ。

　現在では，欧米諸国，中南米やアフリカなど世界28カ国で『ビッグイシュー』が販売されている。ストリートペーパーはINSP（インターナショナル・ネットワーク・オブ・ストリートペーパーズ）という組織を作り，世界80誌が加入，年間2500万部を売り上げている。これらのストリートペーパーは，「ホームレス問題をはじめ貧困をなくすこと」[5]を共通理念としてあげており，情報交換や記事の無料交換などを行っている。

　例えば『ビッグイシュー・スコットランド』は，『ビッグイシュー』としては世界で3番目に発刊された。1993年に4人のスタッフではじめ，2005年現在で50人のスタッフを抱えるようになった。スコットランドでは，週3〜4万部売り上げている。議員が役員になってくれたり，元警察署を安く買い取って事務所にしたり，まわりからのバックアップも強い。

　ホームレスの問題は世界的なものだ。アメリカにもホームレスを支援する多

くの NPO がある。例えばホテルを買い取ってホームレスの人々に住居を提供したり，飲食店のシェフが余った食材を集めて調理して食事を提供したり，そこの調理場でホームレスの人たちに調理師免許を取得させて就労させるといった，様々な規模の取り組みがされている。

このような中で，日本のホームレス問題に対する取り組みは，根本的な解決には積極的でないのが現状だった。

4．ビッグイシュー日本版の立ち上げ

『ビッグイシュー』日本版を実際に立ち上げることが決まっても，雑誌を発刊した経験のないスタッフばかりだった。それも街頭でホームレスが販売する雑誌だ。課題も多い。記事をどうしたらよいだろう，資金準備は，組織はどうするといった企業内部の問題や，街頭で雑誌を販売するという社会的環境の整備など，やることはたくさんあった。「自由に使っていい」と言われていた世界の『ビッグイシュー』の記事も，そのデータベースが期待していたほど使えないことがわかり，記事を翻訳もの中心に頼ることも難しくなった。結局，日本で『ビッグイシュー』を発刊するためには，『ビッグイシュー』日本版のオリジナリティを出していかなければならない。3 カ月で発刊できるだろうと思っていた作業は再構築をせまられ，発刊までに半年以上かかった。

警察も，道路交通法があるため，路上での販売は原則禁止としている。『ビッグイシュー』の販売員は随時移動するということで，敢えて許可申請はせずに市民の監視や販売員の巡回を条件に販売させてもらえるようになった。はじめは，警察もホームレスの路上での販売には協力的ではなかったが，次第に警察や行政も支援してくれるようになっている。それでも，販売員が何か問題を起こせば，すぐに販売を禁止される恐れもある。トラブルは避けなくてはならない。

試行錯誤するうちに，『ビッグイシュー』を「若者のオピニオン誌」と位置づけることが決まった。若者が社会的弱者にならないように，ホームレス同様，若者を記事の内容で自立できるように支援することを目的ともしている。

紙面は「国際記事」「リアルライフ（国内特集）」「バックビート（エンターテイメント）」の3つから構成されている。

契約ライターの1人稗田によれば，『ビッグイシュー』らしさは次の5つだという[6]。

「エッジ」——忘れ去られている社会問題をメインストリームにする
「サプライズ」——多くの人が気づかなかった意外な問題にアプローチする
「タブー」——誰もが避けたがる言葉にしにくい問題に切りこむ
「インターナショナル」——海外のネットワークを活用して世界的視野から語る
「ポップ」——敷居は低く，出口は高くをモットーに，社会問題をわかりやすく表現する

2003年9月11日，『ビッグイシュー日本版』第1号が発売された。表紙は，アメリカのロックバンドR.E.Mが飾った。それまでに多くのメディアで取り上げられていたこともあって，創刊した日には，雑誌が約540冊売れた。販売員1人当たりの平均販売数は約30冊だった。雑誌が売れると，それを聞きつけたホームレスの人たちが相次いで販売員登録をしてくれた。3カ月後には，大阪だけでなく東京へも本格的に進出していった。

マスコミの後押しもあって一時は8万部を売り上げた『ビッグイシュー』日本版だが，現在の部数は約3万～3万5千部に低迷している。「1年で1万部…4年で4万部売れてくれれば値上げしなくてもやっていけたのだが」佐野は，今回の値上げについて不安を抱いている。それでも，月に2回で年24回の発刊なので，概算でも年商1億5千万円，この規模で毎年の赤字を1千万で抑えられているわけだから，ビジネスとしてはまずまず成功だろう。

2007年9月にはビッグイシュー日本を母体とするNPO法人「ビッグイシュー基金」を設立し，ホームレスの人々の生活自立支援，就業支援，文化・スポーツ活動応援プログラムを作成して，市民や企業からの会費も募っている。

ビッグイシュー日本　4つのキーコンセプト（ホームページより）
- ビッグイシューネットワークで日本と世界をクロスする国際雑誌
- 若い世代が時代のマイナス条件を踏み台にできる情報雑誌
- 映画俳優からホームレスまで，多様な人生雑誌
- 意外性を極めるポストエンターテインメント雑誌

2003年9月まったくの素人が月1回の発刊から始め，2004年9月には2号体制が整った。2年目くらいでようやく作り方がわかったという。「いい雑誌」が作れるようになった。仕事をしていると，ホームレスに対する考え方の変化が感じられる。市民パトロンも集まり，ボランティアの参加も結構ある。大阪は学生が中心，東京は学生と仕事をしている女性がボランティアを引き受けてくれている。安月給でも構わないから働かせてください，という若い人も来てくれるようになった。将来 NPO を立ち上げたいので，ファンド・レイジング（資金調達）の方法を勉強させてください，という大学院生もいる。

5．ビッグイシューのビジネスモデル〜事業性とスピード

佐野は『ビッグイシュー』を NPO 法人として運営していくことは選ばなかった。ビジネスとして成り立たせる，これが佐野の決意だった。

ビジネスとしてはじめるためには，初期費用として2000万円が必要だった。有限会社を設立し，佐野と水越が出資金300万円を折半，1200万円を銀行から借り入れ，500万円を市民パトロンから集めた。行政からは，コミュニティビジネスのコンペティションに応募し，大阪府から約100万円のコミュニティビジネス助成金を得た。株式は1株5万円で，市民パトロンにも出資してもらっている。市民パトロンによる出資方法は日本独自のシステムで，数百万を継続して出してくれている人もいる。1年で市民パトロンは約80名，定期購読者は1口1万5千円で200名になった。『ビッグイシュー』は購入できる場所が限られているため，約半数は直接購入できない地方の人たちだ。

佐野は長年 NPO で仕事に従事してきた。ミッション・ドリブン（ミッショ

ンの遂行が活動の根底にある）のNPOは，「社会的に必要だから」「よいことをしているから」と安住してしまう危険性もはらんでいる。利潤を追求せざるを得ない営利企業にしてしまえば，利益重視かミッションか，といったジレンマに悩まされることもない。結果をきちんと数字で出していかなければならない，という明確な目標もできる。事業性，機動性を重視して，佐野は有限会社という運営形態を選んだ。日本は社会が支援する仕組みが遅れているのは確かだ。販売員は従業員ではなく，代理店契約で，自己管理をしてもらう。どの位売るのか，いつ売るのか，強制はしない。販売についてはまったくの自主性に任せている。

ビッグイシューでは，売上の半分以上をホームレスの人たちに渡すということが基本になっている。200円が当初の販売価格だった。販売員はまず10冊の雑誌を無料で受け取る。これが売れたらそのお金で，1冊200円の雑誌を90円で仕入れ，売れれば110円が販売員の収入になる。90円のうち原価は60円，「いったい60円でどんな雑誌ができると思います？」と佐野はいう。「それでも4万冊売れれば何とかなるけれど，東京で売れないんだ。」毎年会社としての赤字は増える一方で，2008年10月15日より300円定価とすることになった。販売員の手取りは110円から160円になるので，1日25冊売れれば4000円の収入になる。ちなみに，本場イギリスでは1.5ポンド，スコットランドでは1.4ポンドで売られている。

図表4-1　ホームレスの自立支援事業

| 10冊無料提供 | 販売 | 完売すると3000円の利益 | 雑誌を仕入れ販売する | 1冊300円140円で仕入れて160円が利益 | 住居と住所を確保し定食を探す |

出所：ビッグイシュー日本　HP。

6．佐野章二

　ビッグイシュー日本代表をつとめる佐野は昭和 16 年生まれ，1960 年に立命館大学法学部に進み行政学，特に大都市行政について勉強した。学生時代から民主主義科学の発展をはかることを目的とした民主主義科学者協会（民科）下部組織である民科政治クラブに所属し，学術研究会の役員を務めるなど自治会活動に熱心だった。65 年に卒業ししばらく PR 映画や CM フィルム製作をしていたが，66 年 4 月に桃山学院大学の学生部に就職した。桃山学院は 60 年代後半の大学闘争で赤軍派の拠点となっていたところで，学生運動が機動隊や警察と対立する中で，佐野は学生部という大学職員の立場にも関わらず，学生側に立って大学紛争に参加し，セクト的に対応してきた教授会を解体させるなど，大学を変えたい思いで活動した。だが，名称が変わっても組織の実情はそう簡単には変わらない。「社会を仕組みから変える提案」が必要だと感じた時代だった。

　その後，公害や環境など社会的な問題に対し「空間の論理の必要性」を感じた佐野は，京都の都市科学研究所で 7 年間調査やプランニングの仕事に従事した。70 年代は地方自治法が制定され，地方自治体においてマスタープランや総合計画が策定された時期である。

　佐野は「人生 38 歳節」を持っていると笑う。37〜38 歳になると企業や組織といったものが嫌になった。「組織というのは，必ずその中で一番適応しにくい人が出てくる。そういう人が移動する組織は健全なんだ」と佐野は言う。38 歳で独立し，地域調査研究所を設立，20 年間そこで地域問題の調査・研究に携わった。

　60 歳になった 2001 年には，自治体のプランナーとして住民と行政の協定を重視したマスタープランの策定に協力するようになった。行政のマスタープランには①行政の執行計画，②住民参加計画，③住民と行政の協定，の 3 つの側面がある。一度策定したマスタープランも，それをフォローしていくコンサルタントが必要だ。行政にはフォローしていく予算はつかないので，これを個人

の事務所で引き受けるという形だ。ここでは，参加した人がどうまちづくりに関わっていくか，ということが最大の課題である。

　佐野は，ビッグイシューの話を水越から聞いたとき「手が込みすぎていて，成功し得ないと思った」という。「ホームレスを自立させる雑誌なんていうのは，アングロ・サクソンだから成り立つのだ。日本人はそんなものを受け入れないし，だいたい雑誌を作るっていっても，そんなに簡単に作れるわけがない」，佐野にそう思わせるほどイギリスのビッグイシューは本格的なものだった。とにかく，続けて読みたい，と思わせる雑誌を作らなければならない。

　佐野自身は，社会的な価値，経済的な価値という2つの価値よりも，とにかく「読みたくなる雑誌」でなければならなかった。

　現在の佐野の一番重要な仕事は，販売している12の都道府県でトラブルがなく販売できるように仕組みづくりをしていくことだ。販売をしているところには3つのタイプがある。まずメインの大阪と東京はビッグイシュー日本直轄で，専任スタッフを置き，卸やサポートをしている。2番目は，各地域のホームレス支援活動とのパートナーシップがあるところ，例えば仙台夜回りグループや広島路上生活支援機構などと協力体制にあるところだ。3番目は支援活動で，特にビッグイシューの読者が中心になって，販売者支援をおこなってくれているところだ。名古屋ネットワーク，福岡サポーターズをはじめ，札幌などにもある。佐野自身は，できるだけ全国のサポーターの会には自分で出席するようにしている。メーリングリストもある。それだけ，支援してくれる人たちが重要なのだ。

7．販売員の難しさ

　ホームレスの人たちを販売員にするのも大変だ。働くということの肉体的負担ばかりでなく，これまでのキャリアにないことをするという精神的な負担もある。社会とのつながりを回復するといっても，そう簡単にはいかない。

　それでも「ホームレスは怠け者」という固定観念が間違っているということ

は，販売員が証明してきた。自業自得説を修正する役割を，ホームレスの人たちが自らが果たしてきた。ただ，ホームレスの人のカミング・アウトが難しい。雑誌を販売することは，人目に自分がホームレスだということを曝すことになる。ちょっとした勇気が必要だ。そんな勇気ある人が限られている，ということも販売数が予想以上に伸びない原因ともなっている。販売員が少ないのだ。特に，ホームレスの人たちの中での広がりが少ない。一生懸命雑誌を売っても 1 日 3000 円にならないのであれば，キロ 140 円のアルミ缶を拾ったほうが割がいい。

　ホームレスの人たちは様々な理由から，身近な絆を失ってホームレスになった人がほとんどだ。失った希望を取り戻すプロセスとして，ビッグイシューの販売は社会とのつながりの回復を体験できる。

　ミーティングでは，各売り場のリーダーから販売場所や販売部数の報告や，市民がホームレスから購入するという不安を払拭して気軽に販売員から買える工夫などが話し合われる。雨の日は販売は中止することが多いようだ。

　『ビッグイシュー』の販売員には，定められた行動規範を守れば誰でもなることができる。

　ビッグイシュー行動規範
　　1．割り当てられた場所で販売します。
　　2．ビッグイシューの ID カードを提示して販売します。
　　3．ビッグイシューの販売員として働いている期間中，攻撃的または脅迫的な態度や言葉を使いません。
　　4．酒や薬物の影響を受けたまま，『ビッグイシュー』を売りません。
　　5．他の市民の邪魔や通行を妨害しません。このため，特に道路上では割り当て場所の周辺を随時移動し販売します。
　　6．街頭で生活費を稼ぐほかの人々と売り場について争いません。
　　7．ビッグイシューの ID カードをつけて『ビッグイシュー』の販売中に，金品などの無心をしません。
　　8．どのような状況であろうと，ビッグイシューとその販売員の信頼を落

とすような行為はしません。

　全国に，販売員は約120人，設立当初から3年間で延べ560人が販売に携わってきた。ホームレスになった理由は人それぞれだ。例えば，土木関係の仕事をしていたが，不況でリストラされ，野営テントで生活する50代後半の男性。この販売員は，高田馬場の公園で朝8時に1日40冊仕入れ，そこから販売する新宿駅西口まで歩いていく。販売する場所では，まず放置自転車を並び替えたり，ゴミを拾ったりして人々が気持ちよく歩けるように準備して，たくさん買ってもらえるようにする。また，経営していたうどん屋が経営破たんし，ホームレスになった50代男性。高年齢，住所不定で就職活動もうまくいかなかったが，『ビッグイシュー』の販売を始めて，たちまち平均1日60冊を売り上げるカリスマ的販売員になった。

　ホームレスの自立は3つのステップがある。
　第1のステップは，脱路上。路上での野宿生活から，簡易宿泊所などで寝泊りができるようになることだ。マンガ喫茶やサウナでもよい。とにかく野宿ではなく，雨風がしのげる場所で寝られるようになることが，はじめのステップだ。簡易宿泊所は1泊600〜1500円程度なので，日収が3000円程度になれば，実現できる。その上で自分のお金で食事をし，好きなお酒やタバコを買うことができればよい。
　第2のステップは，簡易宿泊所を出てアパートを借りること。生活が少しできるようになったら，稼ぎの中から少しずつでも蓄えを増やし，アパートの敷金や礼金が出せるようにしていきたい。そうすれば，自分の住所を持てるようになる。もっとも現実には，家がないから借りたいのに，現住所がないと借りられない，という状況もあって，探すのも一苦労ではある。
　第3のステップは，就職だ。就職には固定住所が必要なので，アパートを借りることができて，はじめて就職活動ができる。これまでの就職先は，清掃事業，警備員などが多い。もちろん就職して何も問題がないわけではない。会社に勤めれば，自分のペースで仕事ができるわけではない。無事に社会復帰を果

たしても，生活はギリギリの状態だし，契約雇用が多いのでいつ解雇されるかもわからない。しかし，自分の仕事を持って，はじめて社会復帰も果たせる。この就労支援のために，ビッグイシュー日本はNPO法人「ビッグイシュー基金」を設立した。

販売員は，誰でもはじめは人と接することが苦手で，なかなか売れないという。1週間でやめてしまう人も多いけれど，その中で，何とか頑張っていると，固定客がついてくる。いつも同じ場所で売っていると，その人たちはその販売員から雑誌を買ってくれるようになる。愛想がよい販売員は，よく売れる。1日中街頭で立って販売していることは肉体的にも大変だ。冬の寒い時期や，炎天下の夏に，同じ場所で販売を続けるのは容易なことではない。それでも，固定客がついてくると，そこにいないとお客さんに申し訳ない，という自覚が出てくる。

販売員の声
Mさん（京都高島屋前）「全国2位の売り上げ」40代男性
　「京都には3人の販売員がいるけれど，私は高島屋前というゴールデンプレイスで売っている。魚の卸をしていたこともあって，人と話すのは得意。ホームレスになって2年半になる。雑誌は毎回必ず目を通している。ビッグイシューは東京や京都など大学生がたくさんいるエリアで販売している。この雑誌がもっと大学生の活動につながるようなものになればよいと思う。大学生にできるNPOを紹介していくとか，地域性を持つ雑誌にしたら販売数も伸びるのではないだろうか。稼いだお金を貯めているのでアパートを借りるお金はあるけれど，保証人がいないので貸してもらえない。一度ホームレスになると，抜け出すのは簡単ではない。以前販売員をしていて，会社の社長に引き取ってもらって就職できた人がいたけれど，その後取引先の人からホームレスを雇ったと非難された。運よく就職できても，ずっと社会の偏見と戦っていかなければならない。」

I.さん（大阪JR京橋駅前）60代男性
　「商社に就職し，その後不動産業に転職した。景気がよいときには年収2千万円もあったが，バブルがはじけてリストラされ無職になった。工事現場で働いても

重労働で体力的な限界があって働くことができなくなった。大阪市西成区釜ヶ崎の貧民街にいて、NPOの方からビッグイシューを売らないかと声をかけられたことが販売のきっかけになった。今は西成区の「どや」と呼ばれる1日800円で借りられる3畳の部屋に住んでいて売り場の京橋まで電車で通っている。買ってくれるのは18〜25歳くらいの女性が中心で、中年の女性も購入してくれる。一日の平均は30部前後。発売直後はよく売れるが、発行から時間が経つとだんだん売れなくなってしまう。芦屋など裕福なエリート層が多いところではあまり売れず、中流層の購入者が多い。」

このように販売員たちはそれぞれの思いを持って、街頭での雑誌販売を続けている。

8．ビッグイシューの読者層

『ビッグイシュー』を読む年齢層は、当初は40〜50代の女性が多かったが、最近は20代の女性が多くなっている。ビッグイシュー日本が持つ読者像は、25歳〜35歳女性だ。これからはもっと男性にも読んでもらいたいと思っている。年齢によっても、購買理由は違うようだ。年齢層が高い人々はチャリティだと思って購入しているのに対し、若い人は雑誌が面白いからと購入している人が多い。編集方針では翻訳記事3割だったが、現在では2割まで下がり、独自の記事が増えている。

ビッグイシューのホームページでは、「読者の62％が女性、年齢では20〜30代の人が5割を占めています。20〜30代は、仕事時間が長く、テレビ、新聞など既存メディアとの接触が少ない人々です。この忙しい人たちとビッグイシューは街角や駅、移動時間中にコンタクトし交流しています。最近では40〜50代の方々にも支持を広げつつあります。」と唱っている。このように『ビッグイシュー日本』のターゲットは、20〜30代の若者層に定められた。「若者のオピニオン誌」として、魅力的な記事とデザインにこだわっている。

2004年12月に実施された調査では、20〜30代が58％を占めていた。読者

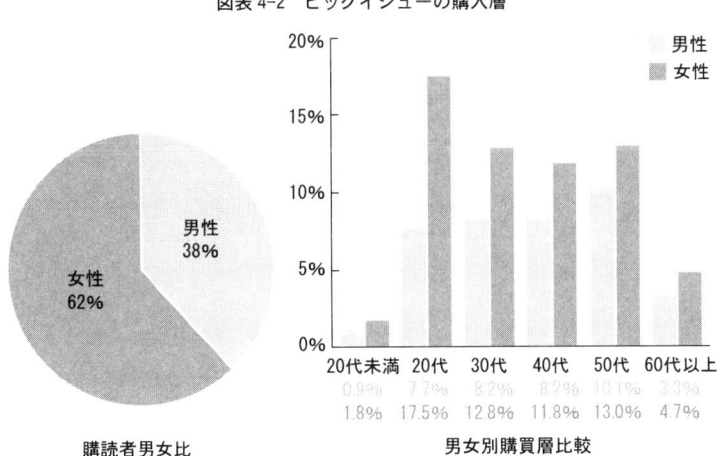

図表4-2　ビッグイシューの購入層

購読者男女比
男性 38%
女性 62%

男女別購買層比較

	20代未満	20代	30代	40代	50代	60代以上
男性	0.9%	7.7%	8.2%	8.2%	10.1%	3.3%
女性	1.8%	17.5%	12.8%	11.8%	13.0%	4.7%

出典：ビッグイシューHP。

の中で圧倒的に多いのが20代女性で全体の4分の1を占めており，次に多いのが30代女性だ。女性は全体の64％を占めていた。

2006年11月の調査では，20代の比率が減り代わりに40代から60代が増えてきた。特に50代の伸びが顕著である。このように，実際に購入する客層は少しずつ変わってきている。

読者の声

■『ビッグイシュー』の販売員の方と話すことはとても新鮮で，聞いていて圧倒されるばかりです。彼らはすごく人との繋がりを大切にしていて，忘れがちな大切なものに気付かせてくれました。そして世の中を真剣に考えるきっかけにもなり，私自身の視野が広がりました。

■『ビッグイシュー』のことは，時々駅で見かけるなぁという感じでしか知らなかったし，今まではファッション雑誌以外買う気になったことはありませんでした。でも，いざ買ってみると内容は関心の持てるものばかりでおもしろくてとても楽しめました。予告が書いてあってインタビューもリレー形式で次号も買おうという気にさせてくれます。

もっとも雑誌として購入する顧客からは厳しい反応もないわけではない。

■内容が興味のある芸能や音楽の特集のときには読む気がするけれど，政治や社会の話にはあまり興味が持てない。学生をターゲットにしているのなら，もう少し内容を考えたほうがよいかもしれない。

■興味のあるバックナンバーは全部買ってみたけれど，雑誌自体はあまり面白くないような気がする。正直慈悲の心でしか買う気がしない。特集をしていても内容があまり濃いとは言えないし，少しマンネリ化してきていると思う。

社会復帰の一環として，ホームレスの人たち同士でバンド（OHBB）を組んでコンサート活動をしているグループもある。

■私はこれまでビッグイシューについて全く知らなくて，正直ホームレスの人たちが売っている新聞を買おうと思う人はいるのだろうかと少し偏見を持っていました。でもOHBBのライブに出かけ，直接インタビューをさせていただいたら，ホームレスのイメージが大きく変わりました。私たちと同じように，もしくは私たち以上に，一日一日を，夢や希望を持つことを，新聞を売ることによる人との関わりを，自分に正直に生きることを，みんな大切にしているように思いました。また，ストレートな思いを歌詞に書いた歌からも生き生きとした力強さが感じられ感動しました。

ぜひまだ『ビッグイシュー』を知らない人やホームレスに偏見を持っている人にも，『ビッグイシュー』に関心を持って雑誌を購読してもらって，ビッグイシューへの理解者が増えていってほしいと思いました。

9．ビッグイシューの経営戦略

佐野は予算を作る発想はない，という。マニュアルも一切作らない。これは雑誌の販売は全て販売員の自主性に任せているからだ。販売員との取り決めもない。ただ契約を守れない人にはやめてもらう，いたってシンプルだ。ただ，契約を守れなかった人も，3カ月以上たてば復帰できる道は開いている。

販売員が雑誌を売って得た収入から，まず千円貯金をし，それを積み重ねてアパートを借りられるようにすることで住所を持つ，ということが就職につながっていく。ホームレスの95％が男性で，ひとりぼっち，ホームレスととも

にホープレスな状態だ。アルコールやギャンブルへの依存症でホームレスになった人が多い。実際に1日2千円稼ぐことで，まず販売員の服装が変わってくる。佐野は，働く人，ホームレスの人たちのエネルギーはすごい，といつも感じている。「当初は1年続くとも思わなかった」と佐野は笑う。

　ビッグイシューの本社には社員3名とデザイナー1名が在籍している。この他，外部ライター15～16人とデザイナー7～8人と契約して，雑誌を製作している。編集会議は半年に1回で，泊り込みでかなり長い時間をかける。持ち寄って，テーマを決める。雑誌の製作には約3カ月かかる。1カ月かけて取材をし，1カ月前に原稿を仕上げ，3週間かけてデザインする，という流れだ。

　コストのほどんどは人件費だ。自己資金と銀行借入だが，4期目の累積で4400万円の赤字が出ている。銀行借入も個人の信用で借りている状況，佐野は「ホームレスになるまで頑張る」と言っている。これまでに300～400人の市民パトロンも集め，1000万円弱の寄付を得ている。通常，雑誌は流通経費が3割だが，ビッグイシューは7割が流通経費で消えてしまう。情報が無料で手に入る時代に，敢えて雑誌を製作することで，リアルな感動をしてもらいたい，と佐野は思っている。

　ビッグイシュー日本は，成長よりも継続重視だ。佐野は「3年頑張ってやめればいい」と思ってきた。今振り返ると3周年で手を入れるべきだった。この値上げ，社会が評価してくれるかどうか，不安な日々が続く。ビジネスプランを作るべきかもしれないが，現場が忙しくて，積み重ねしかない。「ビッグイシューが慈善なのかビジネスなのか，と聞かれれば，ビジネスだ。売れる雑誌を作ること，これしかない。」販売員が増え続ける限り不況知らずのビジネス，これはホームレスをビジネスパートナーに選んでいるからだ。

　「社会的価値，経済的価値ということを考えると，売れる雑誌というのが経済的な価値ということだろう。社会的価値という意味では，売れる雑誌というよりは，いい雑誌を作っていきたい。雑誌が持つ文化的価値が大切で，そうなれば販売員も誇りを持って売ってくれる。そうすれば部数がついてくる。」実際の販売員は，商品としての『ビッグイシュー』をすみからすみまで読んで全

て覚えている人もいるし，まったく読まない人もいる。読む人は全体の2割くらいだ。販売者会議も東京や大阪でしているし，雑誌の表紙や内容についてレクチャーも実施している。販売員からは「明るい表紙にしてくれ」といった要望が出たりする。若い人が買ってくれている，といったことを販売員は肌で感じてフィードバックしてくれるのだ。東京ではリクルートと電通による「アール25」など，クォリティの高いフリーペーパーが出てきている。こういう雑誌は広告を取るために出しているので，佐野は，こういうフリーペーパーが雑誌と呼べるのか，常々疑問に思っている。

ただ，ビッグイシューの泣き所は，立ち読みができないこと。雑誌はビニールに入って販売員が持っている。梅田の駅前には，交差点のところにさりげなく『ビッグイシュー』のバックナンバーが置かれているが，これは誰かが勝手にやってくれていることだ。ビッグイシューの内容を知ってもらう努力も必要になる。

販売員は，よく売る人ほど早く自立していく。優秀な販売員がいるところが，売れる場所（ゴールデンポイント）になっていくので，自立していくとそのゴールドポイントを他の販売員に譲っていく。

10．ビッグイシューがもたらしたもの，そして問題点

『ビッグイシュー』は，2003年9月から2007年5月までの3年9カ月で644人の販売者が登録し，205万冊を販売，その結果ホームレスの人々に2億2550万円の収入をもたらしてきた。これまでに『ビッグイシュー』の販売員をきっかけに40人以上が就労先を見つけ，社会に復帰していった。ホームレスの人々と一般社会との接点を作ったという意味で，社会に変化をもたらしたのは事実だ。孤独なホームレスの人たちが社会との接点を見出せたばかりでなく，私たちも，存在を知りながら敢えて目をそらせてきたホームレスの人々に対し，私たちの社会に存在する現実の問題として認識させるきっかけにもなった。

ホームレスの人たちに食事や宿泊施設を提供しても，それだけでは問題の解

決にならない。ロンドンのビッグイシュー創始者ジョンは，こう述べている。
　「ビッグイシューの基本アイディアは，セルフヘルプです。自分で雑誌を売って，自分で働いたお金で社会復帰をめざすのです。人間は，自分で何かを成しとげたという達成感によって，初めて自信を得，前向きに生きる力を得ることができるのです。その際，仕事は人々に平等を与える一番のツールになります。ホームレスであれ，誰であれ，自分の人生を決定するのは，自分であるべきなのです」[7]
　現在のビッグイシューは20代前半の女性が支えているといってよいだろう。当初，そんなことは想定していなかったが，みんなのやる気や自発性といったことに頼っていくしかない。とにかく，「社会にないものを作る」，これが佐野の信条だ。
　「弱小のビッグイシューでもこの程度のことができたのだから，いま日本の社会の中で最も大きなパワーを持っている企業セクターが社会問題の解決に動きだせば，解決できない問題なんて，ないんじゃないかとすら思いますね。優秀な人材やマネジメント力，高い商品開発力，マーケティング力など，大企業にはすでにあらゆる社会問題を解決できる力と資源が備わっています。今の日本の社会には様々な問題があって，社会そのものが壊れかかっているという認識を持つなら，企業セクターに解決できない問題は何もない。僕らがやっていることは，ほんとにささやかだけど，ビッグイシューの試みが少しでも企業セクターが社会問題を解決していく機運の醸成に役立ってくれれば，と思っています」[8]と佐野はいう。

　日本と世界ではこのビジネスをとりまく環境も異なっている。情報提供の自由が徹底しているイギリスでは，街頭でホームレスが雑誌を販売してもまったく問題ないし，警察やロイヤルファミリーと仲良くやっている。日本では道路販売法もあって，街頭での雑誌販売は法律的にも，縄張り的にも，難しい側面を抱えている。佐野は，「公共空間はフリーパスにして欲しい」といつも思っている。
　日本でも，土地によって差がある。大阪では町を歩く人が立ち止まって興味

を示してくれるし，おばちゃんが販売員に声をかけてくれるが，東京では素通りしていってしまう。伸び悩んでいる。

若者をターゲットとした「ビッグイシュー日本版」だが，刊行4年で読者層は幅広くなってきている。雑誌不況の中でビッグイシューをここまで支えてきた「社会問題」「若者」「エッジ」「世界」「提案」といった挑戦が，一部の若者には大きな反響を与えてきたことは事実だ。しかし，読者層が広がったことは，また同時に，若者へのアプローチの方法の再構築と，新しい読者層である中高年に向けた確実なメッセージを模索する必要性も示している。

「ビッグイシューは『社会を変える』のではなく，私たち自身が変わり，『社会が変わる』試みなんです。目の前にある課題をクリアしながら，結果として非常に小さいところなんですが，社会が変わっていくというような，そんな力を僕たちは持ちたいと思っています。」[9]これは，慈善事業ではない。Win-win関係を構築することこそ，お互いの発展につながっていくのだ。

資料

雑誌の販売風景 　　　　　　　　　　OHBBのコンサート

□ホームレスの人数　厚生労働省　平成20年1月調査
　全国　1万6018人（平成20年調査）
　（平成15年　2万5296人，平成19年1万8564人）
　ワースト3　大阪府（4333人），東京都（3796人），神奈川（2020人）

全国のホームレス数（人）

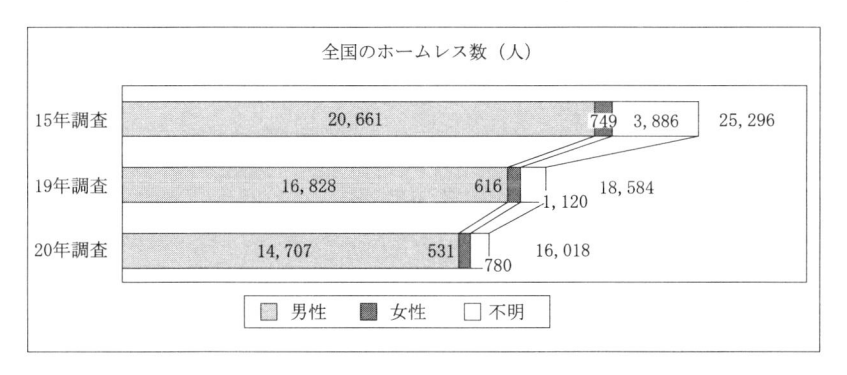

調査	男性	女性	不明	合計
15年調査	20,661	749	3,886	25,296
19年調査	16,828	616	1,120	18,584
20年調査	14,707	531	780	16,018

□ホームレスに対するアンケート調査
■現在の寝（野宿）場所はどこですか
　1位　河川敷　30.6%
　2位　公園　29.6%
　3位　その他施設　19.6%
　4位　道路　15.9%
　5位　駅舎　4.3%
■今回の路上（野宿）生活をするようになってどの位たちますか。

年数	%
1ヶ月未満	4.3
1ヶ月～3ヶ月未満	5.5
3ヶ月～6ヶ月未満	8.3
6ヶ月～1年未満	12.3
1年～3年未満	25.5
3年～5年未満	19.6
5年～10年未満	17.2
10年以上	6.7

■現在収入ある仕事をしていますか。
　している　64.7%
　していない　35.3%
　廃品回収　67.9%

建設日雇　15.7%
　その他　12.8%
■収入は月額どれくらいありますか。
　1000円未満　1.3%
　1000〜5000円未満　6.0%
　5000〜1万円未満　8.6%
　1〜3万円未満　22.2%
　3〜5万円未満　11.9%
　5〜10万円未満　8.6%
　10〜15万円未満　1.8%
　15〜20万円未満　0.8%
　20万円以上　0.8%
■路上（野宿）生活をする前にやっていた仕事は何ですか
　建設作業従事者（土木工，現場片づけなど）　33.9%
　建設技能従事者（大工，配管工など）　19.7%
　生産工程・製造作業者　10.2%
　サービス従事者　8.6%
　販売従事者　4.2%
■その時の立場はなんでしたか。
　経営者・会社役員　2.1%
　自営・家族従業者　3.8%
　常勤職員・従業員（正社員）　38.6%
　臨時・パート・アルバイト　13.5%
　日雇　35.0%
■今回路上（野宿）生活をするようになった主な理由は何ですか。
　1位　仕事が減った　20.8%
　2位　倒産・失業　19.2%
　3位　病気・けが・高齢で仕事ができなくなった　9.6%
　4位　収入が減った　9.6%
　5位　家賃が払えなくなった　8.9%
■今後どのような生活を望んでいますか。
　1位　きちんと就職して働きたい　47.2%
　2位　今のままでいい（路上（野宿）生活）　12.5%

3位　行政から支援を受けながらの軽い仕事　8.1%
4位　就職できないので福祉を利用して生活したい　7.2%
5位　アルミ缶回収など都市雑業的な仕事　6.4%

『ビッグイシュー』の販売都市と支援団体
　　大阪市（NPO法人釜ケ崎支援機構）
　　京都市
　　神戸市
　　東京都
　　横浜市（NPO法人さなぎ達）
　　川崎市
　　青森市（NPO法人オクトパスの会）
　　仙台市（NPO法人仙台夜まわりグループ）
　　広島市
　　名古屋市（ビッグイシュー名古屋ネット）
　　福岡市（ビッグイシュー福岡サポーターズ）
　　札幌市（北海道の労働と福祉を考える会）
　　長崎市※2007年12月から発売開始

何がポイントか考えよう

1．ホームレスが存在する背景にはどのような問題があるのだろうか？
2．ホームレスの問題に対して行政ができること，企業ができること，NPOができることは何だろうか？
3．ビッグイシューのビジネスモデルはどこが新しいのか？
4．ホームレスの人たちにとって一番大切なことは何だろうか？
5．ホームレスの問題の解決に向けて，あなた自身ができることはあるだろうか？

もう少し深く考えよう

　ソーシャル・エンタプライズ（Social Enterprise）は，社会的課題に事業的手法で取り組み，イノベイティブな活動を行う社会貢献を目的とした民間企

業だ。高度成長期における経済至上主義に代わって、豊かな人間らしい生活に対して人々の意識が強まり、近年では犯罪、教育、環境、貧困、医療といった社会問題に関心が向くようになった。「ソーシャル」という新しいキーワードが生まれ、社会起業家（Social Entrepreneur）がボランティアのアマチュアリズムと、従来のNPOにありがちな脆弱な経営体質を打ち破って、新しいタイプソーシャル・エンタプライズを社会の活性剤となることが期待されている。創造的でプロフェッショナルな事業展開をおこなっていくソーシャル・エンタプライズは、ソーシャル・ベンチャー（Social Venture）、ソーシャル・ビジネス（Social Business）とも呼ばれ、日本語では社会的企業と訳されることもある。

ソーシャル・エンタプライズの基本的特徴は、ボランタリー・アソシエーション、社会的使命（social mission）、社会的事業体（social business）、ソーシャル・イノベーション（social innovation）である。行政、NPO、ソーシャル・ベンチャー、企業の特徴は表に示す通りだ。それぞれにその目的や存在意義が異なるために、事業活動の領域も違ってくる。政府の失敗、市場の失敗、NPOの失敗といった従来システムの歪を補う意味で、新しいビジネスモデルを創り出し、経済的なリターンと社会的リターンの両方を追求する継続的な活動をおこなっていくソーシャル・エンタプライズが注目を集めている。

ソーシャル・エンタプライズが必要とされるのは、①政府がこれまで"市場"を独占してきたような領域、また政府・行政からは漏れ落ちてきたような領域、②従来市場では対応しきれなかったような領域である。したがって、ソーシャル・ベンチャーの分野は地域の再生、環境保全、福祉、教育、ヘルスケア、貧困、途上国への支援などの社会的領域、社会変革など多岐にわたるが、いずれも社会の問題解決とビジネスを一致させる革新的（イノベイティブ）な活動である。

ソーシャル・エンタプライズは、利潤拡大を最大の目的とした一般の企業とは異なり、起業家が強い社会的使命を感じて起こす社会的事業である。そして、社会貢献や自己実現のためだけの事業ではなく、ソーシャル・エンタプラ

図表 4-3　行政，NPO，ソーシャル・エンタプライズ，企業の特徴

	行政	NPO	ソーシャル・エンタプライズ	企業
目的	安全・安定・利便性の実現	ミッション実現	ミッション実現	自己利益
提供するもの	公共財	公共財・準公共財	公共財・準公共財・私的財	私的財
ガバナンス	公平性・倫理性	社会性	社会性・経済的効率性	経済的効率性
受益者と資金提供者の関係	相違	相違	相違	同一
価格	無料	無料または廉価	廉価または市場価格	市場価格
資金供給者	国民	行政・寄付者	行政・寄付者	株主
活動	長期的安定	長期的社会的価値創出	長期的社会的価値創出	短期的利益追求
組織特徴	硬直的官僚制	柔軟性	柔軟性・機動力	官僚制・機動力
社会的イノベーション志向	なし	中	大	小〜大

出所：谷口・田尾（2002）をもとに筆者が加筆修正。

イズはビジネスの手法を用いて，特定の社会的な課題の解決することを視野に入れて立ち上げている。そのために，慈善活動を行うNPOのように助成金や寄付金に頼るのではなく，事業収入による経費の充足，或いは収益の獲得といった経済的自立を目指している活動である。ソーシャル・エンタプライズは，非営利（Non-Profit Organization），営利（For-Profit Organization）いずれの組織形態も選択することができる。経営者が強い意志を持ち，事業として成り立たせたいということから「会社」を選択するところもあるが，多くはNPO法人などの非営利法人を設立している。ソーシャル・エンタプライズでNPOを選択する理由としては，①優遇税制，ボランティア労働力，寄付などが受けられる，②社会的信頼を受けやすい，③行政が提供する公共サービスと共存しやすい，といった点があげられる。ただ，NPOでは外部資金に頼るため経済的効率性を追求しない，多様なステイクホルダー，行政と同様に大衆

の監視を受けやすい，非市場的圧力，ガバナンスの多重性などのリスクも抱えている。

　NPOは，①資金調達の資本市場がないため寄付などに依存する，②使命は利益ではなく社会的な価値の創出である，③働く人は基本的にボランティア，④そのために人を動かすのに脅しが効かない，といった特徴がある。競争・市場が効率的であると考えている人々は市場で競争することを評価する傾向にあり，ソーシャル・エンタプライズを営利を目的とした企業として立ち上げることを好む。行政からの支援，制度的な寄付に依存しない資金源を市場に求めて，自らの社会的使命を達成しようと試みる。

　ただ，企業を選択した場合には，リスクも抱えることになる。組織成果としての社会的価値の創出というのは，実際にはなかなか数値化しにくい。企業がこれまで参入してこなかった財やサービスの提供というのは，同時に，市場の圧力が強いことを示しており，市場で生き残るのはたやすいことではない。だからといって利益を意識しすぎると顧客満足志向になりがちである。商業主義に偏ることで，組織の存在意識がぼやける可能性もあることもあるので，注意が必要だ。

　経済的価値と社会的価値は決してトレードオフの関係にあるわけではない。大きな視点からダイナミックにビジネスモデルを考えていくことで，経済的価値か社会的価値かというジレンマとうまくつきあっていくマネジメントが大切だ。ソーシャル・エンタプライズはミッション・ドリブン（Mission driven）だからこそ「ソーシャル」なのだ。その中で利益を生み出していく経営は，より一層の経営手腕が必要とされる。

もっと知ろう

　日本でホームレスの問題に取り組むのは，ビッグイシューだけではない。横浜の寿町でのホームレス問題を中心に活動を展開する「NPO法人さなぎ達」もその一つだ。寿町は「日雇い労働者の町」として栄えた日本三大寄せ場[10]の一つで，現在では約120件の簡易宿泊所が並び，ホームレスを含む6500人前後が生活している。さなぎ達では，ここに住む人々の「自立自援」を目的と

して，衣・医・食・職・住の5つの方面からサポートする活動を行っている。1984年に始まった木曜パトロールと呼ばれる夜回り活動が発端となって2001年に誕生したNPO法人である。ある人はいつの日か蝶になって羽ばたいていくかもしれないが，ずっとさなぎのまま一生を終えていく人たちもいる。そのどちらも受け止めて支援をしていこう，という想いから「さなぎ達」と名付けられた。

さなぎ達の理事長を務める山中修は，ポーラのクリニックの院長でもある。さなぎ達の活動は，自主事業収入のほか，会費，寄付，公的助成金，民間助成金など年間5千万円ほどの予算により遂行されている。行政や民間との連携を通じて，孤独に陥った人たちが人間としての心を取り戻し「認め合う社会」を実現するために，多様な活動でホームレスおよびホームレス予備軍の人々のメンタル面を支えている。活動内容としては，さなぎの家では生活の基盤となる衣食住を提供すると共に，行政（横浜市）との連携，取次業務をおこなっている。さなぎの食堂では横浜市の提供する「パン券」も利用でき，安価で温かい食事をホームレスの人々に提供している。ローソンから余剰食品の提供を受け，「横浜型もったいない運動」に参加している。ポーラのクリニックでは診

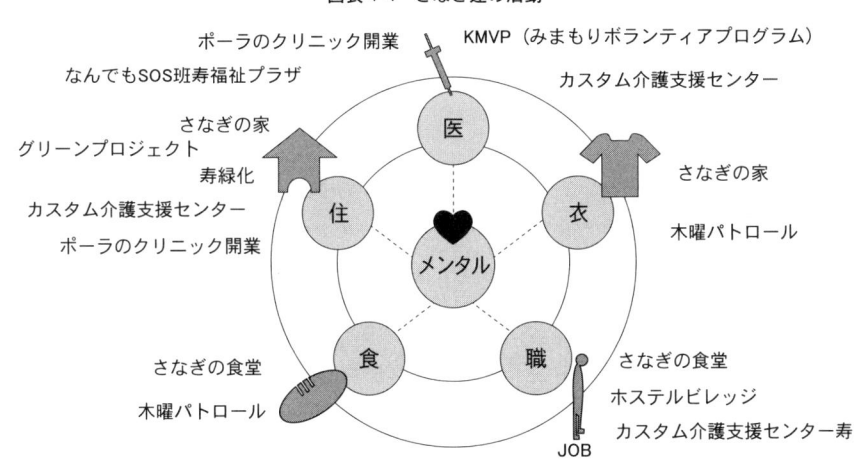

図表4-4　さなぎ達の活動

ポーラのクリニック開業
なんでもSOS班寿福祉プラザ
さなぎの家
グリーンプロジェクト
寿緑化
カスタム介護支援センター
ポーラのクリニック開業

KMVP（みまもりボランティアプログラム）
カスタム介護支援センター
さなぎの家
木曜パトロール

さなぎの食堂
木曜パトロール

さなぎの食堂
ホステルビレッジ
カスタム介護支援センター寿

医・衣・職・食・住・メンタル
JOB

NPO法人 さなぎ達

活動名	活動内容
さなぎの家	朝9時から夜5時まで誰でも自由に出入りできる憩いの場。行政との連携・取次業務
さなぎの食堂	現金300円で温かい定食などの食事を提供（横浜市発行の「パン券」も利用可） ローソンより過剰食品の提供
ポーラのクリニック	地域医療の充実を目指したクリニック，英文健康診断書も作成
カスタム介護支援センター	寿町の高齢者にホームヘルパー派遣 ホームレスから希望者を募り，ホームヘルパー2級修了者の就職先として受け入れ
木曜パトロール	定期的に寿周辺地区を夜回りし，路上生活者に声かけ
KMVP	学生ボランティアを中心とした寿住民の訪問，簡単な生活介助
寿緑化・グリーンプロジェクト	ドヤの軒下にプランターや鉢を置くなどの緑化事業
ヨコハマホステルヴィレッジ	簡易宿泊所の空き部屋を利用した安価なホステル経営

出所：さなぎ達HPより。

療のほか，カスタム介護支援センターとして寿町の高齢者にホームヘルパーを派遣している。ホームレスから志願者を発掘し，ホームヘルパーの資格を取得させた後，彼らの就職も引き受けている。KMVP（寿みまもりボランティアプログラム）では学生ボランティアが住民を訪問し，簡単な生活介助をするプログラムだ。

また，寿町ではコトラボ合同会社によるプロジェクトとして「ヨコハマホステルヴィレッジ」が運営されている。ヨコハマホステルヴィレッジは，2005年にオープンした1泊2250円から泊まれるゲストハウスである。寿町の簡易宿泊街としての特色を生かした活動で，高齢化した日雇い労働者の町に若者のパワーを注入することで町を活性化しようというのが狙いだ。複数の簡易宿泊所を一つのヴィレッジ（村）と捉えて"YOKOHAMA HOSTEL VILLAGE"とし，チェックインや支払いは共同フロントを使用して宿泊する宿に案内するユニークなシステで，国内外の人々に安価な宿泊施設を紹介している。集まってくるのは世界中からのバックパッカー，学生，アーティストなど多様だが，

特に東南アジアなどからの海外の旅行者が宿泊拠点として寿町に来てくれることで，新しい文化発信地となればよいと期待している。ボランティア・スタッフによる地元の隠れた名所や食事・買い物の案内などきめ細かいサービスが売り物にもなっている。

もっと調べよう

［ビッグイシューに関するもの］

櫛田佳代（2004）『ビッグイシューと陽気なホームレスの復活戦』株式会社 BKC。

稗田和博（2007）『ビッグイシュー　突破する人々』大月書店。

ビッグイシューホームページ　http://www.bigissue.jp/

［貧困・ホームレス問題に関するもの］

岩田正美（2007）『現代の貧困―ワーキングプア／ホームレス／生活保護』ちくま新書。

風樹　茂（2005）『ホームレス入門―上野の森の紳士たち』角川文庫。

川上昌子（2005）『日本におけるホームレスの実態』学文社。

暉峻淑子（2003）『豊かさの条件』岩波新書。

増田明利（2006）『今日，ホームレスになった―13人のサラリーマンの転落人生』新風社。

山崎克明，稲月正，森松長生，奥田知志，藤村修（2006）『ホームレス自立支援―NPO・市民・行政協働による「ホームの回復」』。

Bhalla, A. S. and L. Frédéric (2004), *Poverty and exclusion in a global world*, Palgrave Macmilan.（福原宏幸，中村健吾訳『グローバル化と社会的排除―貧困と社会問題への新しいアプローチ』昭和堂，2005年。）

Seabrook, J. (2003), *The no-nonsense guide to world poverty*, New International Publications.（渡辺景子訳『世界の貧困―1日1ドルで暮らす人々』青土社，2005年。）

注

1) 本章は公開資料およびビッグイシュー代表佐野章二氏へのインタビューによるものである。販売員へのインタビューは，京都産業大学大木ゼミのメンバー（美馬梨沙，片岡鮎美，北川敦美）とソーシャルマネジメント概論の履修生の協力による。記して感謝申し上げる。
2) ビッグイシューでは「ホームレスとは失業などによって住む家を失い路上や駅の構内，公園などに住みついている人」といった一般定義に加え「友人や家族などの身近な絆を失い，ひとりぼっちになり，希望をなくすこと」としている。つまり Hopeless になり Homeless になると考える。
3) 暉峻『豊かさの条件』2003 年。
4) 櫛田，2005 年，50 ページ。
5) 稗田，2007 年，53 ページ。
6) 同上，173 ページ。
7) 同上，38 ページ。
8) 同上，231 ページ。
9) 同上，232 ページ。
10) 東京・山谷，神奈川・寿町，大阪・釜ヶ崎。

〔大木裕子〕

第 5 章

障害者支援
―株式会社フェリシモ[1]―

　本章では，社会的課題に事業的手法で取り組むソーシャル・エンタープライズの一例として，神戸に本社をおく通販大手の株式会社フェリシモをとりあげる。フェリシモ社は，環境保護やフェアトレードへのとりくみなど様々な分野で事業を展開しているが，ここでは特に障害者支援と結びついた事業，「チャレンジド・クリエイティブ・プロジェクト（CCP）」を紹介する。同社は，この刷新的な試みにより，「2006 年ソーシャル・ビジネス賞（主催：ソーシャル・イノベーション・ジャパン）」を受賞した。

　以下では，この CCP と称されるプロジェクトを例に，企業による障害者支援について考えていく。フェリシモ社は一体どのようなきっかけでこのプロジェクトを始めることになったのか，その仕組みづくりにはどのような工夫や苦労があったのか，そして，このプロジェクトによって同社がめざす「アトリエ発ユニバーサル社会」とは。一緒に考えてみよう。

ケースを読む

1．チャレンジド・クリエイティブ・プロジェクト（CCP）誕生まで

　フェリシモ社の発行する「エコラ（ecolor）」というカタログの中に，「アトリエメイド」というシリーズがある。革製品やガラスのアクセサリーなど商品そのものを見る限り，他の掲載商品との違いはすぐにはわからない。同じように可愛らしく，女性なら思わず欲しくなってしまうような商品ばかりである。実はこの「アトリエメイド」シリーズは，障害のある人々とのコラボレーショ

ンにより作り上げられたものだ。「アトリエ」とは，障害のある人々が働く授産施設・小規模作業所[2]のことである。この「アトリエメイド」が同社カタログに登場したのは2003年のことで，以来アトリエ発の掲載商品は年々増え続けている。

　障害のある人たちが作った製品が，バザーや福祉関連の催しなどで販売されることはこれまでもあった。しかし，障害者が作ったことを取り立ててアピールすることなく，通常のカタログ商品として販売したのはこのフェリシモ社の試みが初である。

　このプロジェクト誕生のきっかけは，フェリシモ社長矢崎和彦氏と，社会福祉法人プロップ・ステーション理事長竹中ナミ氏との出会いからであった。そこで，まずはCCPというコンセプトを生み出す最初の原動力となった竹中氏の「志」とそれを形にしたフェリシモ社の経営理念，そして2人の出会いからプロジェクト誕生までの経過をみてみよう。

(1) 「福祉就労を本当の働く場に」：ナミねえの志

　プロップ・ステーションとは，神戸市を拠点に障害者の就労支援を行っている社会福祉法人である[3]。理事長をつとめる竹中ナミ氏は，「ナミねえ」の愛称で知られ，重い障害のある娘さんをもつ母親でもある。とはいえ，彼女の障害者支援のスタンスは一般に想像されるものとはちょっと違う。それを象徴するのが，彼女の活動をつらぬくキーワードともなっている「チャレンジド」という言葉である。

　「チャレンジド」とは，「神から挑戦すべきことを与えられた人々」という意味で，「障害者」にかわってアメリカで用いられるようになった言葉だ。竹中氏は，障害者ではなく「チャレンジド」という言葉を用いることで，彼らの「できないこと」にではなく，「できること」に社会の目を向けたいと言う。もちろん，障害によってできないことは厳然としてある。例えば，ナミねえの娘さんはいくつもの重い障害が重なっているため，就労はおろか自立生活ものぞめない。しかし障害者の中には，適切な支援さえあれば自立できる人や，仕事や社会参加への意欲を持っている人もいる。ところが，社会の側には彼らの自

立を支援する仕組みが決して十分ではない。障害者は一様に「保護される対象」として，一般社会の外におかれがちである。ナミねえの言葉を借りれば，「これでは『保護』いう名で隔離されているようなもんやないか。命は平等でも，この経済社会を構成する人間として，決して対等にはなれへん。だいたい，働ける人を働かさないなんて，日本の損失やないか」[4]ということだ。

こうした思いから，「障害があっても働ける人，働きたい人」の就労を支援するNPO，プロップ・ステーションが1992年に設立された。当初，「チャレンジドを納税者に」というキャッチフレーズは，「かわいそうな障害者を働かせるなんて」，「『障害者を納税者に』ってか。福祉というのは税金からなんぼ取ってくるかが福祉で，税金を払うのは福祉じゃない。」といった批判も受けた。しかし，「障害者を納税者に」というキャッチフレーズは，「障害者も稼いで納税しよう」という納税運動ではなく，障害のある人も働くことで誇りを取り戻そうというアピールであった[5]。こうしたスタンスにたつプロップの試みは，その後，産・官・学など幅広い分野で注目と支持を集めることになった。

プロップの活動の中心はITを活用したチャレンジドの就労促進である。しかし，チャレンジドにはコンピューターが得意な人，パソコンを使って仕事にできる人ばかりとは限らない。そうではない「普通」の障害者の多くは，授産施設や小規模作業所とよばれる場所で働いている。ここでは企業などでの一般就労が難しい障害者が集まって，小物やクッキーなどを作ったり，袋詰めなどの簡単な下請け作業を行っている。しかし，彼らが働いても，実際に手にする給料は月1万円にみたないことも少なくない。

そもそも授産施設・作業所とは，企業ではない。そこはあくまで障害者の自立のための就労訓練の場，社会参加の場として位置づけられている。障害者による物作りや下請け作業によって多少の収益があるにしても，それだけで経営を成り立たせることはまず困難である。そのため，実際の経営は県や市からの補助金によって支えられているのが現状だ。こうしたしくみのため，障害のある人がたとえ毎日一生懸命製品づくりに励んだとしても，一般就労レベルの工賃はまずえられないのである。こうした働き方は一般に「福祉就労」と称さ

れ，問題ではあるが容易に解決できない課題とみなされてきた。

　こうした全国の授産施設・小規模作業所を，経済的に自立可能な「本当の働く場にしたい」というのは，ナミねえの長年の念願だった。パソコンでなくても自分が何かできることを持っているのだったら，その力を何か世の中に出していく仕組みができないか，例えば施設で物づくりをしている障害者も，商品企画やマーケティングのプロの指南をうけることで広く売れる商品を作ることができないか。そうなれば，彼らも自立可能な就労レベルに達するのではないかとの思いで協力企業を探していたという[6]。とはいえ，企業秘密とも言うべき商品企画のノウハウを提供してくれる企業は中々みつからなかった。そんな矢先，「運命的に」出会ったのがフェリシモの矢崎社長だったのである。

(2) 「ともにしあわせになる, しあわせ」：株式会社フェリシモとその企業理念

　さて，ナミねえが「運命的に」出会ったという矢崎和彦氏，そして彼が社長を務めるフェリシモ社とはどのような会社なのだろうか。

　同社の創業は1965年，大阪で矢崎氏の父が「ハンカチを売り始めたのが最初」[7]であった。そこからカタログ事業に取り組み，現在では全国160万世帯の会員をもつ通信販売業の大手である。女性の顧客を中心に，生活スタイル，世代などに応じた15，16種類のカタログを発行し，生活雑貨や衣料品，食料品，書籍など年間約5万点の商品を提供している。

　社名の「フェリシモ」とは，ラテン語を語源とする「至福」を示す言葉「felicity（フェリシティ）」に，強調を表す接尾語の「ssimo（シモ）」を組み合わせて作られた造語で，「最大級で最上級のしあわせ」を意味する。事業活動を通じてしあわせな社会を作っていくことが同社の企業理念である[8]。

　事業を通じたしあわせな社会づくりと表裏一体となっているのが，フェリシモ社の経営理念である「事業性」，「独創性」，「社会性」の両立である。この3つの輪が重なり合う部分，つまりすべてを満たす仕事を事業の中心にすえていくことが同社の目標だ。社内でもこの3つの輪をよく絵に書いて確認しあうとのこと。この点について，矢崎氏が大学生向けの講演で語った言葉を借りてみよう。

「事業として，事業だから儲かるのが当たり前で，それがなければやはり困ります。けれども，例えば武器を作っている会社は戦争で利益をあげていますが，そういうことはどうなのでしょう。あるいは環境問題。いろいろなことで言うと，企業が利益を出す活動とは，ややもすると，非常に反社会性を帯びてくることがあります。私たちは絶対にそういうことをするなということで，社会性を非常に重視しています。社会にとって意味のあることをやろう，あるいは，害になることだけは絶対にやらない，というのが私たちの考え方です。」[9]

事業性と独創性はともかく，社会性の追及は，バブルの頃には「いや，それは無理だ」と言われることが多かったという。しかし，1995年の阪神・淡路大震災のとき，矢崎氏は，事業性と社会性は二律背反なのではなく両立可能なものだと確信した，とあるインタビューで語っている。当時フェリシモの本社は大阪の梅田にあったが，95年の2月に本社を神戸に移転させる計画だった。その直前の1月に大地震がおこったのである。矢崎氏を始め社員の多くが神戸周辺に住んでいたこともあって，同社は様々な形で被災地支援に関わったが，被災地で活動する全国からの大勢のボランティアを現場で見ながら，矢崎氏は「これは長くは続かないだろうな」と思ったという。ボランティアに参加する人々にも皆それぞれ自分の生活があり，よって立つ基盤がなければ続かない，つまり「事業性がないと社会性が続かない」ことを確信したのである[10]。

その後フェリシモ社は，社内での反対もある中，震災後の神戸の経済復興に貢献すべく予定通り本社を移転したのであった。

(3) 産官民共同プロジェクト発足へ

「復興する神戸にいる意味は大きい」として，あえて震災で傷ついた神戸に本社を移したフェリシモ。そして，もともとの本拠地は大阪だったが，神戸生まれ，神戸育ちのナミねえの強い要望で神戸に本部を移したプロップ・ステーション。この両者が出会ったのは2002年，神戸市矢田市長が，地元各界のリーダーの意見を聞くために催している会の席上であったという。

この頃フェリシモ社は，「ユニバーサルデザイン」（性別，年齢，障害などを

問わず誰にでも使いやすい商品をめざすデザイン）への取り組みを始めていた。そして，関心を持つ女性社員を中心にチームを結成し，「このテーマで何ができるか」と社内で検討を重ねていたという。他方ナミねえは，作業所や授産施設をチャレンジドが本当に自立できる就労の場にできないかと協力企業を探していた。こうした中で出会った矢崎社長とナミねえはすぐさま意気投合，「とんとん拍子で話が進ん」だという[11]。

　2002年6月には，フェリシモとプロップ・ステーションとの間でプロジェクト立ち上げの合意が成立した。フェリシモ社は，授産施設や作業所の製品にマーケティングやデザインなど，「売れる商品として世に出すためのノウハウ」の提供を約束した。また，矢崎社長とナミねえとの当初からの合意は，「これは慈善事業ではなく営利事業である」ということであった。「障害のある人が作ったものだから」と善意や同情に頼って買ってもらうのではなく，「いいものだから」，「他にはない高品質なものだから」買ってもらえるような製品を作ることを目標とするのである。こうして，いずれは利益を上げられる事業としてシステムを確立することで，チャレンジドの自立を促し，「ともに発展しよう」[12]というのが両者の理想であった。

　もうひとつこのプロジェクトにおいて革新的だったのは，兵庫県と神戸市が協力者としてここに加わったことである。授産施設や作業所は福祉就労の場として行政の所管下にあるため，それらの組織に働きかけるには自治体のバックアップが有効であった。産官民が立場の違いをこえて共働するというのは，現在でこそ珍しくないものの，当時としては非常に新しい試みであった。こうした連携を築くにあたっては，ナミねえの人脈や経験がものを言った。彼女は，福祉の世界だけでなく，企業，行政，政治と幅広いチャンネルをもっていたからである。こうして，2003年1月，プロップ・ステーション，フェリシモ，兵庫県，神戸市の4者の合同プロジェクト，「チャレンジド・クリエイティブ・プロジェクト」が正式に発足した。

2．「目指せ，売れ筋」：CCP によるとりくみ

(1) CCP のはじまり

　こうしてはじまった「チャレンジド・クリエイティブ・プロジェクト」の名前の由来について，CCP のリーフレットには以下のように記されている。「『チャレンジド』とは，『挑戦という使命や課題あるいはチャンスを与えられた人』を表す言葉です。わたしたちは『障害者』をマイナスの存在ではなく，限りない可能性を秘めた人たちであるという認識に立ち，このプロジェクトを『チャレンジド・クリエイティブ・プロジェクト』（略称 CCP）と名付けました。」

　そしてこのプロジェクトが目標として掲げたのは，「福祉就労の場を本当の働く場に」すること。障害があるけれども働きたい，働くことによって自立したい，と思っている人に対し，形ばかりの就労ではなく，本当に経済的自立が可能な就労の道を開くことだ。授産施設や小規模作業所がもっと収益をあげられるような「売れる商品」を作り出し，それを広い販路で提供するには——こうした難問に立ち向かい，実際の仕組みづくりを企画・考案したのは，フェリシモ社内のユニバーサルデザイン開発室を中心とした社員たちであった。プロップ・ステーションのアドバイスをうけながらまったく独自に生み出されたのが，以下で紹介する CCP の仕組みである。

　まず，授産施設や作業所が作っている製品を，フェリシモが商品企画のプロの目で厳選する。商品化できそうなものについては，「プロの知識・技術」を加味して，市場に受け入れられる，つまりは「売れる製品」を作りあげる。さらに，生産量を確保できるような生産体制を整えて，カタログやインターネットなどフェリシモのネットワークを通じて全国的に販売するというものである。このプロジェクトに参画する施設，作業所は「アトリエ」と称された。

　CCP がまず最初に行ったのは，兵庫県，神戸市内の授産施設や小規模作業所の中から，このプロジェクトに加わる組織を「アトリエ」として募集することであった。行政にも積極的に PR に加わってもらい，「自分たちの作業現場

を変えたい」,「企業とのコラボレーションにチャレンジしてみたい」と思う施設や作業所に手をあげてもらうことにしたのである。

とはいえ,作業所の中には,作業所はあくまでも「福祉の場」であると考え,無理をしてまでビジネスにとりくもうとはしないところも少なくなかった。また,新しい試みに参加するには作業所の側も大きく変わらざるを得ないから,そうしたことへのためらいもあったろう。しかし他方で,デフレや不況の中で売り上げが低迷し,「このままではジリ貧」という危機感から応募に踏み切ったり,さらには,補助金に頼らずビジネスで自立しようという高い意欲をもって応募にのぞんだところも少なくなかった。

例えば,CCPに応募してきたある施設は,売り上げが「良かった時の半分」にまで落ち込んでいたため,「販路を拡大できそうな話にはとにかく食いついて行こうと思って」応募したのだという。また,福祉就労の場をあえて「作業所」ではなく「企業」として設立したという人もいて,次のように語っている。

「私たちは福祉を売り物にせず,『障害者が』を枕詞にせず,というポリシーでやってきました。『障害者が作ったものだから買ってあげよう』という善意に期待するだけでは展望は開けないですし,『売れないと潰れるんだよ』という危機感を持たないと,いいものはできません。生きていく力もつきません。こういう企画を考える企業なら,私たちとも取引していただけるのではないかと思って応募しました」[13]

最終的には,県下市内の45の施設・作業所からプロジェクト参画への応募があり,各施設・作業所が制作した110点以上の製品が集まった[14]。ここからフェリシモとアトリエとの共同企画がスタートし,早くも2003年6月には最初のCCP商品である「渦巻き模様のクッキー」と自由に柄や色を合わせて仕上げる「さをり織り」[15]の小物の2点がフェリシモのカタログに掲載される運びとなったのである。

(2) CCPのマネジメント

2003年のスタートから現在に到るまで,CCPは大きく成長をとげた。当初

は2点にすぎなかったCCPの商品は，現在30種類を越えた。クッキーと「さをり織り」の他，「刺し子」小物やガラス工芸製品，木製品，陶芸品，手染めの革製品などラインナップの充実ぶりには目を見張るばかりだ。当初は，数枚のリーフレットに掲載されるにすぎなかったCCP商品も，今では「アトリエメイド」シリーズとして「エコラ」という40頁のカタログの約三分の一を占める。CCPに参加するアトリエは現在50カ所あまりで，神戸・兵庫を中心に，和歌山県，岩手県など全国12都道府県の自治体へと広がっている。また，CCPによって上がる利益はスタート時の約3倍，とりわけ2008年には前年度の1.4倍となった[16]。以下では，大きく成長していく中でより洗練されていった「アトリエメイド」の仕組みや工夫について，具体的に見ていこう。

まずあげられるのは，各アトリエの得意分野，創造性や手仕事のよさを生かしつつ，高い品質の製品を作り上げるための工夫として，デザイナー（アーティスト）や一般の製造メーカーとの緊密な分業・協働体制を作り上げた点で

「アトリエメイド」のロゴマーク

ある。これこそが，一般の授産施設・作業所の物作りと一線を画すポイントである。というのも，通常の作業所などでは，最初から最後まで自分のところで製品を仕上げようとするため，素材選びからデザイン，仕上げまで，全部その作業所の「できる範囲で」行うことになる。そこにはもちろん，手づくりならではのあたたかさ，独創性にあふれたものも少なくないのだが，施設付近の人を相手にバザーで売るには十分でも，全国的に販売するには完成度や品質，デザイン面で十分ではないことも多い。そこに，プロの目や技術をもりこむのがCCPの仕組みである[17]。

アトリエメイドの中でも人気の高い商品，手染めバッグを例にみていこう。商品を見るとわかるように，本革を部分使いしたこのバッグの縫製は，プロの製造メーカーが担当している。また，バッグ自体のデザインも，トレンド性を考慮してプロのデザイナーがデザインする。しかし，このバッグの個性とも

なっている手染め素材は，各アトリエで製作されている。量産では得られない手描きならではの素材感が，この商品の付加価値を高めている。このように，各アトリエの「できること」，「得意なこと」を生かし，そこにプロの手を加えることで，最終的には完成度の高い商品を作り上げることができるのである。

　また，手づくりガラスのアクセサリー，ハンドメイドの樹脂ペンダントなど，クラフト的要素を生かした製品では，各アトリエに技術指導をしながら製作に携わってもらうこともある。ガラス製品の製造は電気炉などの設備を必要とし，高い技能を必要とすることも多い。ガラス作りやハンドペインティングなど，CCPをきっかけとして，各アトリエに技術を伝え広げる試みも行われてきた。

手染めバッグ

　中には，CCPの最初の製品であった「さをり織り」のように，できあがった織物を素材としてフェリシモが買い上げる仕組みになっているものもある。「さをり織り」は，織った人の個性がそのまま色や柄に反映される個性溢れる具材であるが，それをどう商品化するかはフェリシモサイドの企画に委ねられる。このように，製品に応じた様々な形のコラボレーションを通して，CCP商品は作り上げられているのである。

　生産量を確保するための工夫としてあげられるのは，複数のアトリエによる生産体制である。同じ製品を複数のアトリエで製作してもらうことによって，手づくりでありながら量産が可能となるのである。もともと各地で生産されていた「さをり織り」のほか，陶器，ガラス製品なども，現在は複数のアトリエによって生産されている商品が多い。

さをり織り

　マーケティングにおけるポイントは，チャレンジド，すなわち障害のある人が作りました，ということ自体を売りにはしないことである。作った人につい

図表 5-1　CCP のしくみ

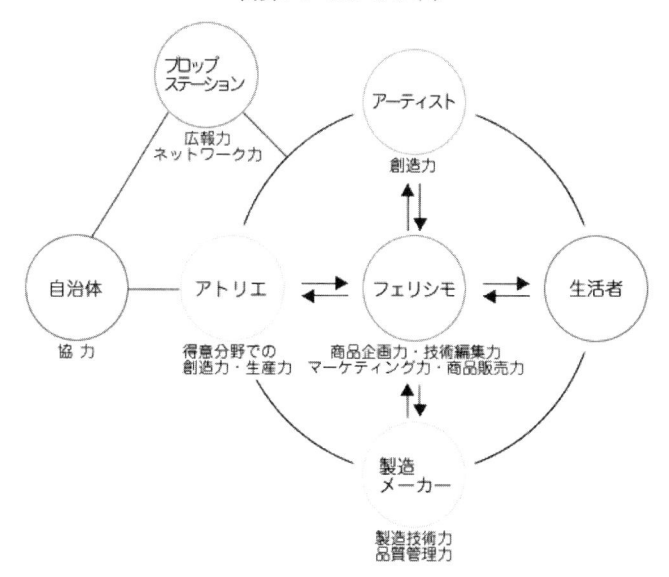

図表 5-2　CCP の流れ

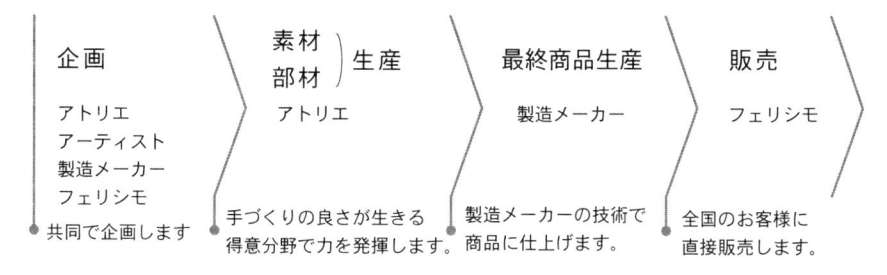

企画	素材部材 生産	最終商品生産	販売
アトリエ アーティスト 製造メーカー フェリシモ	アトリエ	製造メーカー	フェリシモ
共同で企画します	手づくりの良さが生きる 得意分野で力を発揮します。	製造メーカーの技術で 商品に仕上げます。	全国のお客様に 直接販売します。

てはあくまでも生産背景，モノ語りとして伝えられるにとどまる。確かに，カタログ「エコラ」の冒頭では「エコラトピックス」として，アトリエメイドとCCP の説明がなされている。しかしそこで前面に出されているのは，彼らの生み出す製品の価値，例えば「手しごとのやさしさ」や「世界にひとつだけのぬくもり」といった価値提供である。「障害者が作ったものだから買ってあげよう」といった善意，同情に訴えるものではない。

　こうした様々な仕組みづくり，工夫によって，「さをり織り」シリーズや

「手染めバッグ」，ハンドペイントの革製品などの成功商品が生まれていった。

(3) CCPにおけるマネジメントの難しさ・工夫とこれからの課題

　CCPは他に例のない独自の試みであるだけに，ここまでたどりつくまでには様々な困難があり，苦労や試行錯誤も多かった。とりわけ，これまでビジネスとは無縁だった授産施設・作業所とのコラボレーションには，通常とはことなった苦労があり，様々な工夫が必要であった。以下では，現在CCP商品が掲載されているカタログ「エコラ」のグループリーダー，能勢加奈子氏のインタビューをもとに説明していこう。

　当初授産施設の中には，納期や品質をきっちり守ること自体が高いハードルとなる場合も少なくなかったという。これまでのようにバザーで自主製品を売るのであれば，「障害者が一生懸命作りました」というだけでも十分かもしれない。しかし，CCPにおいては品質の妥協は許されないし，できあがった製品にばらつきがあれば却下されることもある。他方作業所サイドにしてみれば，いくら品質を維持し量産を可能にしたくても，できないことはできない。知的障害，精神障害をもつ人の中には，毎日同じ時間，同じように働くことが難しい場合もある。そうした小規模作業所で，通常の下請けと同じようにやってくれ，と言われてもできないものはできないのである。

　結局のところ，フェリシモと作業所の双方が事前にしっかり話し合い，品質や納期について「ここまでの基準は必要です」，「ここまでお願いします」と合意するラインをきちんと決めておくことが大切だ，と能勢氏は語る。製品にばらつきがでても，それが「手づくりの魅力」になるのであれば，はじめからそうカタログに書いておく。通常より時間がかかるのであれば，発注にも時間的余裕を見る。そうする中で，「どうやって我々の側がクッションになって受け止められるか」を考えるのだという。作業所側も，仕事には絶対に決められた納期やクオリティがあり，それを守っていくということが「企業と仕事をすることなのだ」，と学んでいくという。

　授産施設・作業所サイドに対応する難しさの他に，フェリシモ社内での難しさもある。CCPは，社会性，独創性は十分でも事業性がまだ弱い段階だ。収

益は確実に伸びてはいるものの，全社的に見れば効率の良い部門とはいえない。事業効率全体を高める努力を続ける一方で，社内での比較を常に受ける中においても「これは他の事業とは違うスピードで成長しているのです，と説明できるかどうか」だ，と能勢氏はいう。会社を説得し，周りを納得させ，やっている人のモチベーションをあげ，どうやってそれを継続するか，そこが難しいところだという。

さらに能勢氏があげる今後の課題とは，事業の継続・発展性である。CCPをどうやって大きくしながら続けていくか，それを可能にする新しい仕組みづくりがそろそろ必要なのではないかと考えているという。現在CCPに参加しているアトリエは50あまりだが，それを全部あわせたとしても「一体何人の人がこれで十分な収入を得られているのか？と言えばまだまだ」であり，もっとパイを増やして事業を広げていきたいという。しかし，規模を大きくするにしても，今の体制のままでは難しい。フェリシモが多くの作業所に個々に対応する現在のやり方では，現在の人数でこれ以上アトリエの数を増やすことは難しいという。そこで，作業所への個別の対応を維持しながらも，作業効率をあげるための新しい仕組み，例えば作業所をとりまとめる新しい組織を考案するなど，新しい思考で解決するべき時が来ている，と能勢氏は語る。

(4) CCPの意義

矢崎社長は今から15年近く前の1994年，あるインタビューでこう語っている。

「お客様が手にしたときに終わってしまうものではなく，手にしたときから何かが始まるものを提供したいと心掛けています。［…］ものだけを売るのではなく，ちょっと温かい気持ちになるとか，ほっとするとか，元気が出るとか，そういう気持ちも付けて売りたいと，最近は思うようになりました。われわれ無店舗販売業者は店を構えていないだけ，それができるのではないか。まだ夢みたいな話ですが。」[18]

CCPとは，この「夢みたいな話」がひとつの形になったものといえるだろう。単にものを売るだけではなく，もの以上の何か，新しい価値や「志」が同

時に届けられているのである。CCP の目指す「アトリエ発ユニバーサル社会」とは，障害があっても働きたければ働ける，公平に社会参加できる社会である。そのために今何ができるかという具体策として CCP 商品がある。こうした思いや価値観は，このプロジェクトにかかわる社員やメーカー，そして顧客をつないでいる。最後に，CCP に様々な形で関わる人びとからのコメントを紹介してまとめとしよう。

「最初は大変でしたけど，続けていくうちに，新しい企画やカタログができて，そこに自分たちの作ったものが載っているのを見ると，自信と喜びが湧いてきました。(CCP 参加アトリエ)」

「最初にアトリエの作品を見た時，ひとつひとつていねいに作られているということに，とても感動しました。しかし，流通にのせていくということになると品質や量産など課題は山積みでした。しかし，チャレンジドの方々が作る魅力とは，世界にひとつしかないということ。[…] それが強みになると考えました。(CCP 商品プランナー)」

「私の娘もチャレンジドです。カタログを見て希望が湧きました。(フェリシモ顧客)」

「アトリエメイドの商品が好きです。なぜならピュアな心で作ったものだから。大切にしようと思うから。作った人の表情がうかがえるから。[…] これからも障害のある方が多く社会参加できるよう応援したいです。(フェリシモ顧客)」

「有名ブランドのバイヤーさんが我が社のショールームに来られて，一番注目して下さるのが，CCP の商品なんです。日本は生産力はもとより，素材の調達力も低下していますが，CCP の商品は新しい商品力を与えてくれました。(CCP 参加メーカー)」

「やりがいがあると思えるのは，こういう活動は自社の利益ということだけにとらわれた活動ではないということです。それを超えて，何かもっと大きなもののために働いているのだ，という自分の感覚。(「エコラ」グルー

プリーダー，能勢加奈子氏）」[19]

何がポイントか考えよう

1. フェリシモ社はなぜチャレンジド・クリエイティブ・プロジェクト（CCP）にとりくもうとしたのだろうか。
2. CCPは，どのような点で革新的試みだったのだろうか。
3. CCPの意義はどのような点にあるだろうか。

もう少し深く考えよう

　本章では，授産施設や小規模作業所など「福祉就労」の場で働く障害者と，企業とのコラボレーションを紹介してきたが，障害のある人の中には，企業の中で従業員として働く人も存在する。

　企業における障害者雇用においては，重要な前提がある。国による制度的な雇用促進策である。「障害者の雇用の促進等に関する法律」により，国・地方公共団体と並んで一般の民間企業も，従業員の一定数，障害者を雇用することが義務づけられているのである。現在，民間企業の法定雇用率は1.8％で，この雇用率を満たしていない企業は，不足人数分に応じた納付金を納めることになっている。

　近年では，障害のある人々を，従来の「福祉就労」から企業での一般就労に移行させるため，様々な支援策が積極的に導入されている。例えば，障害者が職場環境や業務内容にスムーズに適応できるよう個人的支援を行う援助者，「ジョブコーチ」への助成金の支給，「トライアル雇用」（障害のある人を一定期間試行的に雇用し，能力や適性を見定めること）などの制度が整備されて，企業側への支援が強化されている。

　さらに，ここ数年急速に広がっているのが，「特例子会社」による障害者雇用である。特例子会社とは，もともとは企業の障害者雇用率を上げるための工夫として始まったもので，親会社とは別法人の子会社を作り，そこで障害者をまとめて雇用するというものである。事業所によっては，1，2人しかいない障害者のために職場環境を整えることは難しい場合も少なくない。そこで，障

害者雇用を目的とした特例子会社を設立し，障害者のための様々な環境をあらかじめ整備し，処遇等に関しても独自の基準を設定することで，より多くの障害者の雇用をめざしている。特例子会社を設置するのは大企業が多く，ここで導入された環境整備や就労継続のための工夫がノウハウとして積み重ねられ，障害者雇用の拡大に貢献している[20]。

　とはいえ，企業全体の動向をみると，実際に法定雇用率を達成した企業は全体の43％にすぎない（2007年度）。700万人の障害者のうち，民間企業で就労している人は約30万人である。また，こうして一般企業に雇用されている障害者を障害の種類別にみると，身体障害者が8割以上を占め，知的障害，精神障害をもつ人の雇用は，少しずつ増加しているとはいえ，まだごくわずかにとどまっている[21]。法的義務や様々な支援策にもかかわらず，障害者雇用が進まない背景には，職場環境を整えるための初期投資（職場のバリアフリー化や専用機器の導入など）の問題や，作業効率が低下するのではないかといった危惧がある。障害者を雇用することはコストがかかる，と考えられているのである。

　しかし，障害のある人の雇用は会社にマイナスをもたらすばかりなのであろうか。逆にプラス面に注目して，障害者雇用を積極的に進める企業も存在する。その代表格ともいえるのが，衣料品チェーン店の株式会社「ユニクロ」だ。ユニクロ社は，従業員五千人以上の大企業における障害者雇用ランキングにおいて，3年連続第一位という実績を誇っている。また，実際の障害者雇用率も，法定雇用率を大きく上回る7％にのぼる。2位以下の企業が2％台であることを考えると，同社がいかにぬきんでた存在であるかがわかる。しかも，ここで雇用されている障害者の7割は，従来，企業での雇用は難しいとされてきた知的障害者である[22]。

　ユニクロ社では，創業者であり現会長である柳井正氏の方針により，各店舗に最低でも1名の障害者を雇用することが目標として掲げられた。現在，店舗の約9割で障害者が雇用されている。この背景には，単に法的義務を果たすというだけではなく，障害者の社会参加を積極的に推進するという企業としての社会的責任，そして，障害者が職場に加わることによってもたらされるプラス

面への評価がある。障害者雇用を中心になってすすめた同社の重本直久氏は、以下のように語る。

　「障害を持つスタッフがいることでもたらされるプラス面は大きいんですよ。健常者が日頃意識していなかったことに気づいて、自然と相手の立場に立とうと思うようになります。例えば、耳の不自由なスタッフがいる職場では、危険がないようドアをやさしく開け閉めするようになります。職場に気遣いが生まれること自体良いことですし、障害をお持ちのお客様への対応はもちろん、接客全般にそうした意識は表れてくるものです。他者に配慮する気持ちは、相手に障害があろうとなかろうと必要なことで、相手によって配慮のポイントが異なるだけのことではないでしょうか。」[23]

　ユニクロの各店舗におけるスタッフ全員が常に障害者に気を配り、支えあうことによって職場のチームワークが生まれ、それがサービス向上にもつながるという。こうした目には見えない職場の「雰囲気」の変化が、結果的に質の高いサービスをもたらすこともあるのである。また、「障害者雇用に積極的な企業」という評価が、ユニクロ社のイメージアップに貢献していることも明らかである。本章で検討したフェリシモ社の例でも、同社の障害者支援のとりくみそのものを評価する声、商品の購入が障害者支援につながるから購入するという顧客も存在する。こう考えていくと、職種や業界によって違いはあるとはいえ、障害者雇用が企業にもたらす意義は決して少なくない。

　障害のある人々の就労支援に日々携わっている担当者の方によれば、障害者の継続的雇用がうまくいく企業というのは、人を大切にする企業であるという。例えば知的障害のある人の場合、職場での人間関係、ミスをしたときのトラブル解決が1人では難しいこともあり、きめ細かなサポートが不可欠である。ことによっては、職場だけでなく日々の生活レベルでの支援が必要な場合も少なくない。そうした状況すべてを含めて障害のある人びとを理解し、1人1人の能力や特性を見極めて、その人の持つ力をフルに引き出そうとする企業、そうしたところでは、障害者の就労もスムーズに進む可能性が高いという[24]。こうした周囲のサポートがある職場、人を大切に育てる企業は、健常者にとっても働きやすい職場なのではないだろうか。

そして、障害のある人と共に働くことは、健常者である他の従業員にとっても、より大きなやりがい、働きがいをもたらしうる。ユニクロ社の重本氏は次のように語る。「共に働くことで障害者を障害者として特別視するのではなく、社会を構成する多様な個性の一要素として自然と受け入れるようになれるのなら、障害者雇用の意義は深いと思います。[…] ユニクロは店舗数が多いだけに、取り組みが業界全体にインパクトを与える分、これを陰で支えることができたことに達成感を覚えます。」[25]

障害者を雇用することは、単に働こうとする障害者のために道を開くだけでなく、企業とそこに働く従業員、そして顧客にとっても新しい価値をもたらす可能性を秘めているといえよう。

もっと知ろう

本章ではCCPに絞って紹介してきたが、フェリシモ社のカタログ「エコラ」には、そのほかにも環境保護を意識した商品やフェアトレード商品など「社会性」の高い商品が数多く掲載されている。何度でも使える布ティッシュ、水をきれいにするエコ洗剤、ネパールの山岳地帯の女性たちが編んだニット製品、ケニアの身体障害者協会との協力で作られたバッグなど様々だ。「みんなでつくる心地いい明日」と題されたこのカタログは、「100万人で明日を変える！」(「エコラ」の発行部数は100万部である) と、消費者に買い物を通じた社会参加を促しているのである[26]。

そのほかにも、同社は環境保護、被災地支援、発展途上国支援のための寄付活動など、以下のような多岐にわたる活動を展開している。

- 「フェリシモの森基金」：1990年からカタログ会員（顧客）に毎月100円ずつの寄付を募り、インド東部で森作りを進めている。続けているうちに砂漠化した森に緑が戻り、18頭の象が戻ってきたという。
- 「トリビュート21プレート」：各界で活躍する著名人がデザインしたお皿の売り上げの一部を、世界の子どもたちのための事業に寄付するというもの。
- 「フェリシモハッピートイズ」：顧客の手元で余っている布を顧客自身に

ぬいぐるみに仕立ててもらい，フェリシモに集めてクリスマスシーズンに飾る。展示が終わると，国内外の恵まれない子どもたちに「笑顔の親善大使」として贈られる。

もっと調べよう

　障害者の雇用や就労支援にとりくむ企業やNPOは，近年少しづつ増加している。また，政府も障害者の就労支援を積極的に推進するようになっている。障害のある人が働くということ，またそれを支援するためにどのような取り組みが行われているかを調べてみよう。

谷口奈保子（2005）『福祉に，発想の転換を！NPO法人ぱれっとの挑戦』ぶどう社。

東京都社会福祉協議会（2006）『障害者就労支援活動事例集』

東京都社会福祉協議会（2006）『障害のある人の働きたい十二話』

箕輪優子（2005）『チャレンジする心。知的発達に障害のある社員が活躍する現場から』家の光協会。

参考文献

［書籍・論文］
　竹中ナミ（2001）『プロップ・ステーションの挑戦』筑摩書房。
　竹中ナミ（2003）『ラッキーウーマン』飛鳥新社。
　竹中ナミ（2004）「チャレンジドを納税者にできる日本」神戸学院大学経済学会・人文学会編『私の企業戦略4』ナカニシヤ出版，41-115ページ。
　内閣府（2008）『障害者白書（平成20年版）』。
　矢崎和彦（2004）「夢の力」『私の企業戦略4』所収，9-40ページ。
　「ソーシャル・アントレプレナーの役割と必要性（上）」（2008）（京都産業大学経営学部創設40周年記念シンポジウム）『京都マネジメント・レビュー』（京都産業大学マネジメント研究会），13号，147-167ページ。（下）は近刊予定。

［新聞・雑誌記事］
　「現場で育つ『支え合い』障害者雇用，先進企業を訪ねる」『朝日新聞』2007年11月11日（閲覧日2008年3月3日）。
　「矢崎和彦さん　フェリシモ社長（編集長インタビュー）」『朝日新聞』1994年8月6日夕刊（閲覧日2008年10月2日）。
　【いきいき】フェリシモ「エコラ」グループリーダー・能勢加奈子さん，産経新聞MSN，2008年9月15日（閲覧日2008年10月2日）。
　「語るVol.73，重本直久，株式会社ユニクロ」株式会社ディ・エフ・エフホームページより（閲覧日2009年3月2日）。

新春知事対談：兵庫県知事井戸敏三×㈱フェリシモ代表取締役社長矢崎和彦「KOBECCO」Vol.556, 2008年1月号, 12-17ページ.

第11回チャレンジド・ジャパン・フォーラム (CJF) 2006国際会議 in Tokyo 議事録「そして神戸『大震災から11年』"世界一ユニバーサルな街KOBEをめざして"，プロップ・ステーションホームページより（閲覧日2008年10月3日）.

「フェリシモ（障害者支援）『コンセプトが消費者を動かす』」週刊東洋経済臨時増刊号（CSR特集），2007年1月31日，29-30ページ.

「フェリシモ矢崎和彦社長インタビュー『事業性』『独創性』『社会性』が重なるビジネスとは」『オルタナ（環境と社会貢献と「志」のビジネス情報誌）』2008年7月29日掲載（閲覧日2008年10月3日）.

「福祉就労の場を本当の働く場に！」〜神戸で産官民連携のプロジェクトが始動〜『NEW MEDIA』2003年8月号（閲覧日2008年10月3日）.

矢崎和彦「しあわせ社会学の確立と実践をめざして. CSRは本業の中で持続的にやっていく」『NPOジャーナル』Vol. 20, 2008年, 44-47ページ.

[フェリシモ社刊行物，および関連するホームページ]

Felissimo fund report フェリシモ社会文化活動報告書（2005年度）
フェリシモ社カタログ「エコラ（ecolor）」vol.2. 2008年
フェリシモ社ホームページ　http://www.felissimo.co.jp
プロップ・ステーションホームページ　http://www.prop.or.jp
チャレンジド・クリエイティブ・プロジェクトホームページ　http://www.prop.or.jp/CCP/

注

1) 本章の執筆にあたって，株式会社フェリシモの「エコラ」グループリーダー，能勢加奈子氏にお話をうかがう機会をえた. その際，CCP関連のプレゼン資料，リーフレット，ビデオ資料，カタログ，社会文化活動報告書など貴重な資料を提供していただき，また貸借して閲覧させていただいた. ご多忙にもかかわらず，長時間に及ぶインタビューにご協力くださった能勢氏に，この場をお借りして改めて御礼申し上げたい. また，京都障害者就業・生活支援センター副所長，中西大作氏にうかがったお話も参考にさせていただいた. 記して感謝したい. なお，本研究は，財団法人ユニベール財団の助成を受けた.

2) 授産施設は法律にもとづく施設で全国に約2000カ所，作業所は任意の施設で，全国に6000カ所以上ある.

3) 以下の記述は，竹中ナミ『プロップ・ステーションの挑戦』筑摩書房，2001年より.

4) 同上8ページ.

5) 竹中ナミ「チャレンジドを納税者にできる日本」，神戸学院大学経済学会・人文学会編『私の企業戦略 4』ナカニシヤ出版，2004年, 63, 69ページ.

6) 「県と市，企業がプロップとタッグを組んだ. チャレンジドの作品を通販ルートで全国へ」，『SOHOコンピューティング』2003年9月号.（プロップ・ステーションホームページより，閲覧日2008年10月3日）.

7) 『朝日新聞』1994年8月6日，「矢崎和彦さん　フェリシモ社長（編集長インタビュー）」.

8) フェリシモ社ホームページより（閲覧日2008年10月2日）.

9) 矢崎和彦「夢の力」，神戸学院大学経済学会・人文学会編『私の企業戦略　4』ナカニシヤ出版, 2004年, 14ページ.

10) 「フェリシモ矢崎和彦社長インタビュー『事業性』『独創性』『社会性』が重なるビジネスとは」『オルタナ（環境と社会貢献と「志」のビジネス情報誌）』2008年7月29日掲載（閲覧日2008年

10 月 3 日），1-2 ページ．

11) 「福祉就労の場を本当の働く場に！」～神戸で産官民連携のプロジェクトが始動～『NEW MEDIA』2003 年 8 月号（閲覧日 2008 年 10 月 2 日）．
12) 「県と市，企業がプロップとタッグを組んだ．チャレンジドの作品を通販ルートで全国へ」『SOHO コンピューティング』2003 年 9 月号．
13) 「福祉就労の場を本当の働く場に！」～神戸で産官民連携のプロジェクトが始動～『NEW MEDIA』2003 年 8 月号．
14) CCP リーフレット（2003 年 11 月）．『朝日新聞』2003 年 5 月 13 日（兵庫）「障害者の手作り製品，めざせ売れ筋　通販会社のプロ助言」（閲覧日 2008 年 10 月 2 日）．
15) 「さをり織り」は，自由な自己表現を可能とする織物として城みささんが創始したもので，比較的多くの授産施設・小規模作業所ですでに作られていたものである．CCP ホームページ「さまざまな手仕事」参照．
16) アトリエ向けの CCP プレゼン資料および能勢加奈子氏へのインタビューから．
17) 以下はカタログ「エコラ」Vol.2, 2008 年および CCP のホームページ，アトリエ向けの CCP プレゼン資料，能勢加奈子氏へのインタビュー，「ソーシャル・アントレプレナーの役割と必要性」（京都産業大学経営学部創設 40 周年記念シンポジウム）にパネラーとして参加した能勢氏の報告から．
18) 『朝日新聞』1994 年 8 月 6 日「矢崎和彦さん　フェリシモ社長（編集長インタビュー）」．
19) Felissimo fund report フェリシモ社会活動報告書（2005 年度），「ソーシャル・アントレプレナーの役割と必要性」での能勢氏の発言より．
20) 内閣府『障害者白書（平成 20 年度版）』, 2008 年, 60 ページ以下，68 ページ以下，76 ページ以下．
21) 同上書，62 ページ．
22) 『朝日新聞』2007 年 11 月 11 日「現場で育つ『支え合い』　障害者雇用，先進企業を訪ねる」（閲覧日 2008 年 3 月 3 日）．
23) 「語る Vol.73, 重本直久，株式会社ユニクロ」株式会社ディ・エフ・エフホームページより（閲覧日 2009 年 3 月 2 日）．
24) 京都障害者就業・生活支援センター副所長，中西大作氏へのインタビューより．
25) 「語る Vol.73, 重本直久，株式会社ユニクロ」．
26) カタログ「エコラ」Vol.2, 2008 年．

〔中野智世〕

第 6 章

環境配慮型商品とビジネス
—池内タオル株式会社[1]—

　本章では，環境問題の取り組むソーシャル・エンタープライズを取り扱う。本事例として紹介する池内タオル㈱は，日本の三大タオル産地の1つである今治で1953年に創業された企業である。創業からしばらくは一般の企業であったが，タオルの生産プロセスにおける環境破壊に心を痛めたり，中国からの輸入タオルに押され今治のタオル産業の衰退によって，徐々に環境に配慮した商品を生産するように変化していった。今日の池内タオルは風力発電で起こした電気を使用したり，純粋なオーガニックコットンを利用した環境にやさしい商品が全体の98％を占め，環境問題の解決と今治のタオル産業の活性化という2つの視点をもったソーシャル・エンタープライズである。つまり池内タオルは一般企業からソーシャル・エンタープライズに変化した企業である。
　本章では，池内タオルがどのようにソーシャル・エンタープライズに変化していったのかという視点を中心に議論していく。合わせて池内タオルが起こしたイノベーションのプロセスに，ステイクホルダーがそのどのように関わっていったのかを解説していく。このような解説から中小企業とソーシャルビジネスの関係と，企業とはどのような存在なのかを学習していこう。

ケースを読む

1．タオル業界が抱える課題

　本章は6つの項目からなっている。第1に池内タオルがおかれている外部環境である環境問題とタオル業界の衰退を簡単に解説する。第2に「風で織るタ

オル」の誕生物語を解説する。第3に池内タオルの経営戦略について解説する。第4に中小企業のソーシャルビジネスについてのディスカッション・ポイントを提示し，一緒に考えていこう。第5に他の事例を紹介，さらに深く考えていこう。

はじめに池内タオルの置かれている外部環境に焦点をあて，現状を解説しておこう。具体的にはテキスタイル業界が抱えている環境問題と今治のタオル業界の衰退という問題を扱う。

(1) テキスタイルと環境問題[2]

洋服，タオル，カーテンなど，毎日のように肌に触れるテキスタイル（繊維製品全般）は自然環境で生育された繊維によってできている。現代の生活の中に当たり前のように存在する素材だが，どこで誰が作っていて，どのような環境でつくられているのかほとんど知られていない。最初にテキスタイル業界が置かれている環境問題と社会的責任について考えていこう。

繊維の原料となる綿の主要な産地はインドである。インドの綿畑では多くの農薬が使われている。驚くべきことにインド全土で使われる農薬の60％が綿畑で利用されている。しかし綿畑で働く人々は字が読めない人が多く，農薬を散布する上での注意事項など無いに等しく，裸足や素手の無防備の状態で農薬を散布している。さらに先進国では使用できなくなった人体に著しく影響のある農薬が規制の無いインドで利用されている場合さえある。農薬は，綿畑に生息する害虫だけを殺すわけではなく，人間や動物や植物，すべての生きものに対して平等に有害な物質である。この結果綿畑で働く人々は，農薬が肌に触れ皮膚病になったり，農薬を吸い込み発癌する人が多くいる。このような被害は農薬を撒いている人だけではない。散布した農薬が雨によって，村人の飲料水に使っている井戸に流れ込み，内臓疾患を引き起こしているという。これは長期にわたって農薬を投与された畑は，農薬の量を年々増やさないと前年と同じ収穫量がとれなくなるという負の循環を創り出している。さらに収穫量は変わらないのに農薬の使用量は増え，農薬を買うために少ない現金収入が減っていく。農薬を買うための借金が重なり，それを苦に自殺する農民も多いとい

う。

　また，採取された綿の生産工程にも大きな問題を抱えている。例えば多くの工場では体に有害な薬剤を使用し，その薬剤を含んだ製品を使用した消費者には完全に無害だとはいいきれない。また現地の労働者は有害な薬剤が入った漂白剤の中に素足で入り，手で布の漂白を行っている。この結果現地の労働者の多くは2年から3年で仕事ができない体になっていく。また，工場で使用された染料や漂白剤がそのまま川などに垂れ流され，川のみならず地域の土壌を汚染したり，有害な煙がそのまま排出され工場周辺の人々は原因不明の湿疹などに悩まされている。

　普段，我々が何気なく着ているコットンの服やタオルは，こんなにもの多くの犠牲の上に成り立っている。安い商品を途上国で生産するテキスタイルの製造過程ではこのように多くの環境問題や労働災害を抱えている。

(2) 衰退するタオル業界

　今治のタオル産業が始まって100年が経過する。日本のタオルの65％が今治でつくられているが，日本製のタオルは大苦戦をしている。現在日本のタオル市場の65％は中国及びベトナム製品で，残りの35％が日本製で，そのうちの65％が今治製となっている。今治がつくっているタオルは，ほとんどOEMでデザインされたタオルである。デパートや専門店の店頭にあるものの大半は今治製がほとんどである。しかしタオルの大きな需要はギフトであるが，そこには日本製はないと言ってもよい状況である。

　今治のタオル産業は1990年代初頭から図表6-1にあるように東南アジアの安価な輸入タオルにおされ未曾有の危機に瀕している。それに対抗すべく高付加価値型商品の開発が始まるが，OEMに依存しオリジナルのブランドを持っていなかった企業には大きな障害となっていった。近年ではオリジナルのブランドを立ち上げる企業が増加しているが，高付加価値型タオルが消費者に受け入れられている状況にはなく，衰退がとまったというレベルには達していない。

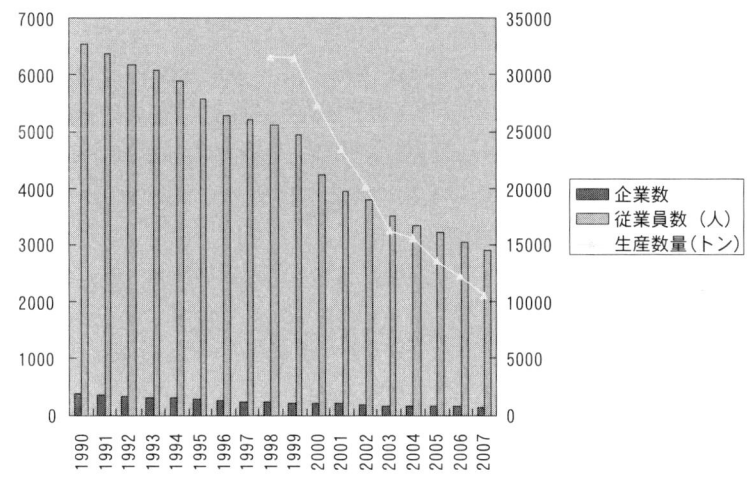

図表 6-1　今治地区企業数・従業員数・生産数量の 10 年間の推移

出所：http://www.stia.jp/data/h19_toukeihyou.pdf より著者作成。

2．『風で織るタオル』

(1) 誕生前夜―池内タオルの概要

　池内タオルが最初に環境問題に関わるようになったのは 1980 年代の終わりごろ，エコマークが普及し始めたあたりからである。もちろんエコマークの時代から先進的にやってきたが，途中で環境商品から手を引いている。なぜかというと，環境商品のテキスタイルはあまりにも"うそ"が多く，池内氏自身がつくうそに嫌気がさして，一時環境商品からは身を引いていた。

(イ) 環境問題への再挑戦

　池内タオルは再度環境問題にかかわるようなになっていく。そこには 2 人の社長との出会いであった。1 人目は吉井タオル㈱の相談役吉井久氏である。1989 年に池内氏は吉井氏から「俺は金を出すから，君は身体を出せ」と呼ばれ，自分の夢のために金は用意するから，お前はとにかく動いてくれ，という話があった。吉井氏は，自分のこだわりのタオルを作るという夢を実現するた

めに，どうしても新しい染色工場が必要だった。けれど，瀬戸内海に新しい工場を作るには，瀬戸内海規制というものがあり，常識的にはクリアできる数値ではなかった。吉井氏は「人間が月に行って帰って来る時代に，水が綺麗にならないはずがないだろう。そんなのは金をケチるからだ，探して来い」と，そういう技術は絶対にあると，いつも言っていた。結局水を綺麗にするということはどれだけ時間をかけてバクテリアに食わせるかという事しかないので，どれだけ桁外れの大きい廃水処理施設を作るかという事だけであった。その新しい染色工場は1992年に竣工した。この工場をYグループ協同組合として作ったことが，環境に関わった商品を生産・販売してゆく大きな契機にはなっている。これがあったから，世界のオーガニック・テキスタイルの第一人者で，オーガニックコットンを市場に商品として最初に出したと言われている，ノボテックス社と知り合うきっかけになった。

2人目はデンマークのノボテックス社の社長ノルガード氏との出会いである。ノルガード氏が日本で講演に来ており，たまたまYグループの持っている工場を知っている商社の人間がいて，ノボテックスの染色工場よりももっと排出基準がクリアな工場が今治にあるという話をしたばっかりに，社長が突然会社に乗り込んできた。ノルガード氏は「確かに廃水に関してはすごいが，池内の環境に関する知識のなさも物すごい」と述べた。何がすごいかといって，これだけ環境に知識のない経営陣が，こんな廃水処理施設をつくることが最大の驚きだということである。ノルガード氏が帰るときに，「もうすぐISOの14000というのが公になるから，少しは勉強してね」と言われ，それから勉強して，1999年3月にISO14001を，続いて2000年にISO9001を取得した。ともに業界初の認定で，タオル業界で両方持っているのは池内タオル1社のみであった。このときの出来事が，今まで感覚的に環境問題にかかわってきたが，科学的に検証できるようにしようと池内氏に決意させる。その後2人の関係は続き，ノルガード氏は，池内氏に対して，ローインパクトダイという，安全で環境負荷の少ない染色方法のノーハウを提供した。

(ロ) iktの立ち上げ

これと時を同じくして池内タオルは中国の脅威とOEMの限界を超えたオリ

ジナルブランドの構築を目指すことになる。しかし，ここにも不思議な巡り会わせがまっている。1999年にしまなみ海道が完成し今治に観光客が来るので，当然のように物産館で売ろうという話が出た。でもタオル業界というのは，OEM会社なので，タオルを自分たちでは売れない。商社などがブランド版権を持っているので，結果としては今治で売るタオルがない。そこで池内タオルはiktというブランドをつくろうと決心をして，1998年に構想を練り始める。まだその時のiktは今みたいな感じではなかった。

最初の年は池内タオルと言っていたが，そのブランドのセールスポイントは，「ISO-14001を持っている唯一のタオル会社が作る，オーガニックコットンです」というものだった。池内タオルは，全体の加工業者をひっくるめて持っているノーハウ総動員し，中国では出来ないものを，やらないといけなかった。そういう面で環境を軸で行くという事は，既に世の中にはあらゆるオーガニックコットンのタオルがあったのでそんなに突拍子もない訳ではなかった。この当時から池内タオルではオーガニックコットンのところに軸足を置いていた訳ではなくて，生産工程の環境化に一番軸足を置いていた。

(2) 『ikt』から『風で織るタオル』へ

このように「ikt」というブランドを立ち上げた池内タオルは本格的にブランド構築に向けて動き始める。最初は"これがコンピュータジャガードだ"というような，織りテクニックの機械化したもので，日本ならではの織り技術を前面に出したものを用意して差別化しようとしていた。今後の展開に重要となるタオルの"フワフワ感"はOEMの時から脈々とやってきて，池内の伝統的なやり方として確立されていた。この業界に最初にコンピュータを持ち込んだのは池内タオルで，コンピュータジャガードにおいても先駆けの企業であった。池内タオルはこのような環境・製造技術・コンピュータジャガードを引っさげてオリジナルブランドを立ち上げていった。

(イ) ニューヨークホームテキスタイルショーと販路拡大

2000年にアメリカの展示会にiktを持ち込むようになっていく。アメリカで売れるなんて最初は思っていなかったので，1回目は嫌々やった展示会だっ

たそうである。たまたま愛媛県がブースを6つ買い取って県の展示会をしようと思ったら，タオル屋は誰も行かない。その時池内氏がタオル組合の担当だったので，責任をとって行った。その後2000年に3回，2001年にも3回，2002年の2回ロサンゼルスで実施した。

また不思議な出会いがロサンゼルスで待っていた。池内タオルのブースに来たバイヤーが，「池内，ロサンゼルスはアメリカで一番環境に鈍い所だよ。早く寒いところへ行け，寒いところでないと環境の好きな人間は少ない。早くニューヨークへ行け」と教えてくれた。池内は「ニューヨークは昔から好きな町だった」という簡単な理由でロサンゼルスからニューヨークへ，ロサンゼルスから2002年4月のアメリカ最大のホームテキスタイルショー"New York Home Textiles Show 2002 spring"に申し込む。この安易な行動が大きなチャンスを導いてくれた。このショーは世界32カ国約1000社が出展する全米最大規模のもので，池内タオル（株）が今回始めて日本から出展し，Best New Products Awardに選定された。このショーで日本製品のグランプリ受賞は初めてのことであった。ニューヨークの展示会社は池内タオルがロサンゼルスから申し込んだのでアメリカの会社と勘違いし（池内氏によればたぶん初参加の日本の企業には賞をもらえなかった），日本企業としては初めてグランプリを受賞した。

この受賞をきっかけにソーホー地区5店舗と契約を結び約30社からも商談があった。その中からソーホーで非常に有名なホームインテリア店から発注をもらったが，しかし商品を送り込む頃にそのお店が倒産してしまった。これが不思議な展開の始まりであった。2002年9月の秋の展示会に行った時に倒産した店のスタッフが謝罪に訪れ，池内氏に「私たちスタッフは全員，ABCカーペットに移ったから，ここで池内の夢をかなえるよ」と言った。彼らは全員店頭の売り子で，バイヤーでも何でもなかった。翌日バイヤーが来て，「売り場の人たちが，このタオルは最高だからと言っていたので見に来た」と言って仕入れてくれた。

ABCカーペットというのは，言うまでもなく，アメリカのトップオブザトップみたいなお店である。このABCカーペットが池内タオルの商品を扱っ

てくれたことが，様々なところに反響が及ぶことになる。池内タオルの商品をABCカーペットが扱うという噂は日本の百貨店にとって無視できない事実だった。事実伊勢丹は日本の商品が海外で先に紹介されるということを避けるために，ABCカーペットとほぼ同じ，2003年の2月に池内タオルのコーナーを設置している。

同時にロンドンではMUJIが池内タオルの商品を並べた。ロンドンMUJIは社長から直接メールがきた。メールには「アメリカで御社の事を知ったのだが，アメリカでやっているものをヨーロッパに展開する気はあるのか」とあった。即座に池内氏は「今のところ，うちには力がないから，無理だ」というような話をした。「ヨーロッパMUJIに，任せませんか？」と言われた。池内タオルは少量であったがアメリカとヨーロッパの有名店への進出に成功する。

(ロ) 自然エネルギーの導入

先にのべたようにiktはISO14001とオーガニックコットンを特徴にスタートする。その環境コンセプトが縁で，東京で開催されている「エコプロダクツ」展へ2回目から毎年出展するようになった。その展示会には多くの環境系NPO（地球村etc）の人々が来場しており，それらの来場者からは「池内はISO-14001だけ持って9001も持っていない。宣伝のために取っただけじゃないか。」とか，「ISOなんかどうでもいいんだ。最終形が安全であればいいんだ」とか，「四国なんて日本で一番汚い電気を使う圏域じゃないか」と，はっきりとデータを突きつけて言われた。そこで言われたことを，その度に改善し，毎年毎年「どうですか」と言い続けてきている。その中で池内タオルはISO9001を取得したり，データをすべて情報公開していった。一番の難問だったのが，原子力発電所で発電した電気を使っているということであった。

そのような課題に一筋の光を当てたのが，ソニーが自然エネルギーの電力証書を購入したエコファクトリーを作ったという新聞記事（日経産業新聞2001/08/02）であった。池内氏は即座に日本自然エネルギー㈱に連絡をとり，風力発電で発電した電気を使用するようになっていった。

このように池内タオルはステイクホルダーとのやり取りを通じて，環境にやさしいそして人体にもやさしいタオルを完成させていく。2002年1月からは，

秋田・能代の風力発電所から電気を買い，「風で織る布」のコンセプトで展開を始める。

(八) 大津波来襲

このような製品の確立と販路拡大に成功した池内タオルに大きなチャンスと悲劇が待っていた。海外進出とちょうど時を同じくして2003年の1月30日，小泉首相が施政方針演説で"頑張る"というテーマの中で池内タオルを紹介する。池内タオルとはいわなかったが，「今治の小さいタオル会社が1人でアメリカに行って，賞を取ったんだよ」と言った。この発言をきっかけに池内タオルがマスメディアに登場することとなった。その中でもニュースステーションが環境立国という番組の中で取り上げることとなった。何の準備もないままニュースステーションが2003年5月24日に放映した。その時点で日本では，伊勢丹でしか扱っていなかったので，翌日は1日中電話が鳴り，コンピュータのサーバーがパンクした。この放送で池内タオルを初めて知った一般の消費者や販売店などから問い合わせが殺到した。この時点で池内タオルは主力商品ではなかったため，在庫や販売チャネルを持っていなかった。しかし問い合わせが殺到したため一般販売は9月10日に一斉にすると決定する。その後この決定の足元をすくうような出来事が起こっていく。

池内タオルは9月10日一斉発売の前日の9月9日に東京の取引先企業の倒産をきっかけに民事再生の申請をした。池内タオルは9月9日に申請をして9月10日に債権者会議を開催した。会議の最中に1人の加工業者が「我々は後でいいから，とりあえず売り先に謝りに行け」と言ってくれたので，池内氏は「じゃあこのまま行かせてもらいます」と東京に行った。池内氏が謝りにいった先々で「きちんとデリバリーさえしてくれたら，何の問題もないから，頑張れ」と言ってくれた。あるデパートでは，「売り場の予定を倍にしてあげるから，頑張ってくれ」と応援してくれた。この倒産がきっかけとなって池内氏は「iktに資源を集中し，このブランドでやっていくという方向性がはっきりした。」と述べている。

この再生には取引業者はもちろんのこと多くのステイクホルダーの支援があった。例えば，全国紙に民事再生の記事（日本経済新聞，2003/09/11）が掲

載されてから，「私が何枚買えば助かりますか？」とか，「頑張れ頑張れ」というメールが何百もきたり，それはメインバンクにも行った人もいた。当時，伊予銀行の頭取は，冗談交じりに「池内タオルはどうなっても伊予銀行は構わないけど，君のところのファンがなあ…」と言っていた。さらに民事再生を担当した裁判官も「おたくのタオルをずっと使っていて，あのタオルがあれば再生できますから頑張って下さい」と言ってくれた。池内氏は「このような声がなかったら多分もう再生という事は考えなかった。このような人たちが叱咤激励してくれるので，頑張っているようなものです。」と述べている。

(二) 「風で織るタオル」の誕生

先にも述べたようにこのブランドはiktからスタートするが，思わぬ展開を繰り広げながら「風で織るタオル」に変わっていく。ブランドが確立されるプロセスを確認しておこう。ニュースステーションで放映された池内タオルの商品がアップで映った時には「Green Power Wind」というマークをつけていた。「Green Power Wind」というのは日本自然エネルギー㈱が取っている商標ですが，「Wind」の商標登録の会社を管理している弁理士から内容証明が届く。池内氏が弁護士2人と一緒にその弁理士と会った後，弁護士が「池内さん，やめましょう」といってきた。池内タオルとしてもその商標に執着が無かったので，その場で「それじゃ，同じグリーンで，『風で織るタオル』にしよう」と決断する。

当時の池内タオルのホームページのトップページは，「風で織る布　池内タオル株式会社」と書いていた。その当時は織りテクニックで布を前面に出して自社ブランドのイメージとして「風で織る布」と言っていた。この時に出たニュースステーションは，「環境立国～風で織る」というテーマで，売り場に来る人は，池内タオルじゃなくて，「風で織るタオルはどれ？」と言われるという話がすでに販売店から聞いていたので，「風で織るタオル」を即決する。

ここにもユニークなエピソードがある。池内氏が「風で織るタオル」に変えるという決断をした日，池内氏が友人と会食をしていると，友人が「Wind」の商標登録をもっている企業の社長を知っていてすぐ連絡を取ってくれた。その社長は「僕はテレビでニュースステーションを見て，業界は違うけど，同じ

繊維をやっている中で，素晴しい会社があるなと思って，感動していましたから，御社が「Green Power Wind」を使っても，訴える気はこれっぽっちもありません。弁理士に言っておきますから，どうぞお使い下さい」と言われた。1日違って前日その友達と会っていたら，「風で織るタオル」は誕生していなかった。

　ここまで概観してきたように「風で織るタオル」は様々な物語を演出している。池内氏は「風で織るタオル」というブランドが生きていると表現している。池内氏は「たまたまここの10年くらいを担当させてもらっているだけだなというふうに思っています」と述べている。このブランドは人の出会いを織り成しながら，池内氏を操りながら劇的に変化している。

㈥　生きているブランド「風で織るタオル」

　このブランドは生きている。この後にも多くの人を引き付けてやまない。例えばタオルオリガミである。このきっかけはタオルオリガミ師の及川氏が突然やってくるところから始まる。及川氏は未認可の保育園をやっていて，地震が起きたり，水害があったりするとそこへ行って，ボランティアでタオルオリガミを折って，子供たちを勇気づけている人である。及川氏が突然ヒッチハイク

タオルオリガミ　　　　　　　　風で織るタオル

第6章 環境配慮型商品とビジネス 149

で池内タオルまでやってきたと思ったら，及川氏が「社長，帰るお金がないから，貸してくれ」と言う。困り果てた池内氏は「うちは金融業じゃないし，そんなことは出来ない。それなら1日で構わないからあらゆる折り紙を折って帰りなさいと。それを帰りの汽車代としてうちが買ってあげるから」と言って返した。このときにうまくデザインすれば何とかなるかもしれないと感じていた。

　1つ困ったことは赤ちゃんが口に入れても大丈夫というコンセプトでつくったタオルで，天然ゴムを使った輪ゴムを使うとアレルギーの人には口に入れられない商品になってしまう。つまり口に入れてもいい輪ゴムが必要になった。1年ぐらい経った後ニューヨークで「評判の『風で織るタオル』」という記事が載って，その上に「ニューヨークで話題の『輪ゴム』」って出ていた。その輪ゴムはシリコンゴムで作られていた。その輪ゴムはアッシュコンセプトというデザイナーグループが作っていて，池内氏が「メールを打ったら相談に乗りますよ，と言ってくれまして，全部デザインしましょう」という事になった。そのようなプロセスを経たのが「タオルオリガミ」です。これをきっかけにベビー用品の販売コンセプトができ，多くの企業とコラボレーションを始めている。

　もうひとつの事例はユーザーが結びつけたコラボレーションである。あるとき，池内氏あてに，ホームページの「がんばれ池内タオル」というページを見た人からメールが来る。ちょうど雪印が問題になっていたころ，一個人が「今治の小さい会社だが，池内タオルというところは情報公開型でいろんなことをやっている。みんなで応援して評価しよう」というホームページを立ち上げていて，みんなが次々に池内タオルの商品を買って評価していた。そうやって勝手に評価しているグループから「池内のタオルはこの粉石鹸で洗うとめちゃくちゃいいですよ」というメールをもらいました。池内氏はその粉石鹸を買って実感し，そんなことから取引が開始し，現在では大きな柱になっている。

新エネルギー大賞

3．池内計司という企業家と経営戦略

　ここまで『風で織るタオル』が誕生するまでを説明してきた。ここからは池内計司氏という企業家がソーシャルビジネスを展開する上で，どのような経営戦略を持っていたかみておこう。

　ここまで解説してきたように池内タオルにおいて，ソーシャルビジネスが経営戦略の中でいきなり位置づけられたわけでもなく，簡単にできたわけでもない。そこには池内氏本人の考え方と外部環境の変化への対応があることを忘れてはならない。池内氏の考え方というのは団塊の世代の生まれで多くの社会問題が噴出する中で育ち，社会問題を放置することができないという想いがあったことである。外部環境の変化への対応は，中国やベトナムからの輸入が増加し国内タオル産業が衰退してきたことと，池内タオルが連鎖倒産の危機に瀕したことである。そして，池内氏がステイクホルダーとのやり取りの中から様々な気づきを得ていくプロセスは，本事業を展開していく上で欠かせない。特に池内氏は HP 上で「社長への一言」というサイトを運営し，ステイクホルダーからの声に直接社長が応えている。これらのステイクホルダーの声が点となり，それをつなげる経営戦略を立案していく。その根幹には池内計司という企業家の存在が欠かせないことは言うまでもない。

　具体的にソーシャルビジネスと経営戦略の関係をイノベーションの視点から概観していこう。その中心は企業が社会的課題に関わるようになってくると，これまでと異なったステイクホルダーが関わるようになったり，消費者がより深く関わるようになっていく。このステイクホルダーの参加がイノベーションにとって重要な役割を担う。

　異質なステイクホルダーでは，オーガニックコットンの専門家であるノボテックス社の社長ノルガード氏，環境の専門家で環境系 NPO 地球村などの人々，風力発電事業者の日本自然エネルギー㈱などの参画が「風で織るタオル」の誕生に関わっている。

　同質的なステイクホルダーは業界関係者やヘビーユーザーなどで「風で織る

タオル」の普及に大きく貢献している。具体的には，前者がロサンゼルスで出会ったバイヤー，ソーホー・ABC マーケット・伊勢丹・MUJI のバイヤーや寛大な取引業者であり，後者は「がんばれ池内タオル」のサイト管理者や池内タオルファン，そして折り紙師などである。特にユーザーは，タオルオリガミや他の企業とのコラボレーションを先導しユーザーイノベーション[3]という側面も垣間見せている。

一方でこのようなステイクホルダーとの関係は池内氏の存在なくしてありえない。池内氏は多くの出会いを演出し，活用している。それは池内氏が多様な人々の価値規範を受け入れる多義性（懐の深さ）をもっているからこそ可能になっている。つまり，イノベーションは企業家の多義性が様々なアイデアを受け止め，それを戦略的につなぎ合わせる「新結合の創造[4]」になっている。このようにステイクホルダーとのコラボレーションを誘引する企業家がイノベーションの源泉となっている。

何がポイントか考えよう

池内タオルを事例として，中小企業のソーシャルビジネスについて考えてみよう。

(1) 中小企業とコミュニティの関係を考えよう

中小企業にとって，地域コミュニティもしくはグローバルコミュニティは切っても切れない関係にある。このようなコミュニティと企業はどのような関係であったらよいのか。どのようにお互いにメリットのある関係を考えてみよう。

(2) 経営理念と社会的課題

次に上記のような関係を実現する方法について考えてみよう。
① 上記で示したように社会的課題に関わると，経営効率とは反対の関係の出来事が多く存在する。なぜ企業は効率性を求めなければならないのだろうか。

② 社会的課題は企業経営にどんな問題を突きつけているのだろうか。
③ 従業員は社会的課題に関わることをどのように受け止めているのだろうか。
④ 本業と社会的課題の関係はどのように考えればいいのだろうか。

(3) ソーシャルビジネスとステイクホルダー
次にソーシャルビジネスとステイクホルダーの関係を考えてみよう。
① 社会的課題に関わると，これまでに関係したことがない様々なステイクホルダーが関わるようになってくる。それらのステイクホルダーをどのように受け止めればよいのだろうか。
② ステイクホルダーは企業にどのような影響を与えているのだろうか。
③ 企業家がステイクホルダーを受け止めるために何が必要であり，それをどのように生かしたらよいのだろうか。

もう少し深く考えよう

近年環境にやさしい製品や商品の開発が盛んに行われるようになってきている。その象徴的な動きとして，日本各地でエコプロダクツ展（1999年）やNEW環境展（2000年）などの展示会が開かれるようになってきている。エコプロダクツ展やNEW環境展の2008年度実績を見てみると，エコプロダクツ展は出展企業750社，来場者17万3917人，NEW環境展は出展企業587社，来場者18万1717人となっている。それぞれの展示会は開始当初から出展企業，来場者とも大幅な増加となっている（エコプロダクツ展1999：274社・4万7000人，NEW環境展2000：225社，6万9986人）。

また，2008年に米国で勃発した金融危機による経済危機の対策として，オバマ大統領は，グリーンニューディール政策を実施すると発表している。この政策は，環境への投資で危機を打開したいという期待が込められている。オバマ大統領が打ち出したのは道路やダムなどを造る従来型の公共事業ではなく，脱温暖化ビジネスを広げていくことで環境と経済の両方の危機を同時に克服していこうというものである。脱温暖化投資は，太陽光発電や風力発電など再生

可能エネルギーの拡大，食用でない植物によるバイオ燃料の開発，家庭の電気コンセントから充電することのできるプラグイン・ハイブリッド車の普及といったもので，エネルギー分野だけで10年間に1500億ドル（約15兆円）の国費を投入してグリーン内需を拡大し，500万人の雇用を生み出すというものである。日本においても，日本版グリーンニューディール政策が構想されている[5]。このように環境問題に配慮した商品がますます増加する傾向がある。

一方で，このような環境配慮型商品が市場に受け入れられないのも事実である。たとえば㈱フェリシモが実施したアンケート（全国の女性551名への調査）によると，「私はしあわせ」と感じている人が9割近くいたが，一方で，「地球はしあわせ」と感じている人が1割弱しかいませんでした。地球に対して「ごめんなさい」と感じている人は8割を超えた。その他，地球環境（問題）には関心がありながら，つい地球環境に悪いことをしてしまう理由として「手間がかかるから」「忙しいから」といった物理的制約に起因する要因の側面が大きいことなどが分かった[6]。その他には，本章でも述べたように環境配慮型商品はコストが増加し，同じような商品と比較し高価になる傾向がある。このような現象はフェアトレードなどでも同じような結果がでている。ゆえに単に環境配慮型商品を製造・販売したとしても普及しないということである。

ここで一番の問題は，価格に見合った商品価値を持っていないということである。如何に環境問題を解決するような商品であっても，それらの商品は市場を流通して提供される商品であるので，価格に見合った満足を提供するものでなければならない。つまり環境問題などの社会的課題を解決する商品は，経済的価値と社会的価値を如何に融合させるかという視点が重要になっている。本章の事例で言えば，それらの価値の融合は，肌触りの良さや安全・安心といった付加価値によって達成されている。

このような商品の開発プロセスは環境問題に敏感な消費者やNPOをリード・ユーザーとして，公開されている電子メールやエコプロダクツ展を利用して商品の改善に取り組んできた。この開発プロセスでは多様な人々がそれぞれの知識を持って参加できるプロセスとなっており，それがイノベーションへと繋がっていると理解できる。また，このように開発された商品が様々なとこ

ろで評価され，一般の人たちにも評価され，販売の増加につながっている。

　これらの結果が示すことは，如何に環境に配慮した商品であっても，市場の交換メカニズムに合致もしくはちょっと無理すれば手に届くといった商品を開発しなければならないということである。この視点にたって環境配慮型商品を開発すれば，消費者は現在と異なった反応を示すことになるだろう。このような視点から再度本章の事例を検討してみよう。

もっと知ろう

株式会社下段モータース（北海道当別町）のコミュニティバス事業[7]

　下段モータースは自動車整備業者として培ってきた知恵やノウハウを活かし，本業との相乗効果を発揮しながらコストを吸収することができると思い，地域活性化，廃油のリサイクル，CO_2 やコストの削減という視点から「てんぷら廃油100％の BDF で走るコミュニティバス」を平成18年4月に開始する。この事業は行政・大学・企業がそれぞれ個々に走らせていたバスをコミュニティバスに統合している。さらに，地域の高齢者の雇用とてんぷら油を回収してつくった BDF によってコスト削減（燃料費はおおよそ半額）を図り，黒字化させている。

　このモデルのユニークなところは，既存の経営資源をうまく結合させているところにある。リサイクルした油を利用して6台のバスを走らせているが，一般家庭や飲食店が拠出した80リッター／日を BDF 化し，バス事業のランニングコストの削減に貢献している。それに，各家庭から回収できるようになれば，お金をかけずに地域住民とコミュニケーションをとれる。廃食油の廃棄が有料化されれば，下段モータースが回収することで地域の人たちに感謝してもらえる。合わせて市場が縮小する自動車整備業としても，整備車両を確保するという視点からも本業に大きく貢献している。

もっと調べよう

池内計司（2002）「池内タオル，NY ホームテキスタイルショー・グランプリへの道」講演録，http://www.gikekou.npo-jp.net/seminor_h14/kougiroku/

8th.doc（2008 年 9 月 10 日確認）
池内計司（2008）『「つらぬく」経営』エクスナレッジ。
谷本寛治（2006）『ソーシャル・エンタープライズ―社会的企業の台頭』中央経済社。
Hippel, E（2005），Democratizing Innovation, The MIT Press.（サイコム・インターナショナル監訳『民主化するイノベーションの時代』ファーストプレス，2006 年。）
Schumpeter, J. A（1934），*The theory of economic development: an inquiry into profits, capital, credit, interest, and the business cycle* -- Harvard University Press.（塩野谷祐一・中山伊知郎・東畑精一訳『経済発展の理論：企業者利潤・資本・信用・利子および景気の回転に関する一研究（上，下）』岩波書店, 1977 年。）

［新聞］

『日経産業新聞』(2001/08/02)，「風力発電支援「グリーン電力」, ソニー, 来月導入」。

『日本経済新聞』(2001/7/14)，「愛媛県, 海外見本市出展, 3 件に助成決定」。

『日本経済新聞』(2002/06/28)，「池内タオル, 米販売強化, 現地展示会で最優秀賞――年内, 50 社と契約へ」。

『日本経済新聞』(2003/01/01)，「特集――復活物語, 逆境だから転機, NY の目利きを相手に（輝け現場）」。

『日本経済新聞』(2003/03/13)，「池内タオル, タオル生産――米富裕層に個性訴え（四国の異能企業）」。

『日本経済新聞』(2003/06/16)，「地場産地の逆襲(7) 愛媛・今治（タオル産地）――独自ブランド（ルポ地域を拓く）」。

『日本経済新聞』(2003/09/11)，「池内タオルが再生法を申請, 負債額 9 億円」。

『日経金融新聞』(2003/09/12)，「伊予銀, 9 億円, 債権取り立て不能のおそれ」。

『日本経済新聞』(2005/10/19),「池内タオルに政投銀が融資,早期再生を支援」.

『日経MJ』(『流通新聞』)(2008/05/23)「エコモディティー新時代(25)池内タオル──グリーン電力のみで生産」.

『日本経済新聞』(2008/08/28),「池内タオル──タオル生産,風力100％,「風で織る」ブランド浸透(四国の環境力)」.

注

1） 本章の執筆にあたり,2008年6月5日に池内タオル株式会社にて池内計司氏と面談し,「風で織るタオル」に関するお話を伺った。また,6月12日のNPO法人ソーシャル・イノベーション・ジャパンの「ソーシャルイノベーション研究会」および6月21日の本学経営学部ソーシャル・マネジメント学科主催のシンポジューム「地球温暖化問題へのアプローチ─ソーシャル・アントレプレナーの役割と必要性(2)」の際にも様々なお話を伺った。池内タオル本社にお伺いした際には,各種資料をいただいた。この場をお借りして,感謝の気持ちを述べさせていただきたい。本稿の草稿段階では,池内社長にご一読いただきご意見をいただいた。重ねて御礼申し上げます。

2） NHK「BS世界のドキュメント─綿花地帯からの告発」(2007年2月6日)より著者作成。

3） 詳しくはHippel(2005)を参照。

4） 詳しくはShumpeter(1934)を参照。

5） 詳しくは環境省 http://www.env.go.jp/guide/info/gnd/

6） http://www.felissimo.co.jp/company/cfm/001.cfm?HL=247&ID=1407-54&P=linkd

7） 下段モータース代表取締役社長　下段寿之氏へのインタビュー(2008/2/26,事務所)。

〔大室悦賀〕

第7章

訪問看護ステーション
―医誠会病院およびりゅうじん訪問看護ステーション[1]―

　本章では，日本の医療提供体制が改革を迫られている要因は何か，いかなる主体が，どのような問題を抱えながら，医療提供体制の一部を担っているのかを，在宅医療を担う訪問看護ステーションのマネジメントをみていくことで考えていきたい。

　昨今，急速な少子高齢化の進行と経済の低成長下にあって，日本の医療を支えてきた国民皆保険制度を維持していくために，どのような医療提供体制が構築されるべきか，さらにはいかにして医療費の適正化をはかっていくべきかが，さかんに議論されている[2]。

　2005年12月に政府・与党医療協議会が出した「医療制度改革大綱」によれば，改革の基本的な考え方は，第1に安心・信頼の医療の確保と予防の重視，第2に医療費適正化の総合的な推進，第3に超高齢社会を展望した新たな医療保険制度体系の実現の3つである[3]。このうち，「安心・信頼の医療の確保」項目には，地域・診療科ごとの医師不足への対応，地域医療の連携体制の構築，患者に対する情報提供の推進，遠隔医療の推進，信頼できる医療の確保，医療法人制度改革があがっている。さらに，「地域医療の連携体制」とは，「医療情報の提供による適切な医療の選択の支援」「医療機能の分化・連携の推進による切れ目のない医療の提供」「在宅医療の充実による生活の質（QOL）の向上」であるとしている（図表7-1参照）。

　このように在宅医療の推進は，昨今の厚生労働省の政策課題の一つとなっており，在宅医療を推進していく事業体として注目されているのが，本章で取り扱う「訪問看護ステーション」なのである（図表7-2参照）。

158　第Ⅱ部　ソーシャル・エンタプライズ

図表 7-1　医療提供体制

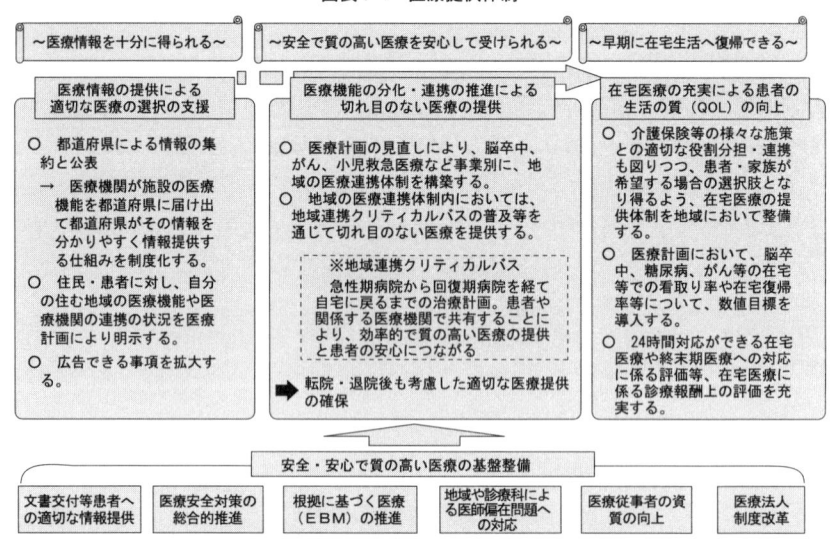

```
～医療情報を十分に得られる～    ～安全で質の高い医療を安心して受けられる～    ～早期に在宅生活へ復帰できる～
```

医療情報の提供による適切な医療の選択の支援
- 都道府県による情報の集約と公表
  → 医療機関が施設の医療機能を都道府県に届け出て都道府県がその情報を分かりやすく情報提供する仕組みを制度化する。
- 住民・患者に対し、自分の住む地域の医療機能や医療機関の状況を医療計画により明示する。
- 広告できる事項を拡大する。

医療機能の分化・連携の推進による切れ目のない医療の提供
- 医療計画の見直しにより、脳卒中、がん、小児救急医療など事業別に、地域の医療連携体制を構築する。
- 地域の医療連携体制内においては、地域連携クリティカルパスの普及等を通じて切れ目のない医療を提供する。

　※地域連携クリティカルパス
　急性期病院から回復期病院を経て自宅に戻るまでの治療計画。患者や関係する医療機関で共有することにより、効率的で質の高い医療の提供と患者の安心につながる

- 転院・退院後も考慮した適切な医療提供の確保

在宅医療の充実による患者の生活の質（QOL）の向上
- 介護保険等の様々な施策との適切な役割分担・連携も図りつつ、患者・家族が希望する場合の選択肢となり得るよう、在宅医療の提供体制を地域において整備する。
- 医療計画において、脳卒中、糖尿病、がん等の在宅等での看取り率や在宅復帰率等について、数値目標を導入する。
- 24時間対応ができる在宅医療や終末期医療への対応に係る評価等、在宅医療に係る診療報酬上の評価を充実する。

安全・安心で質の高い医療の基盤整備

| 文書交付等患者への適切な情報提供 | 医療安全対策の総合的推進 | 根拠に基づく医療（EBM）の推進 | 地域や診療科による医師偏在問題への対応 | 医療従事者の資質の向上 | 医療法人制度改革 |

出所：「医療制度改革大綱による改革の基本的考え方」厚生労働省，2006年1月31日。

図表 7-2　在宅医療（終末期ケアを含む）の連携イメージ

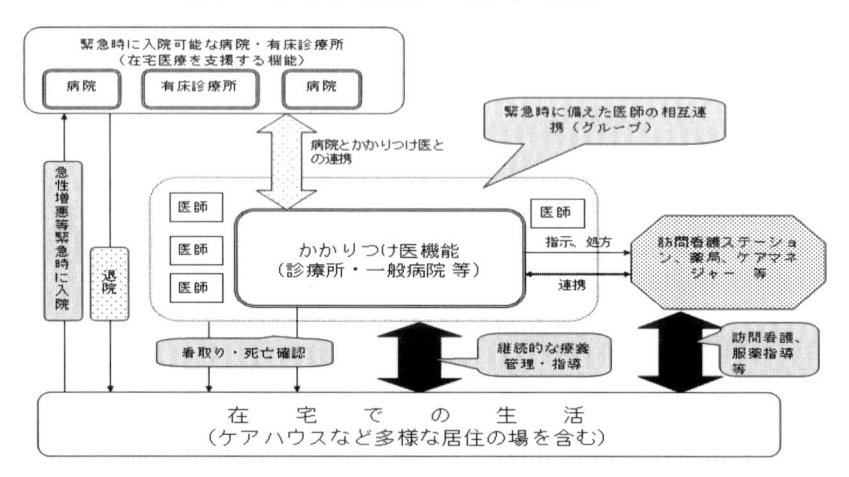

```
緊急時に入院可能な病院・有床診療所
（在宅医療を支援する機能）
　病院　　有床診療所　　病院

　　　　　　　　　　　　　　　　　　緊急時に備えた医師の相互連携（グループ）
　　　　病院とかかりつけ医との連携

急性増悪等緊急時に入院　　退院
　　　　医師
　　　　医師　　　　かかりつけ医機能　　　　医師　　　指示、処方　　訪問看護ステーション、薬局、ケアマネジャー等
　　　　医師　　　（診療所・一般病院 等）
　　　　　　　　　　　　　　　　　　　　　　　　　　　　連携

　　　　　　　看取り・死亡確認　　継続的な療養管理・指導　　　　訪問看護、服薬指導等

在　宅　で　の　生　活
（ケアハウスなど多様な居住の場を含む）
```

出所：「医療制度改革大綱による改革の基本的考え方」厚生労働省，2006年1月31日。

第7章 訪問看護ステーション 159

ケースを読む

1．訪問看護制度の変遷[4]

　本章では，訪問看護ステーションの事例として，経営母体が病院である医誠会病院訪問看護ステーションおよび看護師資格取得者が経営しているりゅうじん訪問看護ステーションをとりあげる。

　訪問看護とは，看護師などが患者の居住地を訪問し，主治医の指示や連携により行う看護（療養上の世話または必要な診療の補助）である。昨今の高齢化社会の進行に伴い，高齢者が「施設」ではなく，「在宅」でも医療・介護サービスが受けられるような方策が，政府によって，模索されている。看護分野もまた政府の在宅療養を推進する流れに少なからず影響をうけている。すなわち，看護師の働く場の中心は，第二次世界大戦後におけるGHQの看護改革の影響もあり，「病院」でありつづけてきたが，くわえて「家庭」が想定されるようになってきたのである。この「家庭」に看護師を派遣する事業体が，今回紹介する「訪問看護ステーション」である。

　以下では，訪問看護ステーションをめぐる諸データを検討したうえで，医誠会病院訪問看護ステーションおよびりゅうじん訪問看護ステーションのマネジメントの実態，経営における課題，経営者の医療・介護政策に関する考え方について，検討していくことにしよう。

　日本における訪問看護制度は，1983年，老人保健法による医療サービスとして病院の訪問看護を位置づけ，診療報酬が認められたことにより始まった。

　1991年には，老人保健法の一部が改正され，指定老人訪問看護制度ができた。これにより，新たに，老人訪問看護ステーションが創設され，看護師等が，介護に重点をおいた看護サービスを提供するようになってきた。

　1994年には，健康保険法の一部改正により，指定訪問看護制度ができ，老人保健制度の医療受給対象者以外である神経難病等で在宅医療・看護を必要とする対象者にも訪問看護が提供できるようになった。対象者が高齢者以外に拡大したことを受けて，その名称が「老人訪問看護ステーション」から「訪問看護ステーション」に変化をした。

2000年以降は，訪問看護ステーションが，介護保険法に基づく指定居宅サービス事業者の一つとして，位置づけられた。看護師が介護保険制度の対象者（要支援または要介護状態にある者）に訪問看護ができるようになったのである。ただし，要介護者等でない老人医療受給者と，要介護者であっても介護保険から訪問看護を受けられない場合（悪性腫瘍末期，神経難病等）は，医療保険の給付となっている。

2．訪問看護の内容

訪問看護の担い手の中心は，看護師，保健師，助産師である。必要に応じて，理学療法士，作業療法士，言語聴覚士が訪問する場合もある。これら専門職が，健康状態の観察と助言，日常生活の看護，在宅リハビリテーション看護，精神・心理的な看護，認知症の看護，検査・治療促進のための看護，療養環境改善のアドバイス，介護者の相談，様々なサービス（社会資源）の使い方相談，終末期の看護を行う[5]。なお，訪問看護師が実施する主な医療処置は，インスリン自己注射，人工呼吸器にかかる処置・管理，在宅中心静脈栄養法など多岐にわたる。

3．訪問看護に関連する統計調査[6]

(1) 事業所数・施設数

まず，2006年における介護予防サービスの事業所数は，介護予防訪問介護が9269事業所に対して，介護予防訪問看護ステーションは5090事業所となっている。次に，訪問介護における事業数は，1万7274事業所（2004年）から2万948事業所（2006年）に，訪問看護ステーション数は，5224事業所（2004年）から5470事業所（2006年）に増加している。訪問看護ステーション数は，介護関連の施設数全体と比較すると，非常に少ない現状にある。

(2) 利用者数・在所者数

　介護予防サービスの利用者数は，介護予防訪問介護が 15 万 9791 名に対して，介護予防訪問看護ステーションは，1 万 747 名である。介護サービスの利用者数は，訪問介護が 88 万 2556 名に対して，通所介護が 95 万 5506 名，訪問看護ステーションが 28 万 1160 名である。

(3) 開設主体別施設・事業所の状況

　介護サービス事業所を開設主体別にみてみると，訪問介護は「営利法人（会社）」がもっとも多く全体の 54.3％であり，次いで，「社会福祉法人」の 26.2％であった。訪問看護ステーションは「医療法人」がもっとも多く全体の 44.4％であり，次いで，「営利法人（会社）」の 18.7％であった。訪問看護ステーションは病院に併設されている場合が多いため，このような結果になっている。

(4) 居宅サービス事業所の状況

　2006 年 9 月中の利用人員階級別の事業所数をみてみると，「1～9 人」が最も多い。まず，介護予防サービスについては，介護予防訪問介護は 56.7％，介護予防訪問看護ステーションは 68.2％であった。次に，介護サービスについては，訪問介護は，「1～19 人」が 30.1％，「20～39 人」が 29.7％であり，訪問看護ステーションは，「20～39 人」が 29.9％，「40～59 人」が 21.9％であった。

　つづいて，要介護（要支援度）別にみた利用者数をみてみると，まず，介護予防サービスについては，介護予防訪問介護は要支援 1 が 50.3％であり，介護予防訪問看護ステーションは要支援 2 が 64.6％であった。次に，介護サービスについては，訪問介護は要介護 1 が 39.0％，要介護 2 が 19.2％であり，訪問看護ステーションは要介護 5 が 24.4％，要介護 4 が 18.7％であった。

　ちなみに，2008 年現在，介護保険法においては，要支援 1，2 および要介護 1，2，3，4，5 という区分があり，数字が上がるごとに重症度が高くなる。要支援 1，2 は介護保険の予防給付の対象者であり，要介護状態が軽く，生活機能が改善する可能性が高い人が該当する。要介護 1～5 は，介護保険の介護給

付の対象であり，日常生活で介助を必要とする度合いの高い人で，生活の維持・改善を図るための様々な介護サービスを利用できる人が該当する。

　以上から，訪問看護ステーションの利用者は，より重症度の高い高齢者である場合が多いという特徴が認められる。

(5) 訪問看護ステーションの利用者の状況
(イ) 利用者の状況

　利用者の状況は，図表7-3のとおりである。なお，利用者1人あたりの訪問回数を要介護（要支援）別にみると，「要介護5」が6.4回と最も多く，要介護度が高くなるにしたがい，訪問回数が多くなっていることがわかる。

図表7-3　訪問看護ステーションの利用者状況

		利用者数（人）	利用者1人あたり訪問回数
介護予防サービス	要支援1	3,650	3.3
	要支援2	6,943	4.1
介護サービス	要介護1	40,991	4.6
	要介護2	39,419	4.9
	要介護3	39,299	5.2
	要介護4	41,287	5.4
	要介護5	53,955	6.4

注：利用者1人あたりの訪問回数は，平成18年9月中のデータである。
出所：厚生労働省『平成18年介護サービス施設・事業所調査結果の概況』
　　　http://www.mhlw.go.jp/toukei/saikin/hw/kaigo/service06/kekka5.html
　　　（2008年9月3日閲覧）。

(ロ) 利用者の認知症の状況

　年齢階級別に認知症高齢者の日常生活自立度の状況をみてみると，「認知症あり」は，加齢とともに増えており，80歳以上では，3人に1人が「認知症あり（ランクⅢ以上）」であった。また，認知症高齢者の日常生活自立度の状況を要介護（要支援）度別にみてみると，認知症のランクが高くなるに従って，要介護度の高い人の割合が高くなり，「認知症あり（ランクⅢ）」では要介護5が5割を超える状況であった。

(ハ) 訪問看護に要する料金[7]

どの訪問看護機関からサービスをうけるのか，またどのような保険を利用するのかによって，利用者が訪問看護サービスに対して支払う料金は異なる。一例をあげると，訪問看護ステーションを利用する場合，後期高齢者医療制度加入者または70歳から74歳の高齢者は，月利用金額の1割（一定所得を得ている高齢者は月利用金額の3割）を支払う。介護保険を利用する場合は，月利用金額の1割を支払い，月の支給限度額を超えた料金は，自己負担となる。

(6) 訪問看護ステーション従事者の状況

訪問系サービスでは，第1に，訪問介護が17万6527名であり，その内訳は，ホームヘルパー2級が10万577名，介護福祉士が3万5411名，ホームヘルパー1級が1万8957名であった。第2に，訪問看護ステーションが2万7015名であり，その内訳は，看護師が2万226名，准看護師が2631名，理学療法士が1960名であった。

また，1事業所あたりの常勤換算看護・介護職員数は，訪問介護は8.0名，訪問看護ステーションは4.2名であった。また，2006年9月中の常勤換算看護・介護職員1人あたりの延利用者数は，訪問介護が79.5名，訪問看護ステーションが72.7名であった。

以上の数値から，訪問看護ステーションに勤務する看護師は，少ない人数で認知症など介護度が高い利用者の介護を担っていることがわかる。

4．訪問看護ステーションの経営とその課題

以上，1，2，3節において，訪問看護ステーションの概要・利用者・従事者の状況について概観した。つづいて，以下では，具体的なケースとして，病院グループの中の1つとして経営をおこなっている医誠会病院訪問看護ステーション，病院グループに属さず看護師が経営をおこなっているりゅうじん訪問看護ステーションについてみていく。

(1) 医誠会病院訪問看護ステーション
(イ) ホロニクスグループ
　医誠会病院訪問看護ステーションは，ホロニクスグループに属している。ホロニクスグループは，医誠会病院（大阪市東淀川区，病床数 327 床）と城東中央病院（大阪市城東区，病床数 233 床）を核とし，急性期病院を中心に，人間ドックやクリニック，訪問看護ステーション，介護老人保健施設まで，多彩な病院・施設ネットワークを形成している。
　同グループの中には，医誠会病院訪問看護ステーション，児島中央病院訪問看護ステーション，城東中央病院訪問看護ステーション，摂津医誠会病院訪問看護ステーション，東春病院訪問看護ステーションの合計 5 つの訪問看護ステーションがあり，今回調査した医誠会病院訪問看護ステーションは，2 番目に大きい訪問看護ステーションである。

(ロ) 医誠会病院訪問看護ステーションの概要
　医誠会病院訪問看護ステーションは，2000 年の介護保険導入にあわせて開設をし，現在の訪問看護師の内訳は，常勤 3 名，非常勤 1 名である。管理者である看護師 I 氏は，もともと病院勤務であった。しかし，ご自身が受け持っていた患者様のケアを退院後も継続して行いたいという思いが強かったこともあり，訪問看護に従事された。

(ハ) 訪問看護ステーションのマネジメント
　訪問看護ステーションのマネジメントにあたっては，事業者の社会的責任として，事業を継続し発展させるために収益をあげることが重要である[8]。収益をあげるにあたって，心がけなければならないのは，利用者を増やすことである。
　医誠会病院訪問看護ステーションは，地域の信頼を得ているおかげで，ステーションに勤務する看護師をはじめとした従業員が生活できうる利益をあげている。では，同ステーションは，利用者を増やし，かつ収益をあげるために，どのような工夫をしているのだろうか。
　まず，訪問看護ステーションにおいて，「利用者様を増やす」とは，「利用者様を開業医やケアマネージャーから紹介してもらう」ことを意味する。し

がって，I氏のような訪問看護ステーションの管理者は，開業医やケアマネージャーと密に連絡をとり，利用者を増やす努力をしなければならない。さらに，利用者をより多く獲得するためには，医誠会病院訪問看護ステーションの看護師が提供するサービスが，どのようなものであるかを発信していく必要がある。そのサービスの内容は，「利用者様の満足度を最大限高めるような看護」を提供することにある。

では「利用者様の満足度を最大限高める看護」とはどのようなものだろうか。私たちは，訪問看護師が利用者様の家庭に行き，限られた時間のなかで，どれだけ十分な看護を行えるのかが，「利用者様に対するサービス」の満足度を左右すると考えがちである。しかしながら，訪問看護を行う時間は，法律で30分，60分，90分と定められており，非常に短い。したがって，訪問の際に十分な看護を提供することもさることながら，「利用者様が訪問時間外に不安にならないようなサービスを提供していくこと」もまた大切である。例えば，看護師の訪問時間外に，家族は利用者に対して何をすればよいのかを指導すること，訪問外の時間帯に利用者に電話で連絡し症状を確認すること，薬の飲む時間に電話をすること等である。このようなきめ細やかなサービス提供が，利用者の評判を呼び，結果的に開業医やケアマネージャーからの紹介件数の増加につながるという。

さらに，利用者を増やすためには，看護師が提供するサービスとヘルパーを中心とした介護職が提供するサービスのどこが違うのかを，積極的にアピールする必要がある。サービスの中身を具体的に決めるケアマネージャーおよびサービスを実際に受ける利用者の中には，両者が提供するサービスの違いがわかりづらい方がいるという。したがって，看護判断が入った介護行為とそうでない行為のどこが違うのかをアピールしていくという作業も，訪問看護ステーションが利用者を増やすためには求められる作業である，ということであった。

(二) 訪問看護ステーション経営における今後の方向性

2000年に開業して8年間，医誠会病院訪問看護ステーションは，経営を持続させてきた。では，今後の訪問看護ステーションの経営の方向性については

看護師であるＩ氏および事務局のＡ氏はどのように考えているのだろうか。

　まず，Ｉ氏は，看護師の立場から，地域（＝大阪市東淀川区）全体として介護力を高める役割を担いたいということであった。つまり，地域住民に介護への関心を高めてもらい，介護される側の人たちが暮らしやすい地域づくりをめざしたいということである。Ｉ氏は，訪問看護ステーション開業当時は，近隣の介護事業所を「競争相手」と捉えていた。確かに，訪問看護ステーションが事業を継続させていくためには，他の事業所との競争は避けられず，かつ勝ち抜いていく必要がある。くわえて，Ｉ氏は，近隣の介護事業所と協力して事業を継続させていくという方法もあり，むしろ重要であると指摘された。つまり，日本における介護の現状が，介護を担う人員不足等，非常に厳しい状況にあるなかで，「利用者様の介護をそれぞれの事業体でシェアをしながら，結果的に地域の介護力を高めていく」という発想で経営をしていくことである。

　次にＡ氏は，事務局の立場から，介護を担う人たちが重労働・低賃金に耐えかね，辞める傾向がある現状をふまえて，職員が家族に自慢できるような働きやすい環境をつくっていくことが重要であると述べられた。働きやすい環境をつくるためには，職員のモチベーションを高めるような何らかの仕掛け作りが重要である。しかしながら，この点に関しては，Ａ氏は新人事制度を導入したばかりで，今後の課題であると述べた。

㈥　政策について

　Ａ氏は，現在の日本における在宅中心の医療および介護の流れに矛盾を感じている。訪問看護ステーションが多く扱う認知症の利用者は，家庭での介護が様々な理由により難しい。現実問題として，認知症の方の介護は施設で行わざるをえない状況が続いてきた。このような現状にあって，「施設中心の介護」から「在宅中心の介護」への政策誘導がすすんでいる。ところが，介護老人保健施設は，医療的ケアを必要とする高齢者が利用し，あくまで短期利用を前提とした施設であり，また，2008年からは，高齢者が長期に入院する療養病床の削減が本格化している。

　在宅で高齢者を介護できうる環境が整っていない中で，政策だけが先に進んでしまうと，今後，施設に入所できず，家庭での介護もままならない「介護難

民」がさらに増加していくのではないか，ということであった。

(2) りゅうじん訪問看護ステーション
(イ) りゅうじん訪問看護ステーションの概要
　2002年，大和ビルド株式会社（大和ハウスグループの情報部門）のバックアップをうけて，漆﨑伊智代氏（以下，漆﨑氏）はりゅうじん訪問看護ステーションをスタートさせた。経営責任者である漆﨑氏は，病院勤務をへて，いったん看護師を辞め，民間企業の営業を7年ほど経験されたあと，訪問看護ステーションの経営を始めたという異色の経歴の持ち主である。現在，堺市と大阪市で事業を展開している。従業員の中心は子育て中の主婦などのパート看護師であり，リタイヤした看護師の再教育も実施している。さらに，理学療法士も雇用し，看護師と連携をしながらリハビリテーションをすすめている。
　ちなみに，「りゅうじん」とは，「龍神様」に由来している。「龍神様」は「神様を助ける神様」であり，お客様＝利用者様は神様である，その「神様」を助けるという精神で，訪問看護ステーションを経営し，利用者様を看護していきたいという漆崎氏の強い思いがこめられている。
(ロ) 訪問看護ステーションのマネジメント
　医誠会病院訪問看護ステーションに同じく，利益をあげるためには，利用者を増やすことが必要である。
　第1に，開業当時の名前が知られていない時には，病院の担当窓口，ケアマネージャーの会など地域の会合，病院の看護師，診療所などに，漆﨑氏自身が飛び込みで営業を行った。いったんこのような地域の関係諸機関に信頼を得ることができれば，あとは口コミで訪問看護ステーションの存在が広がり，経営もスムーズにいく。
　さらに漆﨑氏は，利用者を増やすためには，営業活動が不可欠であると考えている。ただし，看護師は，営業活動そのものに抵抗がある場合が多い。特に，病院勤務の長い看護師は，利用者は「来てくれる」と考えがちであり，利用者を「呼び込む」という発想がないという。そこで，漆﨑氏は，「利用者様を開拓し，利益を上げなければ，訪問看護ステーションは存続できない」とい

うことを，訪問看護師に言い聞かせてきた。利益をあげるということは，利用者から搾取をするということではない。訪問看護師が利用者によりよい看護を提供するためには，待遇をふくめた訪問看護師自身の労働環境を整える必要があると説明した。このように，漆﨑氏は，利益を上げるということ，さらにそれに付随した営業活動に対する訪問看護師の抵抗感を取り除く努力をした。

第2に，利用者を増やすためには，訪問看護師の確保が不可欠である。訪問看護師が継続して働いてくれるためには，彼女らの心のケアも大切である。一般的に，訪問看護の利用者は，重度かつ認知症の高齢者が多い。したがって，ケアを行う訪問看護師は，非常に緊張した状態での勤務を余儀なくされる。そこで，漆﨑氏は，看護師が新しい家庭を訪問する場合は，あらかじめ，その旨連絡をし，看護ができやすい環境をつくるように心掛けている。

さらに，看護師は，看護教育において，自己満足にならないケアをすべきであると教えられる。こういった教育が影響をし，看護師は，常に，自分たちが行っている看護の質について自問自答する傾向がある。しかも，訪問看護の場合は，看護師が，利用者のケアを行うことにくわえて，家族および他の介護専門職とのコミュニケーションをはかっていかなければならない。そして気がつくと，訪問看護師のストレスが過剰になり，結果，退職につながってしまう場合がある。そこで漆﨑氏は，訪問看護師の悩みを聞き，利用者に提供するマッサージやアロマテラピーを彼女らにも利用してもらうなどして，彼女らのメンタル面でのケアも積極的に行っている。

第3に，訪問看護ステーションを継続して利用してもらうためには，訪問看護師と利用者との人間関係が重要になってくる。「看護はこうあるべき」「患者はこうあるべき」といった固定観念にとらわれず，臨機応変に対応していくことが，訪問看護にとってはより重要であると漆﨑氏は指摘した。

第4に，利用者によりよいサービスを提供するためには，看護師だけではなく，医者，ケアマネージャー，ヘルパーなどの医療関係職種と連携をとる必要がある。このような状況のなかで，漆﨑氏は，看護師の役割を，それぞれの専門職をつなぐ橋渡しと捉えている。

(ハ) 訪問看護ステーション経営における今後の課題

　訪問看護ステーションの経営は，最初の1年半は赤字であったが，それ以降は黒字経営である。その上で，漆﨑氏は，経営上の課題を以下のように述べた。第1に，現在は，所属している看護師が経理等の事務仕事と訪問看護を兼務している状態である。教育とフォローのみに携われる従業員を養成することが，今後の訪問看護ステーションの経営にとって，重要であると考えている。しかしながら，事務職のみを雇うことは，経営上現在は難しいという現実もある。第2に，企業に同じく，成果給を導入するなどして，従業員のモチベーションを高める努力をしなければならない。

(二) 政策について

　めまぐるしく変化する制度をにらみながら，訪問看護ステーションを経営しなければならない。しかしながら，漆﨑氏は，経営に関係する制度のしくみを理解し，看護師をどのように活用すればよいのかということを，多くの経営者がわかっていないと指摘する。したがって，めまぐるしい制度変化に翻弄されることなく，今後は，国に頼るという発想そのものをやめ，独自の看護サービスの開発が必要になってくるのではないかと指摘された。

何がポイントか考えよう

1. 在宅における医療・介護サービスを提供している主体には，訪問看護ステーションにくわえて，どのようなものがあるだろうか？
2. 在宅における医療・介護サービスにかかわる専門職にはどのようなものがあるだろうか？さらに，各専門職はどのような仕事をしているのだろうか？
3. 在宅における医療・介護サービスを提供していくうえで，重要な点は何だろうか？
4. 在宅医療を支える国の政策には，どのようなものがあるだろうか？新聞記事を集めてみよう。
5. 介護職離れを食い止める方策は何だろうか？さらに各方策の実現可能性をディスカッションしよう。

もう少し深く考えよう

　訪問看護ステーションをはじめとした在宅医療に関連したサービス事業体に注目が集まった背景には，2000年4月より施行された介護保険の導入により，介護をめぐるサービス供給のあり方が大きく変化したことが影響している[9]。介護保険は従来の医療保険や福祉のあり方と大きく異なる。第1に，給付額に制限が設けられている。第2に，医療の場合は，サービス内容は原則的に「医師」が決めるが，介護の場合は，「本人と家族」が決める。第3に，福祉サービスの供給が，本人の「要介護度」で決められるようになった。第4に，介護保険による給付は，65歳以上は無条件であるが，40～65歳未満については条件が付いている。40歳未満の場合はまったくの対象外である。第5に，保険者である市町村の責任が明確になった。介護は，医療以上に，利用者の生活を援助するという側面があるため，利用者の多様なニーズをくみ取る必要性が出てくる。このようなニーズをふまえて，訪問看護ステーションのみならず，民間企業もまた，介護ビジネスに参入してきているのである。

　さらに，訪問看護事業は，在宅療養の患者をささえるための医療と介護を結ぶ「橋渡し」の役割を果たしうる。しかしながら，訪問看護事業が，「医療」と「介護」双方にまたがっている実態と制度が合っていない。つまり，訪問看護ステーションを経営するにあたっての財政基盤が，介護報酬と診療報酬双方にあり，訪問看護に関する評価が違うという問題点がある[10]。

　「診療報酬」とは，医療行為や調剤などに対する公定料金である。診療報酬の改定作業は，中央社会保険医療協議会で，原則，2年に1回おこなわれる。改訂作業においては，医療費全体の増減額（改定率）がまず決められ，続いて，個々の診療行為の点数や薬価が決定される。

　点数の改定の狙いは，経済の動向や医療構造の変化など，時代によって変わる医療コストや医療技術への評価に対し，それらに見合った適正価格にすることにある。さらに，診療報酬の改定は，医療サービスの提供をあるべき方向に向かわせるための政策誘導の役割も果たす。例えば，一般病院での入院が長期になると，1人当たりの入院基本料が下がるなどの改定が実施された。結果，病院の平均在院日数は年々減少をしている。ちなみに，訪問看護に関する点数

は，高齢化社会の進展にともなう在宅医療推進の流れのなかで，きめ細かくかつ上昇してきている。

なお訪問看護ステーションをはじめとした医療・介護ビジネスのマネジメントにおいては，時代ごとの政策の流れ，社会の変化をおさえることが不可欠であるため，章末に，戦後日本における医療・福祉制度と訪問看護に関連した年表を添付した。学習の一助とされたい。

もっと知ろう

営利か非営利か？　—コムスンの事例より—[11]

1997年，折口正博会長が率いるグッドウィル・グループが，訪問介護事業を担うコムスンを子会社化した。それと同時に折口氏自身が社長に就任をした。

折口氏率いるコムスンは，以降，拡大路線をたどることになる。1999年秋，グッドウィル・グループの経営者は，約300人の社員に，当時約100カ所であったケアセンターを翌年春までに800カ所に増やす方針を伝えた。コムスンは，「業界ナンバーワン」を目指し，事業所数を増やし続け，2007年1月には，コムスンの訪問介護事業所数は，1700カ所になっていた。売上高は，子会社化して以降の7年間で，約90倍の638億円に上昇したのであった。

ところが，コムスンのあまりに急激な経営規模の拡大は，経営者のマネジメントの不備，行き過ぎた利益追求に結びついていく。2006年12月，コムスンが組織的に介護報酬を過大請求していた疑いがあるとして，東京都が，介護保険法に基づき，都内にある事業所約50カ所を一斉に立ち入り検査（監査）したという報道があった（2006年12月27日付　読売新聞）。同監査をきっかけとして，不正が次々と発覚し，翌年6月，コムスンは，厚生労働省から，介護サービス事業所の新規および更新指定不許可処分を受けた。これにより，コムスンは介護ビジネスからの撤退を余儀なくされてしまう。訪問介護などの在宅系サービス事業はジャパンケアサービスなどの計16事業者に，有料老人ホームなどの居宅系介護サービス事業はニチイ学館に譲渡されることになった。

いわゆる「コムスン事件」が発覚して以降，規制緩和に対する見直しの議論

があるなか，介護ビジネスを営利で行うことへの疑問・批判が噴出した。

　しかしながら，営利企業が介護ビジネスをおこなうメリットにも，目を向けるべきであろう。そもそも介護ビジネスに営利企業の参入を認めた理由は，民間が参入することにより，利用者の多様なニーズに応えることができ，事業者間の競争により，サービスの質が，より向上すると考えられたからであった。つまり営利企業が，介護ビジネスに参入すれば，利用者がよりよいサービスを受けることができると想定されたのである。コムスンの場合も，夜間や休日の訪問介護事業を他事業所に比して積極的に行ってきたことが，利用者数を増加させた一因であった。営利企業が介護ビジネスを担うことで，利用者のニーズをよりくみ取れる可能性，フレキシブルにサービス提供ができる可能性がより広がるという側面もある。

　しかし，一方で，営利企業が介護ビジネスを担うデメリットもある。営利企業の中には，利用者のニーズとは無関係に，介護報酬をより得ることができるサービスを必要以上に提供したり，時には介護保険法を無視もしくは悪用したマネジメントを行ったり，職員に過剰な労働を強制するところもあった。

　このように，営利企業が担う介護ビジネスにはメリット・デメリットの両方がある。そして，それは非営利でも同様のことがいえる。どちらの形態で行われるにしても，より重要なことは，利用者が供給されたサービスに対してどれだけの満足感を得られるかという点にある。どうすればサービス利用者のニーズをより正確にくみ取れるのかについての方策を，政策を立案する国，介護サービス提供にあたって重要な役割を果たすケアマネージャーなどの専門職，実際にサービスを提供する事業者が考える必要がある。また，サービス提供のコストは，介護保険料から拠出されている以上，介護保険法を無視した経営であってはならない。

　利用者の満足度をより高める介護ビジネスを事業者が行うようにするためには，保険者である市町村の監視機能を高めること，サービスの内容・実施主体を決める主体であるケアマネージャーのあり方を見直すなどの対策が必要である。なお，2008年5月には，コムスン事件の教訓を生かして，改正介護保険法が成立し，国や自治体が，介護事業者の不正再発防止を目的とした事業者の

本社への立ち入り調査をする権限を認めた。

さらに，2008年5月7日の読売新聞報道によると，介護福祉士を養成する全国の4年制・短期大学で，養成課程入学者の定員割れが相次いでいることが判明しており，若年層の介護職離れが確実に進んでいる実態がある。介護職の低賃金・重労働の実態が，マスコミ等でさかんに報道されていることにより，上記傾向を生みだしていると考えられる。

介護職をどう確保するのか，質をどう高めるのかについても，今後，高齢者社会をむかえるにあたって，考えざるをえない課題である。

参考：制度・人口動態・疾病構造・訪問看護（1945～2006）

西暦	制度・人口動態・疾病構造	訪問看護
1945		GHQの指導により，保健所保健婦が衛生教育・訪問指導を実施
1946	平均寿命　男性：50.06歳，女性：53.96歳（1947年）	
1947	保健婦助産婦看護婦法制定	
1948	医師法・医療法制定	
1949		
1950		
1951	脳卒中が死因の第1位に	
1952		
1953		
1954		
1955		
1956		
1957		
1958	国民健康保険法公布	国保保健婦が国保加入者の疾病予防活動を担う
1959		
1960	施設内死亡が21.9％に	京都堀川病院で訪問看護活動を開始する
1961	国民皆保険制度の成立	
1962		
1963	老人福祉法制定	
1964		
1965	理学療法士及び作業療法士法制定	
1966		
1967		
1968		
1969		
1970	平均寿命　男性69.31，女性74.66	

年		
1971		東京白十字病院が寝たきり老人を訪問看護する
1972		
1973	70歳以上の医療費無料化（老人医療費無料化制度）	
1974		日大板橋病院で訪問看護が始まる
1975	脳血管疾患が死因の第1位に	東京都杉並区，神奈川県横浜市で潜在看護婦委託による訪問看護事業始まる
1976		
1977		
1978		市町村が家庭看護訪問指導を試行する
1979		
1980		民間経営の訪問看護（在宅看護研究センター）が始まる
1981		
1982	老人保健制度（定額一部負担）	
1983		「退院患者継続看護・指導料」として，老人の訪問看護に診療報酬が新設
1984		老人保健事業の「訪問指導」が市町村で始まる（1983）
1985	悪性新生物（がん）が死因の第1位に	
1986		精神科の訪問看護に診療報酬が新設
1987		在宅医療環境整備に関するモデル事業が7箇所で実施
1988		在宅患者の訪問看護に診療報酬が新設
1989	高齢者保健福祉推進十ヵ年戦略（ゴールドプラン）	
1990		
1991	老人保健法改正による老人訪問看護制度創設	
1992	看護婦等人材確保に関する法律	老人訪問看護ステーション設置が始まる
1993	平均寿命　男性76.25歳，女性82.51歳	
1994	健康保険法の改正による訪問看護制度の創設	訪問看護の対象が老人以外に拡大
1995	新ゴールドプラン，エンゼルプラン（1994）	（老人）訪問看護療養費改訂（1994，1995，1996）
1996		
1997		
1998		
1999		営利法人の訪問看護事業参入が認められる
2000	介護保険制度開始	介護報酬訪問看護費新設
2001	厚生労働省発足	
2002		在宅気管切開患者指導管理料新設。在宅自己注射指導管理料の再編
2003	介護報酬の改定,マイナス2.3%	

2004		在宅患者訪問看護・指導料，（老人）訪問看護基本療養費，複数回訪問評価の充実。在宅患者訪問点滴注射管理指導料新設。
2006	平均寿命　男性 79.00 歳，女性 85.81 歳	在宅療養支援診療所の新設。患者の重症度に応じた訪問看護の評価

出所：財団法人　日本訪問看護振興財団　事業部編『訪問看護白書　訪問看護 10 年のあゆみとこれからの訪問看護』財団法人　日本訪問看護振興財団，172-173 ページ，2002 年；厚生労働省『平成 18 年度の診療報酬改定の概要について』www.mhlw.go.jp/shingi/2006/02/dl/s0215-3u.pdf，日本看護協会『平成 16 年度診療報酬改定（看護関連版）資料（参考情報）』http://www.nurse.or.jp/nursing/practice/housyu/shiryo.html。

もっと調べよう

[医療・介護制度に関するもの]

　　池上直己（2006）『ベーシック　医療問題（日経文庫）』日本経済新聞社。

　　牛越博文（2005）『介護保険のしくみ（日経文庫）』日本経済新聞社。

　　遠藤久夫・池上直己編著（2005）『医療保険・診療報酬制度　講座　医療経済・政策学　第 2 巻』勁草書房。

　　西村周三・田中滋・遠藤久夫（2006）『医療経済学の基礎理論と論点　講座　医療経済・政策学　第 1 巻』勁草書房。

　　結城康博（2008）『介護―現場からの検証（岩波新書）』岩波書店。

　　読売新聞社医療情報部（2008）『数字でみるニッポンの医療（講談社現代新書）』講談社。

[訪問看護・看護マネジメントに関するもの]

　　上原善広（2007）『聖路加病院訪問看護科―11 人のナースたち（新潮新書）』新潮社。

　　尾形裕也・田村やよひ編著（2002）『看護経済学　マネジメントのための基礎』法研。

　　角田由佳（2007）『看護師の働き方を経済学から読み解く―看護のポリティカル・エコノミー』医学書院。

[介護に関するもの]

　　上野千鶴子（2008）『老いる準備―介護することされること（朝日文庫）』朝日新聞出版。

NHK スペシャル取材班，佐々木とく子（2008）『「愛」なき国　介護の人材が逃げていく』阪急コミュニケーションズ。

読売新聞社生活情報部（2006）『わたしの介護ノート―介護で悩むあなたへの応援メッセージ』生活書院。

注

1) インタビューに応じてくださった医誠会病院およびりゅうじん訪問看護ステーションの関係者の方々，京都産業大学経営学部　特任教授　田中伸明先生，株式会社ソシオン光吉泰子様，鈴木克典様におかれましては，この場をお借りしてお礼を申し上げたい。
2) たとえば，2009 年 2 月現在，厚生労働大臣である舛添要一氏の論文に以下のようなものがある。舛添要一「"観客型民主主義"が医療を破壊する　なんでも役所のせいにするな！」『中央公論』2008 年 9 月号，中央公論新社。
3) 政府・与党医療改革協議会「医療制度改革大綱」平成 17 年 12 月 1 日 http://www.mhlw.go.jp/bunya/shakaihosho/iryouseido01/pdf/taikou.pdf（2009 年 2 月 28 日閲覧）。
4) 以下制度変遷の説明は，尾形裕也・田村やよひ編著『看護経済学　マネジメントのための基礎』法研，2002 年，206-208 ページを参照。
5) 日本訪問看護振興財団ウェブサイト http://www.jvnf.or.jp/（2008 年 9 月 2 日閲覧）。
6) 厚生労働省『平成 18 年　介護サービス施設・事業所調査結果の概況』http://www.mhlw.go.jp/toukei/saikin/hw/kaigo/service06/index.html（2008 年 9 月 1 日閲覧）。本文中の数値は，特にことわりのない限り，2006 年の数値である。
7) 日本訪問看護振興財団ウェブサイト http://www.jvnf.or.jp/（2008 年 9 月 13 日閲覧）。
8) 尾形裕也・田村やよひ編著，前掲書，214 ページ。
9) 池上直己『医療問題＜第 2 版＞（日経文庫ベーシック）』日本経済新聞社，2002 年，163-167 ページ。
10) 社団法人　日本看護協会広報部　2008 年 7 月 9 日「訪問看護関係 3 団体　厚生労働省老健局長へ要望書提出「平成 21 年度介護報酬改定に関する要望書」訪問看護に新たな仕組みを提言」http://www.nurse.or.jp/home/opinion/newsrelease/2008pdf/20080709.pdf
11) 「検証　コムスン商法（上）介護の善意，置き去り　2007 年 6 月 10 日」
http://www.yomiuri.co.jp/iryou/feature/20070629-OYT8T00224.htm
「検証　コムスン商法（下）介護業界に大打撃　2007 年 6 月 12 日」
http://www.yomiuri.co.jp/iryou/feature/20070629-OYT8T00226.htm
「グッドウィル　イメージ失墜　2007 年 6 月 7 日」
http://job.yomiuri.co.jp/news/special/ne_sp_07060701.cfm
「介護保険とビジネス　営利法人が急増　2007 年 7 月 3 日」
http://www.yomiuri.co.jp/iryou/kyousei/security/20070703ik0b.htm
以上，YOMIURI ONLINE　医療と介護（2008 年 9 月 1 日閲覧）。

〔山下麻衣〕

第III部

コミュニティ

第 8 章

行政の限界と市民企業
―株式会社ギアリンクス[1]―

　本章では，行政の持つ限界を乗り越えて地域や社会の抱えている課題を解決する市民企業を，行政とのコラボレーションの視点からみていく。本事例として紹介する㈱サラダコスモは，岐阜県中津川市に本社をおき，共同で海外備蓄と南米日系市民社会の支援という2つの目的のために市民企業㈱ギアリンクスを設立する。この企業の設立のきっかけは当時岐阜県知事であった梶原氏の発想であった。しかし，食糧自給率が全国平均よりも低かった岐阜県でさえ，この2つの問題にかかわることができなかった。そこで岐阜県内の5人の企業家が集まり，この2つの問題を解決するために岐阜県民から出資を得て設立されたのが市民企業ギアリンクスである。

　本章では，政府／行政にも限界があり，企業やNPOの参加が不可欠であることを学ぶ。具体的には如何に知事とはいえ，議会を無視した意思決定は行うことができず，特に先の見えない事業を行う場合には民間主導の方が適しているということを学習していこう。また，行政の限界を乗り越えようと立ち上がった市民企業が，それぞれの母体となった企業に影響を与えており，一般企業が社会的課題とかかわることで様々な変化が発生していることを学ぶ。付帯的には企業が社会的課題にかかわると，これまで接してこなかったステイクホルダーが登場し，様々な意見を企業に突きつけてくるが，これが企業にイノベーションの種をもたらす。本章では㈱サラダコスモを事例として，どのようにイノベーションが発生してきたのか学習していこう。

ケースを読む

1. 食糧危機と岐阜県の対応

　本章は6つの項目からなっている。第1に食糧危機と岐阜県の対応について簡単に解説する。第2にギアリンクスの母体となったサラダコスモを紹介する。第3に行政の限界を超えた市民企業の挑戦を解説する。第4に行政の限界とソーシャルビジネスの補完性をみておこう。第5に本章の総括として民間による新しい社会的課題の解決手法について学習する。最後に他の事例を紹介していこう。

　1998年岐阜県の梶原知事（当時）は，県民のための食料時給計画の策定に向けて検討に入っていると3月議会で答弁した。この背景には岐阜県の食料自給率が当時36％であったことと，農業基本法の中で自給率の目標が欠けている中で，このままでは非常時に飢える県民が出てくるという危機感が梶原知事にあった。梶原知事は「岐阜県だけでも生き残っていくという自給率をやっぱり掲げて，そして総動員体制をとる。」と述べている（平成10年9月定例会知事答弁）。

　その当時梶原知事は南米のアルゼンチンで，岐阜県からの移民農家と岐阜県の農業関係者の合同による食糧生産と日本への供給を構想立てていた。その理由は，その当時の県内食料自給率は36％で，岐阜県は海がなく魚が獲れない分全国に比較して低く，この自給率を政府国家任せにしていたのでは心配だということから始まった。岐阜県知事の構想は，岐阜県からアルゼンチンに農業移民した人々の生きがいや収入にもなるように，岐阜県からの参画者と現地のアルゼンチン移民農家と，それから行政の岐阜県，それら三者で，食糧供給計画を進めようとしていた。具体的には現地の農場を取得して，平常時から食料を生産して岐阜県に供給するという構想だった。

　岐阜県は1999年4月「岐阜県民食糧確保計画」を発表する。この計画の特徴は県民の食料確保の方法を平常時と緊急時に区分し，平常時の食料確保については，安心・安全・健康な農産物を提供することを基本に，県の食糧自給率を現状の36％から50％程度に引き上げる。また，緊急時の食糧確保について

は，県民1人当たり最低限必要となる1800キロカロリーを確保するための生産体制づくりを進めるとされている。岐阜県の計画の特徴である緊急時の食糧確保については，1999年6月定例会で，アルゼンチンとの農業提携について，民間等との連携による研究会を発足させるなど，食糧確保ルートの多元化を図っていくという報告がなされている。このとき初めて公にアルゼンチンからの食糧確保が議会に報告された。

その後県が商社のような事業をすべきではないという意見がでてきた。ある県議会議員からは「平常時にアルゼンチンから農産物を輸入するとなると，県内の農家を圧迫することにならないか」という意見が出された。農林水産省からは食糧調達は国の仕事であるというコメントがあった。このような周囲の声と選挙を控えていた梶原知事はトーンダウンせざるを得なかった[2]。結果として岐阜県が直接海外での食料確保を断念した。この頓挫の決定が幸運を招き入れる結果となっていく。

一方で岐阜県が計画を中断した後，岐阜県とは全く関係ない民間企業として海外備蓄というコンセプトをもった後述する㈱ギアリンクスが設立される。設立後，ギアリンクスは岐阜県から技術支援を継続的に受けていくことになる。この2つの組織が改めて結びついたのは「第2次岐阜県民食料確保計画（2004年3月22日）」の答申に基づいて，2004年6月16日に岐阜県と㈱ギアリンクスが食料の安定供給の協定を結んだ。この協定の締結により，非常時においてアルゼンチンで生産された食料が優先して岐阜県に供給される。また，平常時には，安全で安心な食料が県内産の流通等に支障の出ない範囲で供給される。

ここまで説明したように行政や地域に現在必要とされる事業があったとしても，様々な利害関係の中で進展しないことが多くある。特に今回の「海外備蓄」という関係者にとって想像ができない事業はネガティブな反応が多く見られる。後述する中田氏が困難を乗り越えて企業を立ち上げなかったら，このような事業は成立しなかった。つまり，行政は常に民主主義システムの中で活動し，常に限界と隣り合わせであるといえる。

次にこのような行政の限界を岐阜県民と協力して成し遂げた㈱ギアリンクスとその代表である中田氏の奮闘を見ていこう。

2．株式会社サラダコスモ

　㈱ギアリンクスの代表取締役社長である中田氏は，㈱サラダコスモの代表でもある。ギアリンクスの成り立ちを説明するためにはサラダコスモの経営理念が大きく影響しているのでサラダコスモを概観していこう。

　サラダコスモの前身は中田氏の父が岐阜県中津川市で戦後から35年間ラムネ屋を営んでおり，ラムネの副業としてもやし屋を細々と冬だけ扱っていた。中田氏が大学を卒業して帰ってきた1973年には，当時飲料業界はコカコーラなど上場企業のビジネスになってしまい中小企業には勝ち目のない業界になっていた。中田氏が30歳の時の1980年に本業としてもやし生産を始め，もやし生産の世界では無添加・無漂白という部分で評価された。それは当時日本中どこにも「無漂白もやし」を宣言している業者はいなかったからである。

　無添加もやしにこだわったのは，商品の差別化を考えたからである。その発想の原点は，中田氏が駒沢大学で学んだ宗教学にあった。中田氏は「このもやし屋を通して，周りを幸せにすることは何だ」と思った時に，お客さまの健康や生活に役立って，私自身が後ろめたくない事をやろうと考え，「安心安全な無添加・無漂白な，胸を張って訴えられる商品と経営をする」と宣言して30歳でこの事業を立ち上げた。その思いが，生活協同組合に評価され，それ以降業績も順調に伸びてきて，年間出荷売上高56億円（2008年5月期）となっている。

　サラダコスモは現在多品種生産・販売を展開している。そのきっかけは1996年に起こったカイワレ大根の「O-157事件」である。製造業にとっては単品大量生産販売の方が経営効率が良い。しかし，危機に陥った時には一瞬にして企業の消滅にもなる危険性がある。その経験から企業経営は大儲けするよりも潰れない工夫を考えることを学んだ。その工夫が少量多品種生産である。しかし少量多品種生産は生産原価も高くなり，効率が悪い事業である。そこで海外生産を始め様々な工夫を経営に取り入れていった。

　この多品種生産や海外生産の経験をもつ中田氏の元に，「O-157事件」の間

題が少し解消した 1998 年 6 月に岐阜県梶原知事から電話が入る。これが思わぬ方向に展開していくことになる。

3．行政の限界を超えた市民企業の挑戦

(1) 社会的事業への思い
(イ) 梶原知事の想いとアルゼンチンとの出会い

梶原知事はサラダコスモの野菜工場ができた 1991 年頃岐阜県中津川市の施設へ見学にきていた。その頃サラダコスモは，既にアメリカで 100 ヘクタールの農場を経営して，もやしやカイワレ大根の種子を栽培していた。このような状況を知って梶原知事は電話してきた。

梶原知事の思いは「食料危機になった時に，岐阜県民の食料をいかに確保するかを考えている。南半球のアルゼンチンで農場を経営し，非常時にはそこで生産された農産物を輸入しようと思うが，協力してもらえないか」というものだった。県は 5 億円を出資してアルゼンチンに農地を取得し，日系移民に耕作を委託し，経営は民間企業の協力を仰ぐという構想だった。非常時のために「海外備蓄」を考えているということだった。

普段から食料問題に関心の高かった中田氏は，先を見通した知事の政策に心を打たれ，即座に協力を申し出た。中田氏は，ベンチャー精神の旺盛な県内の経営者に呼び掛け，県と一緒になって「アルゼンチン農業連携研究会」を発足させた。農協なども加わり，15 社・団体が参加した。翌年 2 月，事業の可能性を探るべく，研究会に参加した社長たちはアルゼンチンを視察，現地の大使館や商社や関連機関を訪問した。中田氏は「アルゼンチンは素晴らしい国でしたね。現地はちょうど夏だったのですが，広大な畑にホタルの大群が飛び交い，煙がたなびいているように見えました。人々は温かく，高齢の日系農民が一生懸命働いている姿に感激しました。」という感想をもった。

しかし，現地の日系移民は必ずしも幸せではなかった。広大な農地を耕作しているものの，販路の選択肢がなく，ほとんどは穀物メジャーといわれるアメリカの巨大な商社に首根っこを押さえ込まれていたからだった。この状況を見

た中田氏は「日系農家の方々は困難な開拓をして，多くの犠牲をはらって畑を耕作しています。それでも，気軽に日本に帰れるような経済状況ではありません。何とかしてあげたい，故郷に錦を飾ってほしいと強く思いました。われわれにしたって，将来，絶対的に不足する大豆，トウモロコシなどの輸入が確約できるなら，こんないいことはないわけです。」と心の奥にあった愛国心が燃え始めた。

なぜ，アルゼンチンに注目したかというと，南半球にある国だからであった。それは北半球の国々，日本や中国やアメリカなどが，もし冷害などで農作物が取れなくなった時でも，四季が反対の南半球の国なら大丈夫かもしれない。そして，アルゼンチンは外国資本に対して土地取得の制限がない。この時中田氏は「この事業はぜひ成功させなくてはならないと思いました」と述べている。

(ロ) **梶原知事の計画の頓挫と再出発**

しかし，先にふれたように岐阜県の計画は頓挫する。事業の前提条件が覆った。5億円出資の話は白紙となったので，研究会に参加していた人々は次々と去って行った。ハシゴを外されたのだから，この段階で中田氏も撤退しても誰も文句は言わなかっただろう。しかし，すでに日系農民と希望のあふれる事業計画を話し合っていた中田氏は，"あの話はなかったことにしてください"とは言えなかった。意地でもこの事業を推進していこうと決心した。

中田氏はそのときのことを次のように述べる。「アルゼンチンの農場は，夏には畑から大量のホタルが乱舞するんですね。また，春先の天地返しの時には，大量の鳥が地中から出てくるおけらやミミズを捕りに，畑の色が真っ白になるくらい集まるんです。そして，現地にいる日本農家の交流を通して，アルゼンチンの気候と土壌，これは非常に農作物にはふさわしい。いわゆるアルゼンチンパンパと呼ばれる地層で，私は食糧確保計画というのは素晴らしい事業だし，たとえ行政の参画がなくなったとしても民間企業と現地の移民農家との連携だけでも，十分事業として成り立つ事業だと思いました。また，社会への貢献度は相当高い事業だなと。後は収支を合わせれば，こんな素晴らしい事業はないと思いました。社会的貢献度は高い，それから移民農家の生きがいと現

金収入。それと，岐阜県の食糧確保の一つの手段。問題は，これが果たして民間企業として収支が合わせられるのかということであった。当初は，岐阜県と民間企業とアルゼンチンの移民農家の三つ巴でやろうと思っていましたが，岐阜県がいなくなったので，民間企業とアルゼンチン農家だけの事業になってしまった。しかし，それを覚悟していこうと思ったんです。初めて農場に行ったのが1998年で，会社が出来たのが2000年の12月。約3年を経て，独自でやることになりました。」

このように当初食糧確保の視点から海外備蓄というコンセプトのもと始まった事業であるが，あと2つの隠れた視点があった。第1にはアルゼンチンに行っている岐阜県出資の日系移民の支援である。第2には中田氏の個人的なテーマで，「ああいう空間でこのような意義深い事業を取り組んでみたいというロマン」であった。そして中田氏は「だから岐阜県と岐阜県の食糧問題と移民農家の生きがいと，私のロマン。この3つが，うまく絡んだ。私はオーガニックとか無農薬・安全を標榜していましたので，向こうの，ホタルがわき出るような非常に高い地力は，とても魅力的だった。岐阜県とアルゼンチンを比べると，1反当たりの収穫量はアルゼンチンが2倍くらい取れる。これは何故かというと，パンパと呼ばれている肥沃な土壌と，太陽の光線が違うんですね。これは皮膚癌になりやすいという欠点でもありますが，太陽の明るさが違うんです。だから植物の生育がいい。土壌の成分と日差しの強さ，広い大地，それから土地代・人件費などの安いコスト。そういうこともあって私は，これは事業として十分成り立つと思ったんです。」と述べている。

(2) ギアリンクスの誕生
(イ) 市民企業の誕生

岐阜県が撤退した後，資金調達を検討していた中田氏は国際協力銀行から融資を受けようとした。しかし，農林水産省は「食糧確保は国の仕事である」と意見し，農林水産省と外務省の許可をもらえないと協力できないとして国際協力銀行からの融資は断念せざるをえなかった。

そこで中田氏は，この事業を市民から1口10万円の出資を仰いで株式会社

を設立，推進しようと考えた。ギアリンクスは当時岐阜県と3セク方式で10億円規模の事業を考えていたが，岐阜県が降りてしまったので，中田氏たちは最低限のサイズにしようと考えた。その必要資金が約1億円と算定した。1億円というのは，中田氏と仲間の企業で用意できない金額ではない。有志3～4人が集まれば1億円のお金は集まる金額であった。しかし県民の食糧確保は1企業が事業として取り組むよりも，市民活動として多くの賛同者を募って展開するべきだと思い，10万円，株主1千名で1億という構想で資金集めに入った。

　中田氏はメディアや講演会，友人，知人などあらゆる機会を通して，この事業の重要性を熱心に訴えた。徐々に賛同者が現れた。経営者ばかりではない，主婦や教師，一般の会社員といった人たちも出資してくれた。出資した人たちは配当を求めてというよりも，この事業の趣旨に賛同し応援したいという人がほとんどだった。2000年12月，資本金1500万円，株主約45人，岐阜のギと，アルゼンチンのアが提携するという意味で，株式会社ギアリンクスが設立された（2008年1月現在，株主470人，資本金は9990万円になっている）。こうして市民による市民のための市民企業が誕生した。

　㈹　日系移民の支援

　中田氏は本格的に事業を進めるためにアルゼンチン通いが始まった。まず，土地探しから始めなければならない。土地が耕作に適しているか，協力いただける日系農家はいるか，輸出までの手続きがスムーズにいくか，また，移民政策を担当してきたJICA（独立行政法人国際協力機構）との折衝も重要な仕事だった。何しろ，アルゼンチンは遠い。アメリカ経由でも，ヨーロッパ回りでも約33時間かかる。1回の出張には最低でも10日間は要する。その間，本業のサラダコスモの仕事は留守になる。しかし，途中では放り出せない。

　ギアリンクスは6800万円で，アルゼンチンのマグダレーナに約46ha，バラデロに約550ha，メンドーサ州のアンデスのふもとに約600haの農地を取得した。これらの土地はいずれもJICAが日本からの移住者用に持っていたものだが，南米での移住事業を閉鎖するに当たって，売却を予定していた土地だった。この取得した土地の約半分はもう既に整備された農場だったので，早速ア

ギアリンクスのアルゼンチン農場

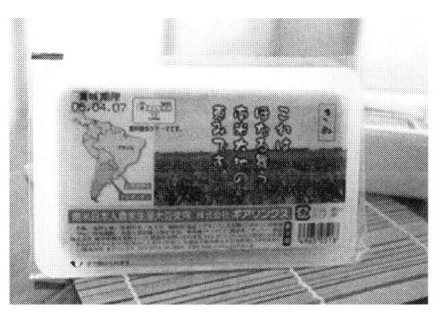

ギアリンクス豆腐

ルゼンチンに有機栽培認証，農薬や化学肥料を使わないという畑に申請した。ようやく2008年に日本のJASマークが使える安全な穀物が確保できた。

この10年間で，中田氏のアルゼンチン渡航は40回を超える。現地に太い人脈もできた。しかし，まだまだ事業が軌道に乗るところまではいっていない。

ギアリンクス醤油

中田氏は「われわれには，日系移民農家を応援したいという気持ちがあります。ですから，安く買い入れたり，買いたたいたりすることはできません。できれば，高く買ってあげたいほどです。しかしビジネスですから，高過ぎては輸入した大豆やトウモロコシを買ってくれる日本の会社はいないでしょう。私どもは商社のように「安く買う」という食糧確保ではない。安いものを大量に売るというのでしたら商社のような方法でもいい。」と述べている。

しかしギアリンクスは「南米の移民農家」という括りがある。「岐阜県」とか「移民農家」というキーワードがあるから，これは規模ではない，安さでもないなという思いを持っていた。大切なのは「現地の移民農家の生きがいと現金収入」，そして「日本には安全性と高品質なものを提供」という2つを両立

させることが必要であった。そういうことをテーマにして，むしろ商売というより運動であり，理念や志が先行した事業である。中田氏は「一方で立派なことを言っていても，農場もない，物も作っていない，日本にも届かない食糧確保，これは掛け声だけで駄目である。それと，商社のように安く買って高く売って儲けるという事業も，「ギアリンクス」という事業に馴染まない。また赤字も駄目，でも大儲けする必要はない。論より証拠ではありませんが，実態のあることをしたかったんです」と述べている。

　ギアリンクスは岐阜県を中心にみそ，しょうゆ，豆腐などのメーカーに，アルゼンチンの大豆を売り込んでいる。どこでもギアリンクスの事業の意義深いことを認めてくれるが，「ところで，お値段はいくらですか?」と聞かれる。どんなに趣旨が立派でも，採算性を無視しては事業として成り立たない。ギアリンクスは，志と経済性の両立を図らなければならなかった。中田氏は「普段は買いたいておいて，いざという時に日本に売ってくださいというような虫のいいことは言えません。また，普段は畑を遊ばせておいて，非常時にだけ耕作してくださいというようなこともお願いできません。普段から耕作していただき，彼らの納得する価格で購入し，そして，非常時には，日本に優先的に売ってもらうシステムを確立しなければならないのです」と述べる。

　なぜ，ここまで中田社長はアルゼンチンにのめり込むのだろうか。中田氏は「人が喜んでくれる事業は気持ちがいい，ということに尽きます。食料自給率の低いことを憂慮する人は大勢います。しかし，実際に具体的な行動を起こす人は少ないのではないでしょうか。ギアリンクスの役員は，みんな大企業の経営者ではありません。だからこそ，力を合わせ，励まし合って，この事業を軌道に乗せたいのです」と考えている。

　岐阜県前知事の要請で始まり，岐阜県民のためと思って立ち上げた事業だが，日本とアルゼンチンを何度も往復しているうちに，今では，日本国民全体のためにという思いが強くなっているという。現地の農場の前に立つ看板には，「私たちは，この国の人々の協力をいただいて，この広大な農地で，日本の食料確保をめざしています」と書いてある。いざという時のために耕作されている。

(4) フェアトレード

　このような視点はよく言われる「フェアトレード（公正貿易）」と同じ事である。これは現地の人が利益を上げられる価格で輸入するということである。ギアリンクスでは，現地の自社農場で作ったものを日本に持って来る部分と，日本人移民農家が作ったものを仕入れる部分がある。移民農家が作ったものは，相場の5割くらい高く買っている。高く買ってくれる上に祖国に錦が飾れるということで，生産者にも好評である。しかし5割高く買ったからといって5割高く売る事は出来ない。高く買って安く売って，なおかつ利益が得られるという手品のようなことをしなければならない。ギアリンクスの大豆は岐阜県下の豆腐製造業者で豆腐に使われる。大豆は年間7万トン程度で，そのうち1万4000トンをギアリンクスが供給している。これは岐阜県下の大豆使用料の，約20パーセントになり，それは理屈や理念だけの企業体ではなくなってきた。

　また2002年からはパラグアイからも輸入している。パラグアイには日本人の農業協同組合があり，組合員数が500名で所有地が6万ヘクタールを工作している。彼らが年間生産する大豆が15万から20万トンで，これは日本全大豆収穫量に匹敵する。500人で，日本全体で作られる大豆を作っている。この日本人の農協生産者団体に連携して「緊急時には，祖国に錦で頼むよ」と，パラグアイとも同様の事業に取り組んでいる。

　アルゼンチンやパラグアイから高く買って，それを日本でどうやって売っているだろうか。南米から持ってくる大豆は，糸引き納豆には全然合わないが，油揚げ屋さんに持って行ったところ「こんないい大豆は初めて見た」とびっくりされた。何が良いかというと，油揚げというのははじめに豆腐のような，生豆腐のようなものを油に入れて揚げる。ところが，次から次へと揚げていると，油の透明な色が劣化し，それでも揚げ続けてしまうと，コロッケのような赤い油揚げになる。このような商品は商品価値がない。ところがギアリンクスが供給した大豆によって作られた油揚げは，どういうわけか油が汚れない。油を変えなくてもいつまでも，どんどん作れる。それで，油揚げ屋さんが「この大豆おいしいよ。もっと高くてもいいよ」と。油が節約できるから少しくらい高くたって買うと言われた。それで，利益を取れるようになった。

(二) 民間企業だからできる事業

　ギアリンクスは設立後しばらく苦しい状態だった。実際に物を売り出したのは，2003年だったが，年間の取扱高が1000万円，2000万円，3000万円，4000万，そんな程度だった。2008年度決算では年間3億円の事業高になる予定である。これは世の中が食糧危機の状態に陥ったということと，ギアリンクスという事業が広く認知されたことによる。それは全く知らない企業から引き合いがあったり，あるいは「ガイアの夜明け」のようなマスコミに取り上げられたり，民間企業の形態は取っているものの，単なる民間企業の金儲けではないということが認知されてきた。

　軌道に乗った現在，中田氏は第3セクター方式をとらなくてよかったと述べている。例えば農地の視察に行こうといった時に，民間事業側はみんな自腹だったので「じゃあ行こう」となるが，県職員は予算がもらっていないからいけない。言ってみれば県側の「予算主義」と，私どもの結果が良ければの「決算主義」の違いがある以上一緒に仕事はできない。中田氏は「これは公共性の高い事業ですが，民間企業の小回りの良さを考えると，これは民間企業の方がよかった」と述べている。

　出資者の反応も事業の成功によって徐々に変わってきている。最初は10万円という金額だったので，餞別代わりみたいに思っていて「どう？うまくいっている？」という感じであった。出資はまあ，失敗したとしてもいいという感覚であった。特に株主になってくれた人は500名ですが，7割方は中田氏を知っている人だったので，「まあ，お前がやるんだったら一口協力するね」という感じだった。中田氏は，「みず知らずの人に説明して，「入ってください」とこういった類の商法は詐欺事件が多いじゃないですか私も，10万円の出資を頂くのに3時間とか5回通うとかって。これは自分で1億出した方が楽だと思ったくらいです。でも，これは社会運動をやっているつもりだったから，1人ひとりにお願いしたんです。」と述べるように，多くの県民に参加してもらうために，「市民企業」に拘っている。最近は株主も「俺のギアリンクスはなあ」と，ちょっと自慢げになってきているということであった。

(3) 本業への影響

　ギアリンクスの事業を通じて改めて，中田氏は「事業は志が高いほうが良いということを感じております」と述べられている。その理由は中田氏の本業のサラダコスモは，ここ2～3年売り上げも伸びず赤字にこそなっていないが収支も悪化する一方で，「ギアリンクス」は事業収入が3億円になり，来年は6億を追っかけるという状況になってきて，時代がギアリンクスを求めるように感じているからと述べている。このように中田氏の考え方が大きく変わり始めている。

　事業経営というのはお金が物差しで，売上高・利益率・業界のシェアといった数字を追うのを非常に大事にしていた。しかし，ギアリンクスを始めてから中田氏は「同業他社，競争相手がいても，その存在を全く意識しなくなり，相手が何をしようがいくらで売ろうが自分がどう生きるかということの方が大切だということに気づいた」と述べている。さらに「企業経営というのは，志とか社会運動と，収支を合わせるものを作るという部分が両方ないと駄目ですね。いいこと言って何にもやらない，しゃべるだけの集団も駄目。片や，利益だけしか考えていない集団も駄目，両方合わせ持った企業は素晴らしいなって最近思っている」と述べている。

(イ) 「ちこり村」の挑戦

　具体的な変化は「ちこり村」を2006年の12月にオープンしたところにある。「ちこり村」を何故「サラダコスモ」の事業で取り組んだかというと，この「ちこり村」は中田氏にとっての情報収集・情報発信基地になるからである。そして「ちこり村」に多くの人に来場してもらう事は地域の活性化に貢献できることでもある。

　地域の活性化には2つの視点で取り組んでいる。第1には休耕農地を利用したチコリ栽培による食糧自給率向上，第2にはチコリ栽培による高齢者の雇用創出である。この「ちこり村」では「ちこり」を作る人，食堂で働く人，売店で働く人，見学に来たお客様をご案内する人，基本的に60歳以上の人々を優先雇用する。第3にはこの「ちこり村」を地域の観光事業として活性化しようと本事業を始めた。

このような事業を展開するきっかけとなったのは「ギアリンクス」への批判にあった。始めた頃「お前随分いいことやっていると思っているかもしれないけど，外国で安い土地でガンガン作っていい格好しているけど，岐阜県や日本の農業や農地はどうなっているの？」と言われたことであった。周囲の人から「自給率は下がっているよね，これどう思う？使わない農地がどんどん増えているんだから，お前アルゼンチンまで行かなくたって，農地いくらでもあるんじゃないか」と言われた。サラダコスモは民間企業ですから収支を合わせるのは当然としても，理想と収支・利益，これが一体になるような事業を日本でもできないかなと思って取り組み始めたのが，この「ちこり村」であった。

(ロ)　**スタッフのインセンティブ**

　このような事業を展開するようになったサラダコスモは，スタッフにも良い影響を与えるようになってきた。社員には「うちの会社いいことやっているからね，給料は世間の半額なんだ」とは言ってはいけない。給料待遇良くて，お客様から手を合せてもらえるほど喜んでもらう会社がもっともベストだ。中田氏は社会性と収支を両立させるということは難しい事であるが，ボーリングに例えて，「ボーリングの球を一発目投げて，ピンが両サイド残る事あるじゃないですか。次の2投目で，全部倒さないといけない。それくらい難しいね。しかし，中にはこれが出来るプロボーラーがいるじゃないですか。企業経営も難しいけど，不可能はないなと思いますね。」と述べている。

　その原動力となるスタッフに対して中田氏は「私がいつも社員と話すのは「意義深い生き方をすべきだよ」ということです。「待遇が悪いということは言い訳にならないよ。業績，待遇も良いけど，社会貢献度や信頼感の抜群な商品作りや会社作りにしたいな」と，社員1人ひとりに言う。20代・30代・40代といったら，人生で一番美しい，良い時です。そんな時に，こんな田舎の，まして野菜作りで，深夜労働もあるし，ネクタイの結び方もよく知らない社員がいっぱいいる。それで「僕，この会社に来て良かったよ」何がいいかというと，家族にも胸が張れる。お給料たくさん家に持って帰れる。友達や近所に自慢できる。「そういう会社や商品，こういうのを狙おうや。だから君，こんな田舎に来たけれど，安い給料とか，日本しか，岐阜県しか知らないというよう

なことはないよ。これから火星に行ってくれとか月に行ってくれというのは無理だけれど、地球を手玉にとって生きるんだよ」と述べた。従業員の1人にインタビューしたところ、最初は中田氏がやろうとしていることがわからなかったが、形が見えるようになってやっと少しずつ理解できるようになった。自分の会社を誇りに思うようになったと述べている。このようにスタッフにも良い影響を与えるようになった。

(八) これからの夢

最後にちこりを使った本業の目標を次のように語っている。中田氏は「今はまだ僅かで数字にも表れないけど、「ちこり」を10年先には全ての国民が一年間に1本食べてもらえる事業にしたい。それのためには約1千ヘクタールの農場が要る。1000ヘクタールを作れば、食料自給率が0.0何パーセントと数字に出てくるし、事業としても100億円以上の商品になる。そうすると、企業の規模としても立派なものです。それで、輸入していたものを全部国産に切り替える、使わない農地を使う、高齢者の事業にする。生産調整とか減反政策というのはこのちこりには何もないからね。」と述べている。

最後にちこりの生産・加工・販売以外の地域との関係を見ておこう。「ちこり村」の食堂は、地域の高齢者や主婦が地域の食材を使って提供している。中田氏は次のように語る。「農村の家庭料理を出したかったんですが、それには農村の奥さんが一番いいですよね。そういう人達を雇って「サラダコスモ」の事業の中でやればいいのかもしれないけれど、自由な発想をしてもらうためにも権限もすべて移譲したんです。あれだけのレストランを作ろうとしたら、1億円以上のお金がいりますよ」。

この食堂の建設は「ちこり村」という事業の中で同時に進行するから、工事の一環として行った。出展者には、保証金も権利金も何ももらっていない。ただ、売り上げの10パーセントの施設使用料をもらっているのみである。この事業も、売り上げの10パーセントでは合わない。しかしその効果を中田氏は次のように語っている。「やっぱりお母さんパワーってすごいですよ。メニューもないでしょ。お母さんたちが採ってきた農産物、米から始まって芋や野菜や花。それで、この人達は、100種類以上のレシピを持っている。今日採

れた野菜で作りたいものを作ってしまう。定番の味噌汁とか天ぷらとかあるけど，後デザートもおばさんたちが好きなもので，冬になるとお汁粉が出たり，夏になるとそう麺やうどんが出てきたりして楽しいですよ，このレストラン。」と述べている。

　また社員食堂としても利用している。社員は午後1時からしか利用できないが，お客さんが来てくれると同行ということで利用できる。サラダコスモの社員は1時以降に入店した場合は少し割引がある。1時以降というのは，残り物整理で，余ったものを捨てるのはもったいないから，少し安くしてもらえる。サラダコスモは社員食堂を作らずにすんだことと，地域の人々の活躍の場を提供している。

　このようにギアリンクスにとってコスモサラダが無くてはならない存在であるのと同時に，コスモサラダにとってギアリンクスが無くてはならない存在となっている。つまり両者は十分な相乗効果をもって，お互いに良い関係を作り出している。

4．行政の限界とソーシャルビジネス

　ここまではギアリンクの「海外備蓄とフェアトレード」事業について概観してきた。ここからは，行政がすべてに万能ではなく，民間企業との役割分担の必要性について解説しておこう。

(1) 行政の社会的課題に対する限界と役割

　従来社会的課題の解決は，行政の仕事とされ，政策決定は中央省庁，実際の業務は市町村，業務の監視や管理を都道府県が行うシステムであった。一方，近年社会経済システムの中心が市場に移り，ホームレス，格差社会，環境問題などの社会的課題も市場を中心としたものに移行してきた。この社会的課題の発生と解決手法のフィールドの違いが社会的課題の解決を難しくしている。といっても現在の手法がまったく必要がなくなるというわけではない。このような前提にたって議論を進めていこう。

最初に行政の限界について4つの視点から説明しておこう。第1は政策決定が現場から遠いということである。これは地方分権の議論で政策決定と財源を地方政府に移譲するということである。ギアリンクスの事例にもあったように，食糧需給率の問題は地方の問題ではなく，国が考える問題であるといった具合である。しかし食料事情と市民のことを一番知っているのは地方政府である。

　第2は行政が市場から零れ落ちてくる社会的課題をこれ以上悪化しないようにすることはできても，根本的な問題は解決できないということである。例えば，行政は地産地消を促進しようと啓発することはできても，市民にそれを強制することはできない。市場中心の社会経済システムに慣れた人々は安全で安い商品を購入するだろう。つまり，啓発運動には限界があるということである。

　第3は意思決定の問題である。行政の意思決定は議会を中心とした民主的な意思決定システムと官僚制のヒエラルキーに基づく意思決定の2つがある。この意思決定の背景には「公共の福祉」の達成がある。つまり，小さな社会的課題や人々があまり認識していない社会的課題には公共の福祉の達成という側面から対応できないこともある。また，行政は基本的に公平にサービスを供給しなければならないために，サービスに過剰・過不足という不満が発生する[3]。

　第4は行政の意思決定システムが市場での事業活動にはなじまないということである。昨今行政と民間企業で作られた日本型第3セクターが多くの赤字を垂れ流しているという批判が散在している。これは事例の中でもあったように「予算主義」と「決算主義」の違いによって発生している。行政は計画と予算によって運営されるが，企業の予算は持っていても臨機応変に組み替えながら事業を行っている。この違いが事業を遂行する上で時間的なギャップを生み出し，意思決定の遅れと公共の福祉の増進が弊害になってうまくいかない場合が多くなっている。このように行政による直接的な事業展開は難しい場合が多い。

　一方行政の役割が無くなったわけではない。従来のような市場から零れ落ちてくる社会的課題を拾い上げたり，発生しないように制度を整備したり，市場

メカニズムの価値規範を換えるような啓発を行うことがもちろん重要である。そして何より重要となってくるのが，NPOや企業などの民間組織の支援である。なぜ民間組織の支援が重要なのかは次項で説明しよう。

(2) 民間による新しい社会的課題の解決手法

　民間による社会的課題の解決は行政による社会的課題の解決の限界を補完する意味で4つの視点が存在する。第1は草の根で解決するNPOの存在である。先に行政による課題として，ある程度問題が認知された問題でなければならなかったり，サービスの質や量を人によって変えることが難しい場合には，NPOがサービスを供給することができる。

　第2には市場の中から社会的課題を解決することである。この視点は日系社会の支援という側面が最も適した事例である。先に示したようにギアリンクスでは，通常の買い取り価格の1.5倍で大豆を購入している。このことによって現地の人々はより質の高い生活が可能となる。これは収入と故郷への錦という側面をもって農業へのインセンティブを高めることになる。一方行政が補助金を使って支援しようとすれば，そのようなインセンティブは生まれないし，依存を作り出すことにもなる。さらに補助金が無くなる可能性を持っている。

　第3は1つの課題に対して複数の解決手法が提示できることである。行政が社会的課題を解決しようとすれば同一市町村内では1つの解決手法しか提示できない。しかし，同じ問題を扱う複数のNPOが存在しているように，様々な解決手法が提示でき，当事者は自分の価値規範にあった"選択"が可能になる。このことが行政の問題であるサービスの過不足に対応できることになる。

　第4は事業の遂行は民間企業の意思決定システムが有効である。先に述べたように行政は意思決定に時間がかかることと，民主的な合議制で決まっていく。しかしギアリンクスの事例でも明らかなように，行政による本事業が頓挫した要因は議会の理解を得られなかったことによる。一方企業においても官僚機構を有していれば同様の自体が起こりえる。実際にサラダコスモの社員も社長のやることが良く理解できないでいた。この点民間企業の代表は，株主の同意をえれば自由度は高まるし，意思決定が早いという特徴をもっている。

何がポイントか考えよう

ギアリンクスを事例として，行政の経営について考えてみよう。

(1) 公共経営の特徴

行政の経営には，民間企業と違った様々な特徴をもっている。それは良い側面と悪い側面の両方をもっている。行政経営について考えてみよう。

(2) 行政と民間企業のパートナーシップ

先に示したように社会的課題の解決にあたって，行政と民間企業が相互補完的・相乗的な関係が必要である。

① 企業と行政の経営の違いはどこにあるのだろうか。意思決定と組織の問題から考えてみよう

② 上記の違いの視点から，協働にはどのようなメリット・デメリットがあるのだろうか

③ イノベーション視点から，なぜ行政と民間企業が相互補完的・相乗的な関係が必要なのだろうか

(3) 行政と民間企業の役割分担

社会的課題を解決する上で，行政と民間企業はどのような役割分担をしたら良いのか考えてみよう。

① 行政と民間企業の社会的課題に関わる手法の特徴はなんだろうか
② 上記の特徴から見えてくる行政経営の改革のポイントはなんだろうか
③ 上記の特徴から見えてくる企業経営の改革のポイントはなんだろうか

もう少し深く考えよう

行政に関わるマネジメント問題は，公共管理論，ニューパブリックマネジメント論，パブリック・ガバナンス論と遷移してきている。公共管理とは様々な公共政策を管理する手法であるが，1890年代になると財政赤字の拡大や行政の非効率が問題となっていった。そこで1990年代に入ると民間企業の手法を

採用したニューパブリックマネジメント論が注目されるようになっていく。

ニューパブリックマネジメントは次のような3つの特徴をもっている。第1には結果主義の導入で，成果を評価することである。第2には市場メカニズムの導入で，行政サービスの担い手に民間企業の参入を促す民営化やアウトソーシングなどである。第3には顧客中心主義で，民間企業同様顧客満足を獲得することである。しかし，この理論はイノベーションを十分に扱えないことと，行政と民間の役割分担や行政と社会との関係を十分に扱えなかった。そこで注目されるようになったのが，パブリック・ガバナンス論である。

パブリック・ガバナンス論は，NPMの手法を踏襲しながら，政府の行ってきた公共政策の形成・実施・管理に，NPOや企業などが主体的に関わる包括的な概念として発展してきた。このような視点から行政とNPOの協働という概念が導入されるようになってきている。また，パブリック・ガバナンス論には，「新しい結びつき」を創発するソーシャル・イノベーションという概念が含まれており，ニューパブリックマネジメント論の課題を克服しようとしている[4]。

しかし，パブリック・ガバナンス論の中心的なテーマである公共政策の形成・実施・管理を協同で行う「協治」がないがしろにされる傾向は否めない。それは従来と同様公共政策の形成過程が行政に独占されているという問題である。つまり，現在の協治は実施のみを企業やNPOに解放しているに過ぎないということである。そして，実施部分のみでは協治が，新しい結びつきを創発できないということである。この新しい結びつきを創発するためには，公共政策の形成過程への企業やNPOの参加と，行政と企業・NPOの役割分担が不明確である。

このような課題を克服するためには，行政が企業やNPOの知識や実行力を発揮できる環境をいかに整備できるかということである。そのもっとも重要な視点は，活動しやすい制度を整備することにある。しかし，ここでもどのような視点で整備すればよいのかという課題が存在している。ここで重要になるのが，行政内部にあって企業家精神をもって，行政と企業やNPOなどの民間主体をコーディネートするシビック・アントレプレナー（公民企業家）の存在で

ある。例えば，本章の事例で言えば，岐阜県知事，石狩市長，東近江市の担当者などである。本業を通した具体的な支援事例は，行政職員がもっている情報を提供したり，人的ネットワークを紹介したり，構造改革特別区域の支援，条例の制定／変更など，企業やNPOが社会的課題の解決にむけた事業をやりやすい環境をつくることである。

　本章で扱ったサラダコスモの本社では，社員食堂兼用のコミュニティレストランと会議室を中心に「民間公民館」化しつつあり，地域の人々が利用できる空間になりつつある。このように現代の公共経営においては，政治／行政，民間主体（地域，企業，NPO）との協治が重要になってきている。このような視点から再度本章の事例を検討してみよう。

もっと知ろう

(1) NPO法人北海道グリーンファンド（北海道札幌市）と石狩市[5]

　北海道グリーンファンドは，日本で始めて市民出資による「市民風車」を建設した組織である。現在市民風車は11本建設されており，そのうち3本が石狩市とのコラボレーションによって生まれた。

　自治体が風車を建設する場合には現在3億から4億円程度かかる。半分が国から助成を受けられたとしても，残りを全額自治体が負担しなければならない。しかし多くの自治体が財政難でそのような事業に投資できないし，自治体が直接建設した場合にも財政破綻，景観の問題，騒音の問題などが発生する可能性を秘めている。一方で，風車を建設する自治体は子ども達や市民に対する環境教育，地域活性化，売電収入などを見込んでいる[6]。一方北海道における風力発電事情は，民間枠が抽選になっており北海道グリーンファンドもなかなか増設できない状況にあった。

　このような両者の課題を克服することを目的としてコラボレーションし，「市民出資型公共事業」とも言える事業が成立した。具体的な役割分担は，石狩市が北海道電力と売電契約し売電収入を北海道グリーンファンドに流し，北海道グリーンファンドが事業主体となり風車を建設し様々なリスクを引き受けるということになっている。また，北海道グリーンファンドは市民からの出資

を子会社である㈱自然エネルギーファンドが集めたお金の融資を受け，風車を建設している。

本事業は，行政－NPO－企業の政策連携で実施された好事例である。

(2) 菜の花エコプロジェクトと滋賀県東近江市[7]

菜の花プロジェクトは，廃食油の粉石けんのリサイクルの限界が見え，新しいリサイクルシステムを追求する中で，廃食油を活用したBDF（バイオディーゼル燃料）の情報を得て開発するところからスタートした。滋賀県生活協同組合と滋賀県工業技術センターは開発した廃食油燃料化プラントを1996年3月に完成させ，第1号機を愛東町（現東近江市）に設置した。2007年度には2700Lが回収され，そのうち9割がBDFとして利用されている。

このように廃食油燃料化を始めて後，1998年10月に滋賀県生活協同組合の理事長である藤井絢子氏が「ドイツのように菜の花で車を走らせよう」と提案し，新しい資源循環システム「あいとう菜の花エコプロジェクト」が誕生する。このシステムは，3つの段階で構成されている。第1には，休耕田を利用し菜種を栽培，収穫した菜種を搾油し菜種油と油かすの肥料化に加工しそれぞれを販売する。第2には食用として利用された油を回収し，粉石けんとBDFに加工する。BDFは東近江市，農業用のトラクター，バスなどに利用する。第3には菜の花油，肥料，BDFなどの販売収入によってまた菜種を作付けるという循環システムとなっている。そして，このシステムには，廃食油のリサイクル・環境教育・CO_2の削減などのエコシステムが組み込まれている。

本事業はNPOが事業を提案・実施，地方自治体が人的・物的・資金などの経営資源の提供などの支援によって地域のエコシステムを提供していると共に，多くの人々を東近江市に誘致し観光事業にも貢献している。本事業はNPOと地方自治体のパートナーシップによって実施されている好事例である。

もっと調べよう

上山信一（2002）『政策連携の時代―地域・自治体・NPOのパートナーシップ』日本評論社。

谷本寛治（2006）『ソーシャル・エンタープライズ：社会的企業の台頭』中央経済社。

玉村雅敏（2005）『行政マーケティングの時代：生活者起点の公共経営デザイン』第一法規。

日本貿易振興機構（2004）『APEC 域内中小企業の新たなビジネス機会への取り組み調査報告書』。

藤井絢子・菜の花プロジェクトネットワーク（2004）『菜の花エコ革命』創森社。

〔新聞〕

『食品新聞』（2003/01/01）「緊急時　アルゼンチンから大豆を確保」。

『読売新聞』（2007/11/25）「『地球の裏側農場』黒字の実り」。

『日本経済新聞』（2007/11/27）「岐路に立つ中小企業」。

『日経産業新聞』（2008/04/07）「海外で日本流農業に挑む」。

『中日新聞』（2008/5/29）「岐阜県知事農場訪問」。

『中日新聞』（2008/6/03）「南米の日系社会は今」。

注
1）　本章の執筆にあたり，2008 年 6 月 5 日にサラダコスモ株式会社にて中田智洋氏と面談し，「ギアリンクス」に関するお話を伺った。また，サラダコスモ本社にお伺いした際には，各種資料をいただいた。また，2008 年 7 月 13 日にもギアリンクス主催のセミナーに参加させていただいた。この場をお借りして，感謝の気持ちを述べさせていただきたい。本稿の草稿段階では，中田社長にご一読いただきご意見をいただいた。重ねて御礼申し上げます。
2）　『かがり火』no.123 号 http://www.kagaribi.co.jp/GeneratedItems/123/123genkou.html（2008/09/11 確認）。
3）　詳しくは Weisbrod（1978）を参照。
4）　詳しくは Gerometta, J., Haussermann, H. and Longo, G.（2005）, "Social Innovation and Civil Society in Urban Governance : Strategies for an Inclusive City", *Urban Studies*, Vol.42, No.11, 2007-2021, を参照されたい。
5）　詳しくは谷本，2006 年，77-78 ページを参照されたい。
6）　詳しくは http://www.jaist.ac.jp/library/thesis/ks-master-2004/paper/y-ishimu/paper.pdf
7）　代表の藤井絢子氏（2008/6/25：淡海ネットワークセンター事務所）および東近江市の野村正次氏（2008/7/28：事務所）へのインタビューと藤井他，2004 年，によって構成。

〔大室悦賀〕

第 9 章

伝統文化の継承
―NPO 法人大文字保存会[1]―

　本章では，日本に古くから行われてきた伝統的な行事を継承していくためには，どのような仕組みづくりが必要なのかを考える。京都は年間約 5 千万人の観光客を迎える観光都市でもある。歴史と伝統，豊富な文化財，多くの保存会，美しい自然環境，伝統を感じさせる町並みが，多くの人々を魅了しているが，京都には伝統を守りながら新しいものを取り入れていく気風にも溢れている。祇園祭，葵祭，時代祭りの三大祭りのほか，鞍馬の火祭りや賀茂の競馬など，1200 年の歴史を有する京都の町には，多くの伝統的な行事が残っている。その中のひとつ「送り火」は古くから伝わるお盆の行事で，お盆に現世に帰ってきた死者の精霊を再び冥府へと導くために，京都の人々に受け継がれてきた。

　毎年 8 月 16 日に京都で一斉に点火される五山送り火の中でもっとも有名な「大文字」の送り火は，1999（平成 11）年に京都市で登録第 1 号となった特定非営利活動法人（NPO 法人と略す）「大文字保存会」が行っている。大文字保存会は，銀閣寺山麓の住民たちによって組織されており，山の維持・管理から当日の点火，後片付けまでの多くの作業がボランティアの協力を得ることで送り火が実現している。全国的にも伝統行事の保存会では深刻な後継者不足や，運転資金や資材の不足など多くの問題を抱えている。この中で大文字保存会は NPO 法人格を取得し，広く市民や学生にボランティアとしての協力を求めることで伝統行事を続けているが，同時に様々なジレンマも抱えている。

　そこで本章では，大文字保存会の事例を見ながら，毎年 1 日だけ，わずか数十分の送り火を遂行するために，多くの人の手を借りて年間を通じた準備が施

され，ようやく伝統的な行事として続けていける様子を学び，京都という歴史的な町が文化を育み伝統の継承を行うために必要とされる仕組みづくりについて考えていくことにしよう。

ケースを読む

1．五山送り火

　中世の大灯篭(とうろう)に由来する精霊送りとして知られる五山送り火は毎年8月16日の夜に京都市内で行われ，夏の夜空に火文字がくっきりと浮かびあがる。五山とは東山の大文字，松ヶ崎妙法，西賀茂船形万灯篭(まんとうろう)，衣笠(きぬがさ)の東大文字，嵯峨の鳥居形松明(たいまつ)を指す。祇園まつり，葵まつり，時代まつりと共に，京都の4大風物詩として知られている。

　一般に「お盆」と呼ばれている盂蘭盆会(うらぼんえ)は，祖霊(それい)を迎えて供養するという仏教の宗教行事である。盂蘭盆会は8月7日から10日頃にかけて行われる「迎え火」から始まり，五山送り火は盂蘭盆会のフィナーレを飾る行事となっている。京都の旧家などでは，仏壇に灯明を上げ，供物を供え，香を焚いて，庭先で木片などに火を起こして，祖先の「御精霊(おしょうらい)」を迎える。17日間祖霊は家に留まり，16日の夜に「送り火」を頼りに再び「あの世」へ還ると伝えられている。寺院が多く信仰心が厚いことで知られる京都では，これらお盆の行事が日々の生活の一つの節目ともなっている。

　五山送り火は京都の人々には「大文字さん」とも呼ばれている。京都の暑い夏のさなか，静かに祖先を思いながら過ごすひとときは，京都の人々には欠かすことのできないものであり，仏教が庶民の間に深く浸透した中世の室町時代以降より数百年にわたる年中行事である。五山送り火が「大文字さん」と呼ばれることでもわかるように，五山送り火の中で最も有名で，送り火の先陣を切るのが「大文字」である。大文字山は東山如意ヶ嶽(にょいがたけ)の支峰で466メートル，その中腹で毎年この日の午後8時に点火される。「大」の字を表す火床(ひどこ)は75カ所に設けられ，全部で600束を超すアカマツの割り木（わりき）を積み上げて，燃え上がらせることで「大」の字が山に浮かび上がる。炎の高さは2～3メー

トルにも上がり，京都市内の各所でそれぞれの家族が先祖を思いながらこの時間を過ごしていくのが慣わしだ。

　なぜ京都を囲む山々にこれらの字が描かれているのかについては定かではない。京都の人々の間で，様々に言い伝えられてきたのが五山送り火でもある。大文字保存会の副理事長・長谷川綉二は，それぞれの文字の意味について「詳しいことは分からないが，私が祖父から伝え聞いているのは，大の字は人が両手を広げた形を表し，東の山に人が登り，妙法はお経を意味し，船に乗って，最後に鳥居をくぐって冥府に帰るということだ」という。京都の送り火には現在残っている五山以外にも，以前は貴船・鞍馬の玄関口にあたる市原野に「い」，鳴滝に「一」，北嵯峨に「蛇」，観音寺村に「長刀」などの文字が点火されていたというが，次第に途絶えてしまい，現在では「大文字」「妙法」「船形」「左大文字」「鳥居形」の5つの文字だけが残っている。

　五山のそれぞれに歴史が伝えられており，正確な当時の記録が残っているわけではない。「大文字送り火」をとってもその起源には諸説が伝えられている。第1は，平安時代の初期に弘法大師（空海）が始めたという説で，大文字山麓にあった浄土寺が大火に見舞われた際に，本尊・阿弥陀仏が山上に飛翔して光明を放ったことを真似て行った火を使った儀式を，弘法大師が大の字に変えたという説である。第2は，室町時代の中期に足利義政が始めたという説で，近江の合戦で死亡した実子義尚の冥福を祈るために家臣に命じて始めたという。第3は江戸時代初期に，当代の三筆といわれた能書家の近衛信伊により始まったという説だ。

　これらの諸説が存在するのも，送り火が時の権力者により創始されたのではなく，地元の人々の信仰によって始まり，それが引き継がれてきたことの表れでもある。即ち五山送り火は，京都近郊の村々の共同体行事としての「送り火」として始まり，現在まで伝承されてきたのである。五山送り火は昭和58年6月1日に京都市登録無形民俗文化財に指定され，現在は各保存会が中心になって，学生ボランティア，一般ボランティアの協力を得ながら，毎年の送り火を実現させている。

　京都の送り火を見たいと多くの観光客が訪れ，市内でも「送り火が見られま

す」というのがマンションにプレミアムをつける売り文句にもなっているが，「この行事は精霊送りで，亡くなった人を供養するのが本来の意味。しかし最近は，あまりに観光行事化しすぎていると感じます。ましてや無神経に『大文字焼き』なんていわれるとねえ」[2]と，大文字保存会理事の久嶋憲二郎（67）は語る。このように五山送り火は一般には宗教的な行事というよりは，京都の風物詩として知られている。もちろん日本最大の観光都市である京都にとっては一大観光行事でもあり，全国から京都へ多くの人々を招き寄せているのも事実だ。京都は盆地で風がなく，湿度の高い暑い夏で知られているが，五山送り火は京の夏の終わりを告げる行事でもある。京都の人々は送り火を見ると，「そろそろ夏も終わりどすな。さて，もう少し気張りまひょか」という気になるという。送り火の火が燃えているのは実際には30分ほどだが「送り火を見ると，なぜか胸を打つものがある」のは，これが1日限りのイベントではなく，各山で保存会の人々が中心となって1年をかけて準備されたものであり，町中の人々が先祖を思う大切さを共有できる時間になるからでもある。

　もっとも「大文字さん」というのは送り火を見ることだけではない。京都

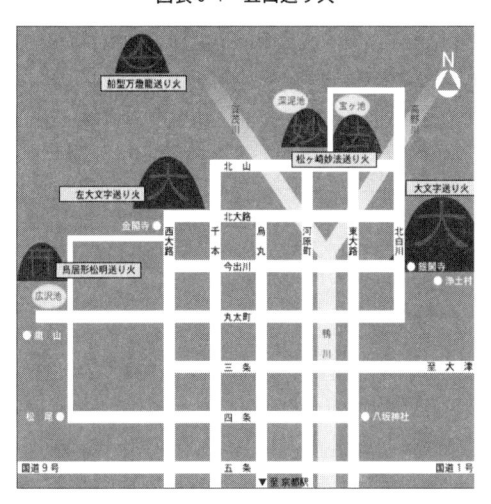

図表9-1　五山送り火

出所：京都ガイドブック　ホームページより。

は，この行事と生活を結びつける信仰心の厚い土地でもある。例えば，自分の名前と持病を記した割り木を火床で焚くとその病が治癒すると信じられており，また，大文字の火床の消し炭（薪の燃え残り）は家の戸口に吊るすと厄病除け・盗難よけになると信じられている。このように送り火を生活の一部として取り入れ，伝統的な行事を大切に守っているのが京都でもある。

2．NPO法人大文字保存会

(1) 五山送り火保存会

　大文字送り火は大文字保存会（左京区），松ヶ崎妙法送り火は松ヶ崎妙法保存会（左京区），船形万灯篭送り火は船形万灯篭保存会（北区），東大文字送り火は東大文字保存会（北区），鳥居形松明送り火は鳥居形松明保存会（右京区）によって，それぞれ管理されている。現在のように各山の足並みが揃うようになったのは戦後になってからで，各山の保存会が独自に行っていたものを，昭和32年以降になって「観光都市京都」の一環で各保存会の意見を調整するために保存会連合会が結成されてから，五山が時間を決めて一緒に送り火をするようになった。五山の送り火は如意ヶ岳「大文字」が午後8時に，その後「妙法」，「船形」，「左大文字」，「鳥居形」へと順次点火されていくことになっている。今のような点火順序が決められたのもこの時期である。本章で詳述する大文字のほか，妙法は一村改宗で日蓮宗となった村が，船形は西方寺（さいほうじ）が，左大文字は金閣寺，鳥居は曼荼羅山（まんだら）（愛宕（あたご）神社一の鳥居が立つ）が主体となって保存会を組織し，送り火の伝統を伝えている。

(2) 大文字五山送り火協賛会

　古くから年間を通じた山の管理などは自主的に各保存会で行ってきたが，公的な支援の必要性から，1971年に京都府，京都市，文化財保護財団，観光業界により「大文字五山送り火協賛会」という組織がつくられた。五山送り火協賛会の主な目的は，大文字五山送り火の保存執行に必要な諸対策および経済的援助，資料収集，紹介宣伝である。平成17年を例にとれば，五山送り火の執

行には2617万円の経費がかかったが，このうち京都市より930万円が，京都府より520万円の補助金が交付された。（図表9-2を参照）。協賛会では五山送り火にかかる経費負担を少しでも軽減しようと，毎年異なるデザインのオリジナル絵葉書や扇子を発売している。グッズ販売からの収益金は五山送り火の必要経費に充填されている。

図表9-2 平成17年度大文字送り火　収支の状況

（単位：千円）

収入		支出	
会費	4,300	補助金	23,900
京都市補助金	9,300	会議費	28
京都府補助金	5,200	印刷宣伝費	397
その他団体からの補助金	7,220	通信運搬費	229
雑収入	0	待遇費	1,096
前年度繰越金	375	事務費	400
		諸費	118
		小計	2,617
		翌年度繰越金	226
合計	26,396	合計	26,396

出所：京都市監査公表第559号，資料より。

(3) NPO法人大文字保存会

五山送り火の中で，「大文字送り火」の管理・運営は，NPO法人大文字保存会が行っている。大文字保存会は，平成11年の特定非営利活動促進法（NPO法）に基づき，法人格を取得した。NPOの法人格を取得したのは，「伝統文化の継承という営利目的ではない事業活動の目的遂行のために，継承をより確実にスムーズに行っていくための手段」と捉えたことによる。法人格を取得することで，五山送り火という京都の伝統的文化の継承の重要性を市民に広くアピールする機会も多くなり，ボランティアという貴重な労働力の確保にもつながっている。

(イ) 活動の主旨・目的

「京都の文化財産ともいうべき「大文字送り火」の点火およびそれに附帯す

る諸事業を行うことによって，京都を訪れるより多くの人々が，古来の伝統文化に親しむことができるよう，またこの文化を守り，次世代へ伝えていくことを目的としている。

(ロ) **活動内容**

大文字保存会の活動は，具体的には「大」の火床のある約3.3ヘクタールの大文字山の土地およびその自然を守ることである。大文字保存会は，もともと浄土寺村の48軒の檀家による世襲により引き継がれてきた。将軍や寺院などの命令によるものではなく，庶民によって守り続けられてきたのが特徴だ。48軒で一山を管理し，送り火のための材料（薪，松葉）や小麦（麦わら）を作り育ててきた。しかし，労働力の確保には限界がある。そこで近年では「大文字送り火」を行うために必要な作業（伐採，薪割り，草刈，登山道の整備等）に数十名のボランティアを募り，作業を手伝ってもらっている。もともとは大文字山の共有林の所有者である48家を中心とする山麓の住民によって400年以上も継承されてきた「大文字送り火」も，今では市民参加によって守られているわけだ。

(ハ) **1年間の作業の流れ**

図表9-3　年間の仕事

日程	作業内容		保存会	ボランティア	業者
2月	アカマツの選定	大文字山中の樹齢30～40年を選定	○		
	マツの切り出し・コロ作り	長さ50cmに斧で切断 松葉採取	○		○
	割り木作業場へコロ運搬		○	○	○
3月	マツ割り木作り	その場で積み上げて乾燥させる	○	○	
4月	マツ割り木束作り・松葉作り	割り木600束・松葉100束 1束約28本（10ｋｇ）	○	○	
	マツ割り木山頂倉庫への運搬	背負うかバケツリレーでの手作業 1年以上乾燥させる	○	○	○
5月	マツ割り木銀閣寺山門へ下ろす	志納用	○	○	
6月	麦わら束八神社倉庫へ搬入	麦藁100束	○	○	

7月	マツ割り木・小割作業	八神社にて	○	○	
8月	送り火点火説明会	集会所にて	○		
	弘法大師堂勤行研修会	浄土院にて（2回）	○		
	道作り・火床周辺草刈	山道の補修	○	○	
	15日（前日）	弘法大師堂飾りつけ 護摩木受付所設置	○	○	
	16日（当日）	マツ割り木運搬 点火準備・火床で割り木井桁組み	○	○	
	17日（翌日）	火床後片付け・倉庫整備	○	○	
11月	マツ割り木倉庫移動	山頂→八神社へ	○	○	

出所：五山送り火保存会ホームページ。

① 冬の作業　地掻きと薪割り

　冬の間に次に使う割り木を作って準備しておかなければならない。毎回保存会のメンバーと10名前後のボランティアが毎週のように山に入り，これらの細かい作業を進めていく。

　2月から3月にかけては，松木の丸太を作業場に運び，虫食いや腐った部分は取り除いて大割りした後，さらに小さく小割りしていく。割り木はきれいにその場に積み重ね，しばらく乾燥させておく。同時に，山の斜面は何度も丁寧に地掻きを行う。

　4月になると，割り木を束ね山頂の倉庫に運搬する。一束10キロもある割り木の束は山の斜面によって背負うこともあるし，リレーして運んでいくこともある。計600束も運ぶ大変な作業だ。ボランティア100名ほどが参加して，この春先の作業を完了させる。

② 麦藁作業

　6月になると，久御山高校近くの小麦畑で収穫後の麦藁を集めていく。現在は西京区の土の塾という団体に作付けを頼んでいる。一束ごとに上下をひもで結び，大文字保存会の倉庫に保管しておく。

③ 草取り

　送り火をする前に，火事にならないように，火床回りの草を刈る作業をしておく必要がある。同時に，送り火当日暗い中で安全に山での作業を進められる

210　第Ⅲ部　コミュニティ

ように山道を整備しておくのも大切な仕事だ。
　④　護摩木割りの用意と大師堂飾りつけ（送り火前日）

　送り火前日には，保存会，ボランティアなど約60名の人々が手伝いながら，護摩木を販売する。護摩木には亡くなられた方の戒名や願い事を書くのが慣わしだ。一方で山の上では薪や松葉を置くためや，護摩木を受け付けるためのテントを設置し，護摩木を受け付けていく。大師堂の飾り付けは，のぼりを上げ，堂内に花や供物，ろうそくなどを供え，外側の扉を設置して「大文字（弘法大使）保存会」と書かれた提灯をつける。

　⑤　五山送り火（送り火当日）

　当日は保存会メンバーのほか，学生ボランティア，一般ボランティア，ボーイスカウトなどボランティア200名前後が参加する。早朝から販売された護摩木や割り木は午後3時には締め切られ，リフトで薪とともに山頂にあげられる。これをバケツリレー式で「金尾」付近に運んでいく。それを「大」の字の流れに沿った階段で火床に移動する。火床をくみ上げていくのは保存会の各家庭の仕事になる。配られた護摩木・割り木はきれいに組み上げていかないと火をつけた際に早く崩れてしまうので，組み方は難しい。中央の金尾には，点火用の麦わらや，卒塔婆が置かれる。

　7時20分に大師堂で読経が始まり，終わると点火になる。大文字の点火と

同時に，大の字の中心部の火床「金尾」近くにある「弘法大師堂」の中で30分ほど読経を続けるのは，銀閣寺門前にあり大文字寺ともいう浄土院の19代住職藤野俊秀（44）だ。浄土院はもともと天台宗の寺だったが浄土宗に改められ，寺には真言宗の開祖弘法大師が送り火の本尊として祭ってある。

　8時には松明に火が点けられ「南の流れ，よいかー」「北の流れ，よいかー」「一文字，よいかー」と会長が確認をしていく。そしてまず金尾に火が点けられ，次いでそれぞれの火床が点火される。京都の市内では多くの見物者が見守る中できれいな「大」の字が描けたかというのが，毎年最後まで携わった人々に気遣われている。風が吹く中で，それほど微妙な作業でもある。

3．長谷川綉二（大文字保存会　副会長）

　送り火の行事は宗教心の強い地元の人々によって支えられている。地元が昔から大事に続けてきた宗教行事だ。

　NPO法人大文字保存会の会長を務めるのは藤田征平（70）で，大文字五山保存会連合会の会長も兼務している。副会長を務めるのが長谷川綉二（63）で，「村の先祖に対する思いから起こった地元の信仰。確かに最近は，何のために送り火をやるのか，外での関心が高まるほどに，これが崩れてきているように思います」[3]と語る。合掌して先祖を思う気持ち，これが京都の人々の心のよりどころであり，京都の古い伝統を守ってきた真髄であろう。「先祖への思い，赤松，松葉，麦わらという昔ながらの材料で，一斉に赤々と火を燃やす。これを基本に，失敗しながらでも，しんどいけど続けていくしかないのです。こうするうちに，50年前にもう一度もどって，資材の育つ里山をきちっと整理していくという機運が生まれたらいい」[4]と長谷川は思う。

　長谷川の先祖は500年ほど前に鎌倉から足利将軍を連れてきた家系，その縁

で送り日を守っているという。

「私自身，送り火のことを考え始めたのは代替わりした頃からです。若いときは暑い(熱い)，しんどい，何で毎年せんならんのんか，との思いが大きかったです」

昭和 40 年ごろまでは長子継承・女人禁制の決まりがあり，その家の長男のみが火床を組み点火する役目を担っていた。次男以下や女子ばかりの家は各家ごとに約 10 束（1 回に 1 束 8 kg を 2 束担ぐ）の用材を運ぶ仕事までの参加をするが，男子のいない家では親戚の男手一同で担っていた。しかしこのままでは先細りになるという心配から，15 年ほど前から娘・養子・娘婿といった人々も点火に参加するようになったという。「古来より受け継いだことを大切に思い，家督を継がれた人たちには長子と同じ役割を担ってもらえるように変わってきた」と，長谷川は語る。

ちなみに長谷川は長男ではなかったが，たまたま長男の留守で点火の役割がまわってきた。風向きをみて彫った溝に火床を組む作業は微妙で，火をつけるのも思うよりはずっと難しかったという。

「すぐ点くと思っていたのに 5 分間火がつかず，煙ばかり。後ろから飛んできた役員さんにはじかれて，結局役員さんに火をつけてもらいました。家に帰ったら母に叱られて，御飯なかったです。」以来毎年当日は緊張の連続だという。

「家に帰って，今日の火は良かったよ，と言われてやっと笑みが出ます。実際に送り火を見たことはなく，下山してテレビニュースで今年の火のつき方を確認するのみです」と，京都の伝統行事ともなっている送り火を遂行する任の重さを感じている。

送り火を続けていくのは「ご先祖様に生かされている思いがあるから」と長谷川は語る。世代をつなぐ責務を担う「家」は，同じ時代を生きる「家」同士が繋がり，「まち」を作り，歴史を刻んでいく。京都ではこのように地縁的な共同体を形成し，歴史を守っていく中核となる「家」を大切にしていることがうかがえる。

長谷川は長年ボーイスカウトに携わり，現在日本ボーイスカウト京都連盟名

誉会議々員も務めている。サラリーマン時代には年60日の有給と週休はすべて大文字のことに費やしてきた。京都の伝統を受け継ぐ家の宿命でもあるが，個人の負担も重い。

「これをやっていくのが家系なので」とずっと頑張ってきた長谷川だが，時代の変化とともに，最近では自分の考え方も変えるようになってきた。保存会の長老として全てを自分で背負うというよりは，原点は保ちつつ無理のないようにと考えながら，少しずつ若手に譲り，その中でこれまで育んできた伝統を次の世代に伝えようとしている。

4．送り火を支える人々

(イ) ボランティア

大文字の送り火は，NPO法人という法人格を持ち行政からも支援を受けながら，実際にはボーイスカウトや多くのボランティア（学生ボランティア，一般ボランティア）によって支えられている行事でもある。ボランティアに参加すると，春の割り木作りや，夏に山の草刈など様々な作業に携わることになる。ボランティアの多くは暑い中での山の急斜面での作業に疲労困憊しながら，一度送り火を体験するとまた翌年に戻ってくるという。多くのボランティアOB・OGによって支えられており，仕事の休暇を取ってまで手伝うことが当たり前のようになっているという。

「大の字の中心から字頭までと，右流れの部分のそれぞれの点火地に，約5キロの割り木の束を3～4束と護摩木，20ℓの水の入ったポリタンクをバケツリレーで送っていきます。ボランティア約60名が繋がっても何度か移動し，急な坂道を右往左往してなんとか準備を終えた頃には，雨も止んで雲の合間の太陽に照らされ，幻想的な空と京の町並みを眺めながら，ほんの少しだけ「送り火」に関われた一体感を得ていました。」[5]

作業の多くの部分を人力に頼る送り火だが，護摩木を山腹の火床まで担ぎ上

げるのは大変な重労働で，1972 年には資材運搬用のリフトが設けられた。勤め人が増えて，作業を人力だけでは続けていくのが困難になったからだ。そして，今，世襲で続けてきた家の作業が，ボーイスカウトや学生ボランティア，一般ボランティアの協力なしには遂行できなくなってきている。伝統行事を残し続けていくためには，時代に合った仕組みを作っていくことも必要である。

(ロ) 行政の支援，民間の協力

銀閣寺山国有林は「五山送り火」の大文字山の北側，世界文化遺産に指定されている銀閣寺（慈照寺(じしょうじ)）の背後に位置しており，24ha である。銀閣寺山国有林は江戸時代まで銀閣寺の寺領であったが，明治初めの「寺社上知令(あげちれい)」により官有地に編入され，現在では林野庁の所管する国有林になっている。

もともと京都市内には，世界文化遺産に登録されている社寺など歴史的な木造建築物が数多くある。こうした社寺等に隣接する森林は，古都京都の景観を形づくる上で大きな役割を果たしている。このため京都府では，世界文化遺産をはじめ数多くの文化財とその周辺地の一体的保全を図るため，社寺周辺の森林で「京都・文化の森づくり事業（京の景観保全林整備事業）」を進めてきた。

この中で大文字山の森林整備もクローズアップされ，銀閣寺山国有林を含む市街地周辺にある国有林を「世界文化遺産貢献の森林」として指定し，大文字の送り火を続けていくためにマツ枯れなどの不良木を伐採することで，古都京都にふさわしい森づくりを進めている。伝統行事の継承のための環境整備には，行政の協力も不可欠である。

これまで NPO 法人大文字保存会では，同会の所有する共有林から樹齢 80 年前後のアカマツ材約 12 本を伐採して薪材として使用してきた。燃焼時間の関係から，樹齢 80 年程度のものが好んで用いられてきたのだが，近年，松枯れ被害が拡大しており共有林のみから薪に使用する樹齢 80 年前後のアカマツを確保するのは困難になってきている。このため平成 20 年度より，林野庁の京都大阪森林管理事務所から国有林の枯れたアカマツを安価で引き取り，薪として使用するようになった。「大文字山」に隣接する「銀閣寺山国有林」ではマツノゼイセンチュウによる松枯れ被害が拡大しており，虫被害にあったアカマツの再利用は廃材の有効活用としても注目されている。提供されたアカマツ

55 本は，薪にすると 30 束程度になる。大文字山全体では 350 束の薪が使用されていることから，約 1 割に相当する。

　さらに平成 20 年 9 月からは，京都府，京都モデルフォレスト協会，三井物産の官民 3 者が協定を結び，大文字山の送り火と，秋の鞍馬の火祭を支援するため，必要な木を育て行事に提供する活動を始めた。一度伐採すると同じ場所では 7〜8 年は木が生えないことに加えて，数年前から害虫被害のために木材の確保が困難になっているためだ。鞍馬の火祭にはコバノミツバツツジを使ったたいまつ約 250 束を使用する。三井物産が所有する右京区の山林 19 ヘクタールを，京都モデルフォレスト協会に無償貸与し，同協会がアカマツやコバノミツバツツジの伐採と，育成や保護のための手入れを行う。10 年間の契約だ。作業は協会員の府内自治体や経済団体，大学，企業などが担当し，市民にも参加してもらうために間伐を体験できる学習会なども開く。

　大文字保存会の長谷川も「中期的なマツ材確保のめどが立つうえ，大文字山で幼木を育てる余裕期間ができるため，大文字山の森林環境保全にもつながる」と喜んでいる。

5．今後の課題

　NPO の法人格を取得したことは，大文字保存会にとってメリットばかりではなかった。

　長谷川は「NPO 化により自分たちで山を作って守っていく基本精神が揺らぐ部分もあり『資材集めも，しんどいところもお金やボランティアで何とかなるならそうしたら…』という意見を聞いたりすると，良かれと思ってしたことが今となっては原点を薄れさせるのではないかという思いに苛まれている」と不安を隠せない。

　京都市が無形民族文化財に指定したからといって，NPO 法人を取得したからといって公的な補助金が潤沢にあるわけではない。山火事などの危険性も伴う行事でもあり，火を扱う管理責任は重いが，消防署で送り火を「焚き火」として扱うような発言がでたり，京都市内各地での観光イベントショー的な扱い

については，送り火の本来の姿の理解が京都の人々にも伝わっていないことを感じている。

　長谷川は「特にしきたりなどはありませんが，送り火は決してお祭でもイベントでもありません。約600年も昔から長く受け継がれてきた歴史ある行事なので，単に火がついてきれいやなぁというのではなく，大勢の人たちによって支えられている伝統行事だということを理解して見てもらえればと思いますね」と微笑みながら，厳しい表情を隠せない。

何がポイントか考えよう

1．我々が守っていかなければならない文化とはどのようなものだろう？
2．あなたの地元には，どのような文化的な行事が残っているだろう？
3．その行事を将来の世代に残していくためには，どのような仕組みが必要だろう？
4．ボランティアを集めるためには，どのような工夫が必要だろう？
5．ボランティアの参加についてメリットとデメリットを考えてみよう。

もう少し深く考えよう

日本にNPO法人ができた推移

　日本における公式な非営利組織の活動は，1896（明治29）年に制定された民法の公益法人制度を出発点としている。民法34条「祭祀，宗教，慈善，学術，技芸其他公益ニ関スル社団又ハ財団ニシテ営利ヲ目的トセサルモノハ主務官庁ノ許可ヲ得テ之ヲ法人ト為スコトヲ得」に基づき，公益法人とは，①公益を目的とすること，②営利を目的としないこと，③主務官庁の許可を得た財団もしくは社団と定められている。財団法人は公益に供する財産に基づき設けられた法人，社団法人は公益目的に賛同する社員により構成される法人で，これらが狭義の公益法人である。

　その後，学校教育法（1947），医療法（1948），社会福祉事業法（1951），宗教法人法（1951）などの制定により，各分野の民間非営利組織が法人化される

ようになった。またこれとは別に，公益にかかわる組織として，「特別の法律に基づいて限定数設けられる」特殊法人と呼ばれるものがある。さらに1998年には特定非営利活動促進法（NPO法）が執行され，ボランティア団体をはじめとする市民活動団体が簡単に法人格を取得できるようになった。通常はこれらが広義の公益法人であり，非営利法人と呼ばれている。

　民法でいう「公益性」とは「不特定多数の利益の増進に寄与する」ことであり，公益法人とは「形態は民間であるが目的においては公的色彩のある組織」を指している。また「営利を目的としない」の「営利」とは利益を構成員で分配することを指す。従って，公益法人は利益を追求することは認められているが，利益の分配は禁止されている。役所の認可が必要であるために，役所の外郭団体のような組織が許可を受けやすいという状況を招き，また財団法人では3～5億円の基本財産が必要となるなど公益法人としての法人格の認可が厳しいために，これまで営利を目的とせず法人として認められない場合は，任意団体という形態を採らざるを得なかった。任意団体は，団体名で登記を行うことができないなど，法律的な諸手続において不都合な点が多かったが，NPO法の成立により法人格として認められることが容易になった。法人化することで，団体資産を個人資産と明確に分けられることや，助成金・補助金などを受ける際にも信用が作りやすいなどのメリットがある反面，官公庁への届出や保険などの支払い管理に手間とコストがかかる，情報開示の義務があるなどのデメリットもあり，実際には法人格の取得に移行していない団体も多い。

　日本ではNPOとNGOは基本的には同意語として扱われることが多いが，NPOは日本語では非営利組織，利益を分配しないという点を強調しているのに対し，NGOは非政府組織，政府から独立している（あるいは国境にとらわれない）という意味合いが強く，飢餓救済・環境汚染・国際的平和活動などを目的としており，国連の活動の一環であることが特色となっている。ボランティア団体はNPOの一部であるが，NPOは社会的に責任ある活動を継続的に行うことを強く意識しており，必要な専属スタッフがいることが重要な要素となる。すべての市民に同じように公平な対応が求められる行政と，利益追求を目的とする企業だけでは，価値観が多様化した現代社会では市民の様々な要

求や期待に応えることができず，そのためNPOが注目されてきている。NPO法については1990年代初頭から立法の必要性が議論されてきたが，阪神大震災におけるボランティア団体の活躍が契機となり，市民活動団体を支援する立法の必要性が高まったため施行されることとなった。

もっと知ろう
無形民俗文化財とは

(1) 重要無形民俗文化財

　無形民俗文化財とは衣食住，生業，信仰，年中行事等に関する風俗慣習，民俗芸能など人々が日常生活の中で生み出し継承してきたもののことを指す。「NPO法人全国無形民俗文化財アーカイブス」では全国8千件以上の無形民俗文化財を把握している。日本では，このうち国民の基盤的な生活文化の特色を示す典型的なもの，或は年中行事，祭礼，法会などの中で行われる行事で芸能の基盤を示すもので，① 芸能の発生や成立を示すもの，② 芸能の変遷の過程を示すもの，③ 地域的特色を示すもののいずれかを満たすことを基準に，特に重要だと思われるものについて国で重要無形民俗文化財として指定し，保存・伝承事業や活動に対して助成を行っている。

　国で指定された重要無形民俗文化財は現在257件であり，例としては以下のようなものがある。

(イ) アイヌ古式舞踊（北海道）
　北海道に居住するアイヌの人々に伝承される祭祀や行事における歌や輪舞。動物のしぐさを真似た舞や儀式的な舞など多様な舞が継承されている。（北海道アイヌ古式舞踊連合保存会）

(ロ) 泉山の登拝行事（青森県）
　青森県の泉山集落では7〜9歳までの男子が標高615メートルの名久井岳に登り多数の堂社を参拝する行事が続けられている。（泉山七歳児初参り保存会）

(ハ) 発行路の強飯式（栃木県）
　地元の青年が山伏と協力に扮し，新旧当番と氏子たちに高盛りの赤飯を強い

る強飯行事。(発光路妙見神社青年部)

　㈡　郡上踊（岐阜県）

　郡上八幡町に伝承される盆踊りで、7〜9月にかけて大小太鼓、笛、三味線、拍子木を伴奏に民謡をつかって踊られる。(郡上踊り保存会)

久多の花笠踊（京都府）

　㈥　安芸のはやし田（広島県）

　田植えの時期に、飾り牛が一列になって田圃内を踏み歩く「代掻き」、田面を平らにならす「えぶり」、早乙女や楽器奏者などの一行が田圃に行進してくる「道行き」、さんばい棚と呼ばれる祭壇の前での「田の神降しの神事」、「苗取」、「田植」と進められる。(安芸のはやし田連合保存会、新庄郷土芸術保存会、原田はやし田保存会)

　㈭　平戸のジャンガラ（長崎県）

　戦国以前から伝承されている念仏踊りで、8月14日から18日にかけて平戸市内各所で奉納される。鉦と太鼓の音からジャンガラと名付けられた。(平戸市自安楽念仏保存振興会)

(2) その他の無形民俗文化財

　国で指定する重要無形文化財だけでなく、地方自治体でも独自に地域に残る慣習や祭祀について無形民俗文化財を指定している。例えば古い歴史を持ち多くの伝統的行事がのこる京都には、国指定重要無形民俗文化財9件、国選択無形民俗文化財11件、府指定無形民俗文化財20件、府選択無形民俗文化財66件、市指定無形民俗文化財80、町指定無形民俗文化財19件と、実に多くの無形民俗文化財が存在している。

　そこで、この中から京都市の指定する無形民俗文化財について、数例を少し詳しくみていくことにしよう。

　㈠　賀茂競馬（かもくらべうま）

　世界遺産に登録されている上賀茂神社で5月5日に行われる神事で、もともとは宮中の武徳殿で左右の近衛府の武官が2頭ずつ十番で勝敗を競っていた式が、堀河天皇によって寛治7 (1093) 年から上賀茂神社に移されたと伝えられ

ている。1200年頃には神社の行事となり，今に続いている。当日は，午前中の菖蒲根合わせの議から始まり，午後に乗尻（騎手）が安全と必勝を祈る乗尻奉幣の儀を経て10頭ほどの馬が左方右方に分かれた2頭ずつつがいになって，古式に則り速さや作法を競う。天下泰平と五穀豊穣を祈願する行事として知られている。

神主以外の所役（乗尻，所司代，目代，念人）は旧社家で構成される財団法人賀茂県主同族会の会員によって奉仕され，賀茂競馬保存会によって継承されている。

(ロ) 大田神社の巫女神楽（みこかぐら）

上賀茂神社の境外摂社で天鈿女命（あめのうずめのみこと）をまつる太田神社に伝承されている巫女神楽で，毎月10日の夜，節分，2月24日などに銅拍子，鼓，締太鼓の奏者と4人の巫女が神楽の奉仕を行う。神楽の奉仕は大田神社の刀禰の家に限られている。行われる素朴な巫女神楽は，巫女舞のルーツを残すものとして貴重なものとされる。大田神社巫女神楽保存会によって保存されている。

(ハ) 時代祭風俗行列

平安神宮の創建と平安遷都1100年を奉祝する行事として1895（明治28）年に始まった行事である。時代風俗行列は神幸祭のお供と位置づけられる祭列で，緻密な研究により伝統工芸技術を使って復元された各時代の調度，衣装，祭具1万2千点とともに，明治維新から延暦時代へ遡って再現された風俗絵巻を繰り広げる。20列2千人と2キロに及ぶ行列が，794年に桓武天皇が長岡京から平安京に都を移した10月22日に，京都御所から平安神宮までの4.5キロを巡行する。祇園祭，葵祭とともに京都の三大祭の1つである。

時代祭は，京都全市域からなる市民組織「平安講社」（全10社）によって運営されている。平安講社は京都市内の各学区自治連合会傘下にある団体で，全市が10社に分けられ，おのおのが延暦，藤原，鎌倉といった各時代を担当して行列する。祭礼の運営・維持にかかる費用は，各学区自治連合会から平安講社に寄せられ，技術・費用・労力全てを京都市民が支える祭となっている。

(ニ) 鞍馬の火祭り

鞍馬の火祭りは，鞍馬寺内にある由比神社の例祭である。平将門の乱や大地

震など平安時代の中期に動乱や自然災害が続いたことを受け，940（天慶3）年に朱雀天皇の詔で御所に祭っていた由岐明神を鞍馬に遷宮し，世の平安を願うことにした。その際の松明や神道具を備えた1キロに及ぶ行列に感動した鞍馬の住民が後世に伝えたと言われている。10月22日の午後6時に「神事にまいらっしゃーれー」と触れ歩く「神事触れ」の合図で鞍馬の集落の各戸にかがり火が灯され，幼児に始まる「トックリ」と呼ばれる小さい松明が，小松明（小学生），中松明（中高校生）が加わり次第に大きくなり，最後に大松明が1〜3人の若者によって代わる代わる担がれ，氏子地域の街道を練り歩いていく。午後8時頃になると，鞍馬寺の山門前に数十本の松明が集まり始め，炎がひしめき合う。その後松明が石段下に集められて焼かれ，若者は神輿を迎えに石段を駆け上がり，神輿を担いで石段を降りてくる。石段を急に降りないように女性たちが綱を惹くが，これに参加した女性は安産になると伝えられている。また，ふんどし姿の青年が神輿が降りる際に担ぎ棒にぶらさがる「チョッペン」と呼ばれる成人になるための儀式も特色だ。神輿は御旅所に安置され，午前0時過ぎまで祭りが続く。

　祭りは鞍馬火祭保存会によって保護されている。保存会会長の杉本光男によれば「鞍馬では，1年13カ月分の食い代用意しとかなあかんと言うんです。ひと月分をこの祭りで蕩尽する。大層ですが，すべてが祭りのためにあるようなもんですわ」というほど祭りには費用がかかり，鞍馬では1年がまさにこの祭り中心に動いている。鞍馬には大惣仲間以下七つの仲間の祭礼組織があり，松明の製作過程，各家のしつらえ，行列衣装などに特色が見られる。大小200を超える松明は全て住民が山に入って材料を集め，手作りで組み立てる。毎年10月に入ると村では松明づくりが始まり，本来は自分で担ぐ分は自分で作ることになっているが，祭りの華でもある大松明は大学生から40代の男性らが，保存会の会長らベテランに指示を受けながら，老若共同作業で製作する。

　杉山は「締めすぎると空気の通りが悪くて燃えにくい。逆に締めな過ぎると燃えすぎてすぐにほどけてしまう」と，年1回の祭りのために長さ4メートル，重さ100キロ以上もある大松明づくりの手順，縛り方，バランスの見方などの技術を伝承する。住民の高齢化や少子化は鞍馬でも同様で，人手不足に悩

んでいる。「伝承の会」を開催して松明の担ぎ方，結び方などを次世代に伝える努力をしている。

もっと調べよう

川口清史・新川達郎・田尾雅夫編（2007）『よくわかる NPO・ボランティア』ミネルヴァ書房。
きょうと NPO センター，京都新聞社会福祉事業団編（2001）『京都発 NPO の最前線：自立と共生の街へ』京都新聞社。
京都市文化観光資源保護財団，大文字五山保存会連合会編（2001）『京都大文字五山送り火』。
島田　恒(2005)『NPO という生き方』PHP 新書。

五山送り火保存会ホームページ　http://www.gozan-okuribi.com/repo_dai.html
京都新聞，ホームページ，観光京都おもしろ宣言。http://www.kyoto-np.co.jp/kp/special/omoshiro/hito14_01.php
京都市，ホームページ　http://www.city.kyoto.jp/bunshi/bunkazai/siteisyasinn/muminsetumei.htm
本能寺まちづくりニュース

注
1）本章の作成には大文字保存会の長谷川綉二氏にご協力いだたいた。記して感謝申し上げる。写真については，京都五山送り火連合会ホームページおよび長谷川綉二氏の提供による。
2）『京都新聞』2007 年 8 月 6 日。
3）『京都新聞』2007 年 8 月 6 日。
4）『京都新聞』2007 年 8 月 6 日。
5）『本能寺まちづくりニュース』第 46 号，平成 20 年 10 月 1 日刊行。

〔大木裕子〕

第 10 章

京都の地域資源を生かす多様な活動
―京町家の保全・再生―

　京都は，全国的にも NPO（任意団体もしくはグループ。特定非営利活動法人である NPO 法人も含む）による活動が活発な地域とされており，福祉や健康など生活に関わる内容，芸術・文化振興や賑わいなどをめざしたまちづくり活動，そして地域の資産や資源を守り，伸ばす活動など多様な展開が見られる。NPO の活動は，1995 年の阪神・淡路大震災における活動を契機に活発化し，さらに 1998 年にボランティア活動などを行う民間の非営利団体（Non Profit Organization, NPO）に法人格を与え，活動を支援するため，特定非営利活動促進法（NPO 法）が可決・成立し，その動きはさらに加速化した。法施行から 10 年を経て，NPO の申請・認証数は一定落ち着きを見せており，現在はその活動の内容に関して問われる時期に入っていると言えよう。つまり，NPO が市民権を得て，志と善意による取組だけではなく，その取組が社会に与える影響や効果を踏まえながら，より社会的な役割を担うセクターとして成長するとともに，継続性も含めてその組織そのもののマネジメントのあり方が問われるようになってきている。
　本章では，京都の地域資源の 1 つである京町家の保全・再生活動，および京町家を生かしたまちづくり活動，事業活動に取り組む NPO や企業等の活動を中心に紹介する。さらに，地域のストックである京町家を生かすだけではなく，新しく京町家を作ることを目的とした活動を紹介する。
　これらの事例を概観することで，京都における京町家の保全・再生の活動，および新しい町家を創造する活動が，京都のまちづくり，都市計画，そして市民の暮らしにおいてどのような影響を及ぼしているか，効果を見せているかに

ついて考察したい。さらに，活動の担い手である団体や事業者等の主体が，どのような組織運営，意思決定システム，ネットワークで活動しているかについて整理，ソーシャルマネジメントの視点から，京都の「京町家保全・再生活動」を考察する。

<u>ケースを読む</u>

1．京町家を取り巻く背景と現状

(1) 京都の「まちづくり史」概論
(イ) 京都というまちの特徴

　京都というとどのようなイメージを持たれるであろうか。山麓に拡がる多数の神社仏閣，日本史に登場するような名跡，洗練された伝統技術，多くの文化財…。確かに，京都はそのようなイメージが強いかもしれない。しかし，現在の京都は約147万人の人口を有する大都市であり，現代的な生活と経済活動が営まれている都市である。「では，普通の都市と変わらないのか」と問われると，そうとはいえない。というのは，京都は平安京建都以来，千二百年の間都市であり続け，この悠久の歴史の中で人々は洗練された高い文化や多様な美意識，価値観を育んできており，さらに都として人・もの・情報が集積し，高い経済力や優れた技術，付加価値の高い産業が育まれ，地域コミュニティには活力と経済力が備わってきた。このような歴史的事実と積み重ねが，京都のアイデンティティ（個性，固有性）を構築してきたからである。

　京都の市街地には，京町家をはじめとした伝統的な木造建築が，今なお暮らしや生業の拠点として利用されている。近世以降に形成された細街路や袋路は，ヒューマンスケールの空間を形成し，多くの神社仏閣は今なお心の拠り所として親しまれている。三条通を中心に明治時代以降に建築された優良な近代建築等は市民に親しまれ，また現代的な機能を加味して新しいまちの拠点として再生・活用されている。このように京都市内にはまちづくりや景観の個性的な資源が多く存在し，これらが現在の京都の「生きている景観」を形成してきたといえよう。

しかし近年，価値観や生活スタイルの多様化，地域経済の低迷，極端な経済性の追求等により，長年培われた地域の活力やコミュニティの力の弱体化が見受けられるようになっている。その結果，都市景観の乱れや住環境の悪化が見られ，京都のアイデンティティの低下が危惧されてきている。

図表 10-1　京町家の類型

類型		類型	
①総二階	二階の天井高が一階と同程度あり，明治末期から大正時代にかけてこの様式が完成する。 二階の窓は，木枠ガラス窓が一般的である。 「本二階」ともいう。	⑤仕舞屋	もともと，専用住宅として建設された，表に店舗を持たない京町家である。 表の窓の開口部（出格子）などが小さいという特徴がある。
②中二階	二階の天井が通常より低く，近世中期に完成し，明治時代の後期まで一般的に建築された京町家の様式である。 二階の窓は虫籠窓が一般的である。 「つし二階」ともいう。	⑥塀付	仕舞屋の中でも，特に裕福な商人の専用住宅として建築された。 表に高塀があり，建物が直接道に面していない。
③三階建て	京町家の要素を持つ三階建ての建物	⑦看板建築	京町家を近代的なビルに見えるように，建物の表を全面的に改修した様式で，特に戦後の高度経済成長期にこうした改修が施された。 外観は，いわゆる京町家とは大きく異なるが，京町家の外観を戻すことは比較的容易である。
④平屋	京町家の要素を持つ平屋建ての建物	⑧その他	以上の①〜⑦の類型にあてはまらない建物。

出所：「京町家再生プラン」2000

第 10 章　京都の地域資源を生かす多様な活動　227

(ロ)　京都のまちづくりの歴史の特徴

　日本史を勉強していると京都はその舞台としてしばしば登場する。そして神社仏閣等の史跡を訪れると，その日本史の世界が身近な環境にあることを改めて実感する。では，都市構造や都市政策の観点から京都の歴史を改めてふりかえるとどうであろうか。

　計画された都である平安京は，徐々に都市住民が住みこなすことで変化し，築地塀で囲まれたまちなみ景観は路上に建てられた町家（の原型）により大きく変化し，都市の中心は徐々に東に移動してきた。戦国期には人口の減少により都市の規模は縮小し，構（かまえ）や堀で囲まれた町はいわば「城塞都市」とも評されている。お土居の建設や道路整備，近代では近代都市計画の導入，路面電車の敷設や街路の拡大など図られ，都市の姿を大きく変えてきた。現在のまちの姿は，1200年も前の平安京の姿を彷彿させるものはほとんどなく，都市の骨格は秀吉の都市改造[1]以降，つまり今から400年ほど前に形成されたものを基盤としているといえよう。

　都市の構造や姿は，当時の時代の権力者や社会状況によって大きく変化をしており，各時代により異なっている。しかしまちに暮らす人々は，それぞれの時代において，安心して，そして安全に暮らすための環境整備，さらに良好なコミュニティ形成など，快適に暮らすための創意工夫をしてきた。そのような行為の積み重ねが，京都のまちづくりの基礎にある。つまり，権力者による政治の歴史だけではなく，京都においてはそれぞれの時代において，都市住民がいかに安心・安全のために創意工夫を重ねてきたかという暮らしの知恵が重要な要素といえる。具体的には，平安京の都市住民による住みこなし，戦国期を中心に行われたコミュニティごとの構や堀の建設，町式目[2]に記されている防犯や防災の取組，商いやコミュニティのルールづくり，宅地開発，住宅づくり等暮らしに密着した庶民の生活史が重要であるといえよう。つまり，本章の主題である町家は，このような京都の長い歴史において，都市住民による都市に住まう知恵と工夫，美意識を体現するものなのである。

(ハ)　現在に継承される自治の基盤

　京都の自治を考える際，特に重要な要素として，地縁コミュニティがあげら

れる。地縁コミュニティの基礎単位である「町」，そしてその連合体である「町組」は戦国期に生まれ，近世において成長・成熟した。その後，明治時代には近代行政システムに移行するために「町組」は「番組」に解体・再編成されたが，現代におけるコミュニティの単位の「学区」（明治 25 年に第二次町組改正から。都心部では一部小学校の統廃合により「元学区」と呼ぶ）にまで脈々とその精神は受け継がれている。つまり，都心部における町，その連合体の町内会はその歴史を中世にまで遡ることができる。さらに町の構成は，近代期の大きな再編を経てもほとんど変化していない。そして現在の京都においても，まちづくりの基盤のひとつとして「学区（元学区）」が機能している。

京都市都心部の元学区については，現在の都市住民にとっても，大きな心の拠り所となっている。その理由は，明治政府によって学制が発布される 1872（明治 5）年に先駆けた 1869 年に市内（当時）で 64 の番組小学校が建設され，その建設費用は府の下付金と市民の寄付金によって捻出された。つまり自らの出資で小学校を建設し，運営していたのである。さらに当初の小学校はコミュニティの会所を兼ねており，また役場や警察官の屯所，消防所，種痘所（天然痘の予防接種施設）などの様々な行政機能を担っており，地域の自治拠点として活用されていた。1990 年に入ると都心部の小学校は人口減少により統廃合が進められたが，このような歴史と思い入れの強い小学校の統廃合は，様々な課題と物語を生みながら進められた。そして廃校となった小学校は新しい用途として活用されることとなったが，その用途を決める際にも，当該学区住民との検討を重ね，決定された。そして現在では多くの小学校跡地では地域の拠点として機能している。

(2) 京町家とは

「京町家とは，平安時代の中期にその起源を持ち，紅殻格子に瓦屋根などに象徴される今日の京都都心部のまちなみを構成する京町家の原型は，江戸時代の中期に掲載されたとされている。その後も少しずつ変化を繰り返し，大正末期から昭和初期に建築されたものがその最後の様式であるとされている」（「京町家再生プラン」による。2000 年，8 ページ）。京町家の建築的な特徴として

は，伝統的な軸組木造であり，表から裏まで抜ける「通り土間」を有し，平入りである。外観は通りに面して軒を少しずつずらしながら連ね，都市の中で高密度に暮らすための工夫が凝らされ，商いの場であるとともに暮らしの場であるという職住一体の建築である。なお，京町家は通に面して入口や開口部を設けているが，側面については，隣家と壁を接しているために開口部を設けていない。京町家が形成された当時の京都では，通りは単に通行の用に供するだけではなく，通りは商いや交流の舞台であった。コミュニティの最小単位である「町」は，通りに面したコミュニティで形成する「両側町」であり，現在でもこの両側町はコミュニティの最小単位として継承されている。

外観の特徴としては，瓦屋根，大戸や格子戸，出格子を有し，むしこ窓や土壁などもある。京町家の建築的な特徴や京町家に関する歴史，生活史などについては様々な書籍が出版されているので，そちらを是非読んでいただきたい。

京町家は，単に建物が伝統的な建築様式を有しているだけではなく，京都の伝統的な暮らし，コミュニティのありかたを具現化していることから，注目を集めている。夏の間は建具や敷物を入れ替え，暑い夏を快適に暮らすための工夫や，坪庭や奥庭など住戸内に緑や空間を設ける中で風通しなど環境的な工夫を凝らしている。さらに四季折々の行事や食暮らしの中に季節を取り入れる生活様式や，合理的・文化・芸術的な暮らしを営む場，美意識を育む場として，京町家は機能してきている。そしてこの保全のため，行政による施策展開や，NPOや民間企業による様々な取組が展開されている。

しかし，現在の建築基準法では京町家は「既存不適格建築物」と見なされ，原則再建不可である。近代化，現代化の過程で都市の不燃化を図るため，また都市としての経済性を高めていくために，木造二階建ての町家は「都市にとっては前世紀の遺物」であったからである。

無機的な建材により建設される近代建築が都市に席巻し，個性のない都市が形成されていく中，そこに暮らす人々の生活スタイルや価値観も多様化してきた。ところがその中で「京町家は，古くて新しい」と感じる若い世代，「伝統的な様式を再評価すべき」という研究者や都市住民の声が発信されるようになり，徐々に京都市都心部における京町家の存在に注目が集まるようになった。

しかし，閉鎖的で排他的であった中世や近世のコミュニティに戻ることは現実的ではなく，またエアコンや断熱性という住まいにおける快適性を捨てて京町家に住まうことも容易ではない。そのため，現代的な活用を試みつつ，次世代に継承する住文化の器として，京町家が重要な意味を持つようになっている。つまり，ノスタルジックな感情から博物館的に町家の保存を展開するのではなく，都市計画において「都市の個性」「都市の記憶」として重視されるようになりつつある。京都に古くから培われ，継承されてきた暮らしのありよう，そしてご近所づきあいやコミュニティのマネジメントを具現化するものとして，そして環境共生時代の都市居住のあり方を具現化する京町家を改めて評価していこう，という動きが生じているのである。

(3) 京町家が抱える課題

現在，「既存不適格建築物」とされる京町家は新たに建築することは困難であることから，減少の一途を辿っている。なぜ，町家は減少していく一方なのか。また，これに歯止めをかけられないのはなぜなのであろうか。その理由を整理したい。

(イ) 建築基準法・都市計画法の壁

伝統工法で建築されている京町家は，現在の建築基準法には適合せず耐震性が確保できないと判断されるケースが多い。また不燃化を促進する都市部では格子や木でできた軒裏，意匠などが「既存不適格建築物」とされ，再建ができない。また，烏丸通など地区によっては木造建築そのものが規制されるところもある。

(ロ) 経済的合理性の壁

現在，京都市の都心部は容積率が400〜700%となっており，2階建ての京町家では，経済的に非合理だと判断され，中高層のビル等に建て替えられるケースがある。もしくは，解体されて駐車場に転用されるケースもある。

(ハ) 中古住宅の流通の壁

現在の不動産流通の現状では，戦前に建築された京町家の多くは「資産価値なし」と判断され，転売や流通の際には，通常の事業者の感覚では，そのまま

㈡ 住まい手の価値観による壁

　京町家は，新建材や建具を使用した住宅と比較すると，冬が寒く，夏が暑い。また，各部屋のプライバシーが保ちにくいなど現代的なライフスタイルにはそぐわない面もある。中には床暖房やサッシュを入れ替え，改修をするケースもあるが，㈠の課題である耐震改修などを併せて行うと，新築に匹敵するほど費用がかさむこともある。このため，季節の移り変わりを満喫し，町家で暮らすなど居住者の意識が高くない限り，快適に過ごせるとは言い難い。

2．市民活動と京町家

⑴　概　況

　現在，京都市内には京町家に関する様々な市民活動団体が活動している。NPO法人として認証され，専門的な活動を展開しているグループも多い。また，町家等地域に根ざした住宅や建築を対象にした市民活動団体は，全国に数多く存在し，活動の蓄積もある。

　本節では，市民活動グループが取り組む京町家の保全・再生活動を紹介する。

⑵　京町家ネット

　京町家ネットは，京町家再生研究会，京町家作事組（さくじぐみ），京町家情報センター，京町家友の会の4つの会で構成している。京町家を取り巻く課題は様々である。①現在住んでいる方が改修や修繕に関する問題があり，②京町家で暮らす智恵を共有したいという要望，③あるいは京都で京町家に住みたいと家を探していたり，そのような方に家を販売したいという仲介を求める声がある。また，④京町家に関する学習会や研究活動，⑤情報発信などの取組を展開して賛同者の輪を拡げる必要性など，多様な活動が相互に連携しながら展開することが重要と考えられる。京町家ネットは，これらの4つの専門的知識と技術，情報，ネットワークを有した団体が相互に連携しながら，京町家に関

する「ポータルサイト」として機能している。

　最初に1992年に京町家再生研究会が誕生した。京町家が社会・経済状況の変化に伴い減少していく状況に危機感を抱いた町家の保全・再生を望む有志によって結成された。現在は特定非営利活動法人として研究者，技術者，町家居住者等で構成され，京町家の保全再生に向けた調査活動や研究，提言，広報などの幅広い活動を展開している。

　京町家作事組は実際に再生に携わる設計事務所，工務店，左官，瓦，建具，畳，造園，銘木などで構成する職人集団であり，町家改修の実戦部隊として1999年に発足。京町家の改修，保全・再生を手がけながら，それらを生きた教材とし，伝統工芸による町家再生の技術を継承することを目的としている。市内の多くの改修や再生に携わっており，またその改修内容については事例として積極的に書籍やホームページで情報発信を行っている。

　京町家友の会は，京町家での暮らし，食，祭などを通して歴史ある地域と住まいにおける暮らしを見つめなおし，文化を継承するための居住者・愛好者のための会であり，1999年に発足した。「京町家歳時記」として京都の暮らし，文化，芸術等に関する体験学習会を開催したり，季節感溢れる京菓子の連続取材，発信など多様な展開がされ，全国に賛同者を拡げている。

　京町家情報センターは，京町家に住みたい人と貸したい人の橋渡しをすることを目的に，2002年に設立された。京町家の保全・再生を考える上で不動産流通の問題は避けて通れないものとして，京町家再生研究会および不動産業者を構成員として発足した。京町家の所有者で賃貸，売買を希望する方，もしくは構成員の不動産事業者が自社で取り扱っている京町家の物件をセンターに提出，その町家の歴史的，文化的な位置付けや改修にあたっての処方箋を整理し，登録物件として公開している。京町家を借りたい，住みたい人は同センターに登録し，情報を閲覧，仲介が成立すれば改修等は京町家作事組がサポートする，という流れで業務を行っている。

　以上のように，京町家ネットは4団体が連携しながら，京町家に関するソフト・ハード両面に及ぶ多角的な取組を展開しており，かつ京町家の保全・再生の多くの実績を残している。「町家再生は，京町家の歴史性，特製を正しく継

承することが基本であり，その一方で現代的感性や技術を取り入れた新しい展開が必要」と，京町家再生研究会理事長の大谷孝彦氏が話されるとおり，京町家ネットは京都の住文化，アイデンティティを京町家という切り口から発信する母体であるとともに，京町家の継承，再生のムーブメントの大きな要となっている。

(3) 町家倶楽部ネットワーク

　京都市の上京区の西側地域を中心に拡がる西陣では，1995年から「西陣活性化実顕地を作る会（通称：ネットワーク西陣）」が中心となり，空家の所有者と入居希望者との「お見合い」を実施する取組が進められてきた。不動産事業者が行う「物件の仲介」ではなく，空家の所有者と入居者の「お見合い」である。これは，プロカメラマンの小針剛氏（町家倶楽部ネットワーク事務局長）が自らの職住一体の環境を西陣の町家に求め，様々な苦労と努力を重ねながら実現した話が新聞等で報じられたことで数百件の問い合わせや反響があり「このようなことは，望まれているのではないだろうか」と，住みたい人，貸したい人の双方の気持ちのやりとり，架け橋をはじめたことに始まる。その結果，アーティストや手工業を中心にした比較的若年層が職住一体の入居を始め，その数は開始当初から現在まで約190件[3]にも至ったという。

　西陣は，「西陣織」という名称が示すとおり織物の産地である。その歴史は古く平安時代まで遡り，朝廷直轄の織部司（おりべのつかさ）が現在の西陣あたりに形成されたことによる。時代が下がり官営から職人自ら織物業を営むようになったが，この界わいは織物の生産地であり続けた。その後室町時代の応仁の乱で一帯は焼き尽くされたが，その復興の過程で織物産業を代表する地「西陣（西軍の本陣跡から）」として復活していった。西陣織は生産工程を地域一帯で分業し，まさに地場産業として地域を支えてきた。しかし90年代頃から織物関連の構造的不況により地域内には廃業による空き地や空家が発生していた[4]。このような状況において，ネットワーク西陣の取組は地域の活力を再燃させることにつながった。つまり，空家に人が住むこと，特に職住一体で昼夜を問わず人の息吹を感じることができる地域として，再生の流れにつな

がった。

　このような実績を踏まえ，ネットワーク西陣は町家の有効活用を支援する団体として地域の賛同と協力を得て，「町家倶楽部ネットワーク」として1999年7月に再編・発足された。

　町家倶楽部ネットワークの活動は，町家の所有者と住みたい方とのお見合い・仲人の実施を通した物件紹介や情報公開だけではなく，インターネットを通じた西陣を中心とする地域の情報を発信，まちづくりに関する視察，講演，セミナーや交流会等多様な活動を全国規模で展開しており，海外との交流も深い。近年は西陣だけではなく，市内各所，全国各地の町家や長屋の再生，「お見合い方式」の入居者募集など住文化を継承・活用するまちづくり・コミュニティづくり活動を展開している。

　特筆すべき点として，所有者の地域に対する思いを建物の再生を通じての具現化を，学生や若いアーティストなどが参画する中で行っていることである。そしてそれは結果的に地域活性化の起爆剤となるような長屋再生事業として展開された。「SOHO藤森寮」と「大黒町通の袋路長屋再生」である。

　SOHO藤森寮は西陣の北・鞍馬口通にある戦前の木造長屋であった。今から2, 30年前に学生アパートとして使用されていたが，「風呂無し，トイレ共同」という環境は現在の学生には敬遠され，空家となっていた。それを町家倶楽部ネットワークがコーディネートし，改修前から入居者を公募，入居者が一緒に改修・再生していく手法で行われた。入居者としてデザイナーや雑貨屋，工芸作家等多ジャンルの作家が決まり，それぞれがお金と労力を出し合って2003年にオープンした。西陣に現れた隠れ家的な工房，ショップは今ではガイドブックにも掲載されるようになり，多くの人たちが訪れるようになっている。

　東山区の大黒町通の袋路長屋再生についても，小針氏が大家から相談を受けたことをきっかけに町家倶楽部ネットワークがコーディネート，改修・再生した長屋である。ここにも若い作家等が職住一体で暮らすことを志向し，多数の応募が寄せられた。大家との「お見合い」により入居が決定した人たちに加え，市内で学ぶ大学生達も参加する中，手作りで改修・再生が行われた。ここ

でも，職住一体の工房がオープンしており，京都の住文化，職，生業が実感できるスポットとして注目を集めている。また，今後の長屋を再生する「見本」となることを目的に，一定期間の間改修のモデルハウスが設置され，改修の様子が見られるようになっていた。さらに長屋の課題である避難路の確保について，災害時には居住者が道に面した隣地を通ることの許可を得ており，単に住戸の改修だけではなく現代的な課題の解決策を示す取組でもあった。小針氏は「人と人，人と地域を結ぶ，関係者が楽しいと感じられることの実践として重ねています。空家を持っているのに貸すことに対する不安を持つ大家さん，職住一体での住まいを探す方双方の気持ちの橋渡しを，私たちの経験をおわけする形で実践しています。活性化ありきではなく，活動の結果地域が元気になる，という自然な流れが継続の秘訣でしょうか」と語る。

西陣倶楽部ネットワークは，このような取組・事業を通して，京町家を改修しながら多くの人の思いをネットワークし，新しい住文化，地域文化創造の足跡を残している。

3．企業・職能団体活動と京町家

(1) 概況

京町家の保全・再生の取組は，先述の非営利の市民活動グループだけではなく，民間企業もしくはそのネットワークが，社会貢献的な観点から，あるいは事業の一環として取り組むケースもある。本節では，企業が中心となった京町家の保全・再生に取り組む事例を紹介したい。

(2) 商業施設としての再生

現在，京都では約1000軒を超える「町家再生店舗」があると言われており，またその7割が飲食関係店舗と推計されている[5]。一言で「町家再生店舗」と言っても，従来の所有者が改修したものや，テナントの入れ替わり等により改修されたもの，所有者が変わることで改修されたものなど形態は様々であり，また京都資本だけではなく東京を中心とした他府県の資本により改修・運

営されているものも多い。また，京都の住文化を継承するという志の高さから町家改修店舗で営業を営む事業主だけではなく，京町家の付加価値性について，事業性を担保する上で必要だという経営的な判断から営業を営んでいる事業主もいる。

(3) 宿泊施設としての再生

京都は年間5千万人近い観光客が訪れる，観光都市でもある。近年は，観光の形態も変化してきており，団体が減少し，個人での旅行者が増加してきている。京都はリピーターの観光客が多い都市でもあり，回を重ねるごとに「これまでにない京都体験」を求めるようになってきている。その様な需要に応えるべく，京町家を活用した宿泊施設が増えてきている。旅館業として，簡易宿泊施設として，あるいは短期賃貸住宅としてなど様々な形態で町家の宿泊施設が供給されてきている。

(4) ストックを活用した分譲住宅として供給

フロー（新規建設・供給）型の住宅供給から，ストック活用型の住宅供給に変わりつつある近年，京町家を改修し，住宅商品として取り組む事例も生まれている。

株式会社ハチセが取り組む「リ・ストック住宅」（商標登録）であり，これは築20年以上の中古住宅やマンションを現代の生活にも適合する住まいへと改修し，そしてより価値ある住まいに生まれ変わった住宅の総称であり，その中に京町家を改修・再生する「リ・ストック町家」がある。

建築リサイクル法が施行（2002年）され，京都議定書も発効（2005年），より環境に配慮した住まいづくりが求められる中，循環型社会の構築の一手法になることをめざし

リ・ストック京町家（著者撮影）

て，この「リ・ストック住宅」は生まれた。これまで，市内に約450軒を供給する実績をもつ（2007年現在）。住まいの中で屋根や外壁，開口部を交換もしくは補修を加えることを基本とし，改修の程度に応じて2年，5年の保証期間をつけて引き渡している。またオプションとして耐震性能の補強，防犯対策の強化，バリアフリー等住まいの内部にきめ細かな配慮を加えている。また，これまで複数軒を手がけた経験を生かし，かつ老朽化住宅に関する耐震性の関心も高まっていることから，京町家の住戸内部に制震装置を施し，分譲するものもある。

本事業のビジネスモデルは，老朽化した木造住宅を入手し，現代的な改変を加える改修を施すことで新しい付加価値を乗せ，商品として販売するものである。株式会社ハチセの代表取締役の西村孝平社長は「単に古家を改修するだけではなく，京都の住文化を今後に渡って継承するためにやっており，そこに事業としての付加価値を見いだしている」と語る。

さらに同社では，幅広く京町家に関する情報を発信し，浸透させる仕組みとして「京町家検定」を企画・運営している。また，先述の「京町家情報センター」の主要メンバーとして活動するとともに，京町家に関する相続の相談を行うなど，社会活動と事業活動をリンクさせた取組を展開している。

(5) 京町家証券化の試み

不動産の証券化やリバースモーゲージ（自宅を担保にした年金制度の一種）の検討など，不動産を金融商品として扱い，市場の活性化を狙った取組が全国で展開されつつある。京都では「京町家不動産証券」として，2006年6月から取組が開始，目標の出資者を集め，現在も運用中である（2008年現在）。これは3軒の京町家を商業賃貸施設として5年間運用して出資者に還元する予定であるが，首都圏で実施されているような証券化とは性格が異なり，京町家の継承の一手法としての運用が色濃いと評価されている。

証券化の対象資産である京町家は，戦前に建てられたものであり，都心部に位置するいわゆる「既存不適格建築物」でもあり，一般的なビルやマンション等の現代建築の証券化のリスクと比較して，京町家故のリスクも存在してい

る。証券化の SPC の代表取締役である井上誠二氏（建都住宅販売株式会社代表取締役）は「京都の住文化を集約している京町家を将来にわたって継承するには，これまでのように京町家の所有者の心意気だけでは難しい。また京都都心部の景観形成を視野に入れた条例の施行やダウンゾーニングなども取り組まれてきている中，事業ベースで成り立つような仕組みを導入することは，私たち事業者にとっても，企業市民としての責務でもあると考えた」と，今回の証券化の意義を語っている。

　本事業においては，5500 万円分を募集したところ，全国から 723 口，7000 万円を越える申込があり，209 口の合計 5500 万円の出資を得ることができた。出資者を対象に行ったアンケートでは，64％が京都市内からの出資ということである。出資の理由として「京町家の再生や保存の役に立ちたかった」という理由であり，また，配当率3％についても，45％が「あまり重要ではなかった」と答えており，大多数が投機的よりむしろまちづくりの発想で出資していることがわかる[6]。

　つまり，京都における「京町家の不動産証券化」は，全国で展開されているような，収益重視の不動産事業としての証券化ビジネスではなく，関係者が創意と工夫を凝らし，証券化という手法を使いつつ京町家を未来に継承するための仕組みを構築するための試金石を打った事業ともいえる。

　京都の住文化を体現する京町家を保全・再生・継承する取組は，行政，NPO，企業等様々な方法が模索され，実行されているが，この証券化の手法は，ファイナンスの視点からその可能性を実証した取組と言えよう。

(6) 新しい町家を創る試み　～京都まちなかこだわり住宅

　本取組は，「京都ブランドの家を造る」ことを意図して実施したものであり，著者が企画・運営に参画した。京都は食料品や製造品など多様な「京都ブランド商品」を有する都市ではあるが，新規に供給される住宅に関しては，地域性の感じられないものが多数を占めている現状がある。そこで，著者が事務局を務める「都市居住推進研究会」の 10 周年記念事業として立ち上げ，2005 年に「全国都市再生モデル調査」に採択されたのを機に，財団法人京都市景観・ま

ちづくりセンターと共催で，都心部の土地利用の観点も入れた「京都まちなかこだわり住宅設計コンペ」事業を実施した。これは，「京都らしい住宅づくり」と「地産地消による地域産業連関の再構築」のモデルを具現化することをめざした。

本設計コンペの特徴としては，京都市都心部の土地利用状況等をふまえ，近い将来の住まいの建設・供給方法はいかにあるべきか，最初に論文を審査を行い（81組応募），論文審査に通過した建築家（5組）と学習会，ワークショップを重ねて，設計提案を受け付ける二段階方式を採用したことである。さらに設計審査は公開で行い，優秀賞の提案は実際にモデル住宅として建設した（2007年4月竣工）。さらにこのモデル住宅は一定期間公開し，「京都まちなかこだわり住宅」の情報発信拠点として活用した。

京都まちなかこだわり住宅外観
出所：「京都まちなかこだわり住宅」パンフレット

「京都まちなかこだわり住宅」の取組がめざしたものとしては，高級住宅の建設をめざしたのではなく，京都に丁寧に暮らしたい人の思いを叶える，庶民の住宅をイメージして実施している。またこの住宅を1軒だけ造るのが目的ではなく，同様なコンセプトで市内各地に拡がっていくことを目的として取り組み，このモデル住宅が核となって，第2，第3の「京都まちなかこだわり住宅」づくりが進んでいくことを期待しているものである。

何がポイントか考えよう

1. 京町家を保全・再生する意義，課題とは何か。
2. 京町家の保全・再生に向けた NPO，民間企業，市民，行政のそれぞれの役割は何か。
3. 京町家の保全・再生は，京都のまちづくりにどのような効果，影響を与えているか。

もう少し深く考えよう

市民・事業活動による活動とその効果・展望について整理したい。

(イ) 全国一律の制度から柔軟な運用へ

以上，京町家を取り巻く背景，そして京町家をテーマに取り組むNPOおよび企業等の活動について記してきた。京町家は京都の住文化，暮らしやコミュニティのあり方を具現化している建築で，その価値を保全・再生・継承しようとする活動は，多様な主体が行っている。そしてこれらの取組の蓄積が，建築基準法では「既存不適格建築物」とされながらも，減少の一途の恐れがあったものに歯止めをかけ，さらに祇園町南側地区のように地域まちづくりと連携しながら，意匠的に再建が可能となった地区もある[7]。全国一律の建築基準法が，京都の地域事情に併せて，柔軟に運用されるようになったことを表す顕著な事例である。

また，かねてから心配されていた耐震性についても，現代的な建築を対象とする構造計算手法だけではない，伝統的な木造建築の耐震性を判断する方法（限界体力設計法）も整備され，また防火性を実証的に実験するNPOの活躍などもあり，京町家を評価する基準と指標は徐々に変わりつつある。

(ロ) 新しい交流の装置として

「グローバル時代」といわれるようになって久しいが，国際間競争だけではなく，国内においても「都市間競争」といわれるようになり，より都市の個性を強く出していくことが求められる。近年は東京においても「江戸の復活」といわれるようになっているが，都市の個性を考える際，歴史や蓄積された文化というのは，強い力を持つ。その意味では，京都はスタート時点から大いにリードしているといえよう。その中で，京町家は史跡ではなく，現在も人の暮らしや商売が営まれている舞台であり，いわば「生きている建築」なのである。単に観光名所であるのではなく，そこに人の営みがある。ソフト産業として国や自治体では観光に力が入れられようとしているが，新しい観光のスタイルが模索，構築される中，交流の装置としての京町家も期待できよう。

(ハ) ソーシャル・キャピタルによる多様な展開の可能性

近年，ソーシャル・キャピタル（社会関係資本）に関する関心が高まってい

るが，これは家族のような血縁，会社のような組織によるつながりだけではなく，多様なNPO等の活躍とその実績により，相互の信頼や規範に基づくネットワークへの期待が高まっていることによるだろう。

民間のネットワークが，景観形成や文化の継承など公益に資する活動を展開する事例も多く見られるようになっており，京町家の保全・再生に関する活動もその一つと言えよう。民間のネットワークと一言でいってもその組織の形態や運営は様々で，理事会や専属の事務局を置く組織的な取組が可能なところから，個性的な数名のメンバーを核に，アメーバ的に活動を展開しているところまである。近年は団体相互の交流・協働も展開されるようになり，例えば京都市景観・まちづくりセンターの「京町家再生セミナー」を介して，それぞれが得意分野を生かし，役割分担をしながら企画・運営をする事例もある。

つまり，京都市内における京町家の保全・再生の活動を支える多様な主体は，それぞれの目的である「京町家」をテーマとした活動だけではなく，それを通して，新しい交流，京都で暮らす新しい価値観の提案・創造を行っているといえるのではないだろうか。

もっと知ろう

では，行政施策として京町家の継承に向けた取組にはどのようなものがあるのだろうか。ここでは京町家の保全再生に関する行政施策について，主要なものを掲載し，京都市における京町家の保全・再生の流れについて整理したい。

(イ) **京都市住宅マスタープラン**（1996年12月策定）

2005年度を目標年次として，京都らしい住まい・まちの継承と創造の手段として，京町家の活用促進を進めるとし，その体制として多様な主体の協力・連携によるパートナーシップを確立することをあげている。

(ロ) **職住共存地区ガイドプラン**（1998年4月策定）

京都市の基本計画である「新京都市基本計画」に示された「保全・再生・創造」の方針に従い策定されたガイドプランで，京町家等を重視し，歴史が凝縮された京都らしい町並みをできる限り保全・再生しつつ，新たな建築活動と共存を図りながら魅力ある定住環境，産業環境を確保し，パートナーシップのま

ちづくりに取り組むことを指針としてあげている。

(ハ) 京町家まちづくり調査の実施（1998年）

明治後期に市街化していた上京区，中京区，下京区，東山区の旧市街区域を対象に，京町家の実態調査，およびアンケート調査が実施された。大規模な悉皆調査としては初めての調査であり，この調査により同区域には約2万8千軒[8]の京町家が存在していることが明らかになった。

外観調査では，京町家再生の基礎資料とするために形態と残存状況，老朽度を分析するために「建物類型（京町家のタイプ）」「建物状態（建物の老朽度）」「京町家要素の保存状態（原型からの改変）」の3項目が調査された。この調査結果については，次に紹介する「京町家再生プラン」に詳しく掲載されており，また京都市都市計画局都市づくり推進課のホームページで公開されている[9]。

なお，この調査は，調査主体の1つでもある財団法人京都市景観・まちづくりセンターが呼びかけた市民ボランティア約600名が参画した調査で，単なる現状調査だけではなく，京町家に関する意識の普及・啓発にも大きく貢献した調査としても，特筆できよう。

(ニ) 京町家再生プラン（2000年5月策定）

少子高齢化や経済成長率の低下等を受け，既成市街地の再整備を図りながら都市の機能を充実させ，都市の成熟化を図る時代に移行しつつあるなか，都市づくりにおいても画一的な市街地整備ではなく，それぞれの都市の歴史や文化などの特徴を生かした個性豊かなまちづくりを進めることが求められるようになっている。また，地域福祉や防災，環境，商業等様々な面で地域コミュニティの重要性が再認識されており，企業，各種専門家，NPO等とのパートナーシップによる展開方策の検討が重要となってきている。

このような時代背景の下，京都のまちの歴史・文化の象徴であり，今日もなお多くの市民の都心居住を支えている京町家の現代的役割を評価し，その再生を促進することにより，個性ある京都の暮らし・空間・まちづくりを継承・発展する支援策としてまとめられた。プランでは，(ハ)で行った「京町家まちづくり調査」の結果を踏まえて，京町家の居住者に関わる課題を「京町家に蓄積さ

れた価値の共有」「京町家の適切な継承」「京町家居住者等の多様な問題への対応」，建物に関わる課題として「改修工事を促進する環境の整備」「安心・安全の確保」「景観視点の確保」「改修費用の負担の軽減」，そしてまちづくりに関わる課題として「地域住民による主体的なまちづくりの促進」「京町家の価値を活かすまちなみ景観の形成」「地域の防災能力の向上」「京町家を継承・発展する新たな建築物の創造」「京町家の多様な活用の促進」とあげている。

　本プランは，京町家を対象に初めて具体的な課題を整理し，それを解決するための手法を検討した行政施策であるといえよう。

㈥ 「町家型集合住宅」の取組

　京都の市街地の住宅は，かつては木造低層の「町家」が主流であり，現在もなお多数存在しているが，地価の高騰による高度利用，建物の老朽化のため，そして高度成長期には「古い商習慣を体現するもの」として積極的に現代建築に建て替えられた。近年は和装関連の地場産業の衰退により町家が売却，マンション等に建て替わるものが急激に増加，建築物の高さ，材料，規模等が従来の町家と異なるために，周辺環境や地域社会に様々な面で不調和をもたらした。しばしば「マンション問題」として，景観の不調和や熾烈な反対運動などがセンセーショナルにメディアに取り上げられた。しかし，不調和は景観面だけではなく，コミュニティ形成の面でも存在した。つまり，京町家は通りに面して建てられ，通りを介したコミュニケーションや地域活動を涵養する形態であるのだが，各住戸が通りに面さず，またコミュニケーションをとることを前提としない住戸構造が，従来のコミュニティと軋轢（あつれき）を起こしたことにもよる。

　このような課題を解決すべく，京都市により1991年に「中高層共同住宅供給に伴う建築紛争の研究」が行われ，それを契機に学識経験者や建築士を交え研究会が発足し，「町家型集合住宅」の開発に関する研究が進められた。町家型集合住宅の条件としては人口減少や高齢化が進むコミュニティに対して，「『お町内』に新しい力を」導入する契機とし，景観的にも調和させるために「穏やかな町並のデザイン」とし，京都の独自の敷地形状を継承するために「『うなぎの寝床』で快適な住まい」「共用通路をまち通りのように」し，そし

て「現代の住生活を充足する」とし，この内容を普及するためのガイドブックも作成された。

その後，このコンセプトを反映する集合住宅として「北野洛邑館」等の集合住宅が建設された（1996年竣工）。ガイドブックが出された当時は，工期が長くかかることやコストの関係から，施主のインセンティブが働きにくく，町家型集合住宅の普及は苦戦した。しかし，現在京都市内は次に紹介する新しい景観政策が導入されているために，京町家と調和する集合住宅のあり方を示すものとして改めて再評価されている。

(ヘ) 景観法の施行と景観条例の実施

京都市は，「景観政策先進都市」といわれてきている。1930年に都市の風致を維持することを目的にいち早く「風致地区」を指定，都市の美観を維持するために「屋外広告物条例」を制定（1956年），その後も「歴史的風土保存区域」（1966年）や「美観地区」（1972年），「特別保全修景地区」（1972年），「伝統的建造物群保存地区」（1976年），「歴史的界わい景観地区」（1985年），「建造物群保存地区」（1996年），「界わい景観整備地区」（1997年），「沿道景観形成地区」（1999年），「歴史的景観保全修景地区」（1999年）など，郊外，都心部を問わず歴史的な景観や風致の保全策を図ってきた。また，「歴史的意匠建造物」（1997年）の指定など，建物単体の保全策もされてきた。このようなことから，京都の景観政策は全国をリードするといわれてきた。

2005年6月に景観法が全面施行され，景観行政団体となる地方自治体が景観条例を定めてその実効性と法的強制力を備えるようになり，さらに行政だけでなく景観形成にかかわる住民やNPOの役割も重視されるようになった。つまり，従来は「古いものを守る」という姿勢が強かったものに対し，将来像を見据えて「新しく景観を創造する」という視点が加味された。

京都市ではこれを受けて2007年9月に景観条例を施行，新景観政策が展開されるようになった。建物の高さ，デザインのありよう，屋外広告物の形状と色彩等が見直され，中でも京町家が多く残存する都心地区では，高さが大幅に引き下げられ，京町家と共存する景観形成が図られるようになった。

もっと調べよう

稲葉陽二（2007）『ソーシャル・キャピタル』生産性出版。

大島祥子（2007）『地域密着型住宅・不動産ビジネスの展開から見る京都のストック活用の展望』住宅総合研究財団。

大島祥子（2008）「京都のストック活用の事例から見る地域密着型住宅・不動産ビジネスの展望」『都市住宅学』60号。

大谷孝彦（2007）「町家再生の現代的意義」『住宅総合研究財団研究論文集』No.34。

上林研二（2007）「景観保全と防災の両立を目指したまちづくり」『住宅総合研究財団研究論文集』No.34。

京都市（2000）『京町家再生プラン』。

京都市・町家型共同住宅研究会『町家型共同住宅設計ガイドブック』。

京町家作事組編著（2002）『京町家再生の技と智恵』学芸出版社。

国土交通省住宅局（2007）『歴史的街区における空家等のストック活用による新たなまちづくりの実証的調査』。

財団法人京都市景観・まちづくりセンター（2003）『なるほど！京町家の改修』。

巽和夫＋町家型集合住宅研究会編（1999）『町家型集合住宅』学芸出版社。

宗田好史（2007）『中心市街地の創造力』学芸出版社。

注

1) 城郭を持つ聚楽第の建設，洛中を囲い都市の領域を明確に区分したお土居の築造，寺院を移動させた寺町の形成，平安京以降上房制であった街区に図子を通して短冊状の都市へと改変させた。
2) 近世の京都の各町単位で取り決められた私的な取り決め。町定ともいう。
3) 町家倶楽部ネットワーク発表による。
4) 空家が発生する原因は様々であるが，西陣においては，居住者がそれまでの分業の間柄であった織り元などと培った関係から，職人がリタイヤした後も引き続きその家に住む事を許されて居住していたが，高齢化が進み，機械化や後継者の問題も相まって，そこの住人が子ども等に引き取られたり亡くなった後には，古くなった家だけが残って空家となっているケースが多い。
5) 宗田好史『中心市街地の創造力』学芸出版社，2007年，57ページから。
6) 京都大学経済研究所丸谷浩明研究室調査による。
7) 京都市の条例により，防火規制が緩和された。地区の住民の景観保全に対する意識が高いこと，自主的な防火活動が定着していることが条件。

8）　その後の 2003 年の第 2 回調査により，そこから約 13％の京町家が除却されたと推計されている。
9）　http://www.city.kyoto.lg.jp/tokei/page/0000004248.html（2008 年 9 月現在）

〔大島祥子〕

第 11 章

「京都ブランド」をテーマにしたまちづくり
── 「三条あかり景色」の挑戦 ──

　本章では，著者が設立に関わり，事務局をつとめるNPO（非営利市民組織。法人格はない）「楽洛まちぶら会」が主催する「三条あかり景色」の取組を中心に紹介し，企画の内容のみならず，組織の運営，メンバーのモチベーションなどについても触れながら，地域をブランド化していく取組について考察する。

　地域ブランドに向けた取組は，「中小企業の振興」「地産地消の促進」「地域おこし活動の支援」等多様な視点で展開されており，各地域の経済的な活性化や，観光による活性化の視点から国の政策として取り組まれているものでもある。つまり，地域の活性化の基盤の一つとなる「地域のブランド化」は，個性化，つまり差別化と付加価値により形成されるもので，それがまちづくり活動のみならず経済活動や文化・芸術活動にまでも波及する効果が期待でき，ひいては文化・芸術によるまちづくりなど，多様な展開を可能にする手段として関心を集めている。

　その1つのケーススタディとして「三条あかり景色」を考察するとともに，民間が公的な役割を果たす「新しい公共の創造」の取組としても考察する。これは，一見すれば単なるまちの彩りと賑わいを目的としたイベントに見えるかもしれないが，同取組の主催者の思いと狙いとしては，文化・芸術性を帯びたまちづくりの1つの可能性，交流型の新しい観光のスタイルを示し，またソーシャル・キャピタル（社会関係資本）を基盤とした取組の可能性を示すモデルとして実証してきているものである。これらを題材に特定のテーマ，ミッション（使命感）に基づき活動するNPOの枠を越えた，公的な領域に関する内容

に取り組む民間セクターの主体論，マネジメント論に関して考察したい。

ケースを読む

1. 三条あかり景色がチャレンジした通りのブランド化

(1) 三条あかり景色の概要
(イ) 三条あかり景色とは

　三条あかり景色とは，楽洛まちぶら会が主催して行った照明，映像を用いた夜の屋外イベントで，京都の都心部・三条通を舞台に，新しい夜の景観，新しい夜のまちなかを楽しむ仕掛けづくりを目的に実施した事業であり，社会実験である。2004年9月18日から20日の3日間に第1回目を実施し，2006年9月16日から18日に第3回目を実施した。

　京都と江戸を結ぶ東海道の発着点である三条通は，近世は人と物資と情報が行き交う街道として，近代には金融機関が立ち並ぶビジネスのメインストリートとして機能してきた。しかしながら次第に京都のメインストリートは烏丸通に移り，また戦中・戦後の道路拡幅や区画整理などの都市開発から取り残されたこともあり，徐々にかつての活気は失われていった。そしてしばらくは「かつてのメインストリート」として，歴史的な建築物や店舗などは結果として温存されてきた。

　その後，1990年代に入った頃，都市の個性や近代建築に対する関心が広く認められるようになってきた中，三条通は近代建築の集積や老舗の存在，ヒューマンスケールな空間が再評価され，三条通の「古くて，どこか新しいと感じられる」面が注目を集め，商業空間として息を吹き返していった。現在では通りの景観がかもし出す個性が人を呼び，人が新しい店を呼び，さらに魅力的な店が人を呼ぶという相乗効果が現れ，京都市内でも屈指の個性的で魅力的な商業空間となりつつある。

　しかしながら，三条通の夜は早い。飲食店などは深夜まで開いている店も増加しつつあるが，物販などは午後7時には軒並み閉店している状況であった。一方，ヨーロッパ等の歴史的都市に見るように，成熟した都市は「夜，大人が

第 11 章 「京都ブランド」をテーマにしたまちづくり 249

遊べる」「散策できる」空間が存在しているが，歴史都市である京都には，そのような空間は皆無に等しい（盛り場等夜遅くまで営業している店だけではなく，都市空間として満喫できることを指す）。そこに注目した楽洛まちぶら会では，三条通の新しい夜の空間を演出すること，そして夜に都市空間を楽しみ，満喫できるような仕掛けづくりを試みることで他の通りとの差別化，ひいては地域のブランド化を図ることを社会実験を通じて行うこととした。

　楽洛まちぶら会が三条通を対象としたのは，当時の活動の中心を担っていたメンバーである新風館（近代建築を併設する商業施設）やアートコンプレックス 1928（旧毎日新聞本社跡地を活用した複合ビル）等が三条通に立地していたことから，「先ずは身近な環境で取り組もう」として，三条通を対象に実施することとした。

　空間の演出の方法としては，集積する近代建築 7 棟のライトアップに加え，当時個人にも徐々に普及し始めていたプロジェクターを用いて映像コンテンツを壁面に照射し，建物と映像をコラボレーションしながら演出を行い，夜を彩ることとした。この様な演出方法は，三条あかり景色を実施した当時については，建物単体を光でラッピングする手法として実施されてはいたが，複数の建物において同時多発的に実施し，かつ公道を舞台に実施している事例は全国，および世界でも例がなかった。さらに本取組ではこれら「ハード」の演出だけではなく，沿道のショップを繋ぐ企画を導入することで，来場者の回遊性を確

三条あかり景色 2006 の様子（撮影：楽洛まちぶら会）

保する「ソフト」の演出を同時に進め，魅力的な夜の界隈を演出した。これについては後で詳しく紹介する。

これらの取組は新聞やテレビ，ラジオ，雑誌やフリーペーパー，行政の広報紙など多様なメディアで告知，報告されたこともあり，2006年の実施時には来場者数は15万人を数えた（主催者調査による）。企画を実施する主催者側の当日スタッフは市内の大学生を中心にのべ400名を超え，三条通沿道を中心とした企画に参加する店舗も60を越えるなど，地域密着型の企画，社会実験として展開してきた。

(ロ) 三条あかり景色の多様な展開

3回目の実施となった「三条あかり景色2006」では，それまでの3回の演出の技術の蓄積やネットワークの拡大を生かし，映像照射の数を増加（第1回目からは約3倍の約70カ所），照射する映像コンテンツも増加（同約4倍の68本）させるとともに，従来の学生等への公募だけでなく映像クリエーターの参画によるコンテンツの制作も可能になり，照射箇所に応じた演出も可能となった。また，高瀬川や新風館においては，同志社女子大学や立命館大学との協働企画が可能となり，協働関係を構築しながら事業を実施することが可能となった。つまり，事業の規模と拡大を主催者に過大な負担を増加させることなく実現できた。

三条あかり景色は，まちづくりグループが三条通を舞台に自由気ままに華やかなイベントをしたわけではない。地域のまちづくり組織である「京の三条まちづくり協議会」に企画当初から様々な相談をし，協力を得ながら進めており，さらにメンバーのネットワークを生かしながら，各店舗や事業者にも事前に内容を通知し，理解を得ながら進めてきた。何より，本事業はプロジェクターを用いて壁面に映像を照射するものなので，プロジェクターの設置や電源の確保については沿道の方々の理解と協力無しには実施できない。特にプロジェクターについては電源を提供していただき，機材を軒先に設置するだけではなく，中には家の中に設置させていただいたり，あるいは前日から巨大なモニターを玄関部分に設置するなど，単なる協力だけではできない内容までお願いしていたのである。当日は1日あたり総勢100人以上のスタッフの体制で

第 11 章 「京都ブランド」をテーマにしたまちづくり　251

行っていたが，プロジェクターの管理をしているスタッフに軒先を提供してくれた方からお茶を出していただいたり，励ましのエールをいただくということもしばしば見られた。三条あかり景色は，単に夜のまちを演出するだけではなく，三条通沿道の商店やマンションなど，三条通の「線としての一体感」の創出を試みる取り組みでもあった。この様なエピソードからも，この目的は達成できたのではないか，と考えている。

　(ハ)　三条あかり景色の特徴
　楽洛まちぶら会の名称は，「まちをブラブラできる素敵な空間に」という思いを込めるだけではなく「まちをブランド化する」という狙いも込めたことから付けられている。
　「ブランド」を直訳すると「銘柄・商標」，「区別，固有性，差別化，付加価値，信頼性」（大辞林）という意味になるが，ここでは他にはない個性を生かしながら，それを伸ばして，誇りが持てるものに育て上げる事象を「地域のブランド形成」として位置づけている。
　地域の個性を生かしたまちづくりを進める取組は全国で見られるようになっている。全国で進められる「地域ブランド事業」としては，中小企業庁の「JAPANブランド育成支援事業」や「地域資源活用販路開拓等支援事業」，総務省の「特定地域経済活性化対策推進地域」の選定，近畿経済産業局の「近畿の地域資源を活用した地域ブランドの形成および活用方策についての調査研究」，農林水産省では「郷土料理百選」など，枚挙にいとまがない。そしてこれらは産品を中心としたブランド化により，「中小企業の振興」「地産地消の促進」「地域おこし活動の支援」など様々な視点で展開されている。
　三条あかり景色は，京都のまちなかのブランド化を向上させることを大きな目的としているが，以上のような特定の産品に与えられるブランドではなく，まちそのもののブランドを形成することを目指している。
　そして，まちをブランド化する際に必要と考えたのが，「差別化」もう1つは「付加価値」であった。三条あかり景色における他との「差別化」は，三条通に沿ったビルの壁面に数多くの映像が照射されるというイベントの特異さと，運営母体のユニークさがあげられる。担い手の「仕事」としての参加を一

切無くし,「興味参加」「参加することで自らの研鑽になる」という仕組みを導入しながら運営した結果可能となったのである。さらに行政や企業主導のイベントとは異なり,一般の市民グループ自らが企画し,独自に運営を続けているという点も特筆すべき差別化である。

「付加価値」としては,市民,学生,三条通沿道の住民自らがコミュニティを活性化させるために恊働する新しい市民参加のモデルとなっている点,従来から不足していると指摘されていた京都の夜の観光や集客の新しい起爆剤となる可能性があること,アートによる新しい文化の創造とまちづくりを行う事例として評価されたこと等があげられる。

さらに,運営予算の特徴もあげられる。三条あかり景色は,原則「お金が無くても,創意工夫で実現できる」モデルとして実施した。というのは,1年目に「やろう」と決断した際の予算はゼロ。幸運にも企画を始めてから約半年経った2004年7月に「全国都市再生モデル調査」に採択され,リーフレットやチラシ等の印刷実費,スタッフの一体感を高めるTシャツの作成,安全性を確保するためのガードマン設置費用を賄うことができたが,プロジェクター等機材の手配やデザイン,ウェブサイトの作成等は全て費用をかけずに行った。これは,多種多様な職能で構成する楽洛まちぶら会であるが故に可能であり,またそのような「持ち寄り参加」が結果として自らの職域の拡大やネットワークの拡大等「モチベーション」につながることが可能となったからである。また機材の貸借等についても,新しい取組に対する「応援」「興味」などから多くの企業,大学,個人から機材の所有者の負担で借りることができた。2年目,3年目についても京都府や京都市から補助金や調査費用を得つつ,足りない分は企業や個人からの「応援」で賄ってきた。

(2) 同時に行ったソフト事業

三条あかり景色は,三条通沿道をあかりで演出するだけではなく,「歩いて楽しいまちなかの空間」「イベントのためではなく,まちづくりの一環としての演出」「継続できる仕組みの模索」を含み,これらの手法を提案することも含んだ社会実験であったことから,以下の取組についても並行して行ってい

た。

(イ) アートと音楽による演出〜コラボレーション企画

　三条あかり景色に彩りを添えるものとして，アートや音楽などによる演出を行っており，それらを「コラボレーション企画」と呼んでいる。2006年の取組では，三条あかり景色を実施している3日間，12組のアーチストが有志で参加してくださった。会場は三条通沿道の「京都文化博物館別館」，「新風館」，「アートコンプレックス1928」，「三条京阪KYOUEN」の施設を借りて実施した。アカペラからフルート等の管楽器，ピアノ演奏，ライブなど多様な市民の発表の場となり，また三条あかり景色に賛同してのボランタリーな公演となった。

　コラボレーションとして，個人のアーチストだけではなく団体との連携も行った。新京極映画祭（毎年10月に開催する映画上映イベント）実行委員会とは三条あかり景色の初年度から連携を展開しており，広報の連携に加え同日にイベントを開催するなどイベントそのものの連携を行った。

　さらに，2006年度はメンバーの縁から，伝統芸能である狂言と，京都出身ピアニストのコラボレーション企画が実現した。茂山逸平氏と稲本響氏の共演である。両者とも三条あかり景色に色を添えるという点から出演を快諾いただき，直前の音合わせ以外はほとんど即興の一流のプロならではのコラボレーションとなり，大盛況のうちに幕を下ろした。

　これらは，三条あかり景色の来訪者が，歩くだけではなく三条通沿道の施設で腰を下ろして音楽等を楽しみ，文化が集積した三条通を様々な角度から満喫していただくために実施したもので，いずれも無料で開放した（ただし狂言とピアノのコラボレーション

ピアノと狂言のコラボレーションの様子

（撮影：楽洛まちぶら会）

は事前に整理券を配付）。そして出演者もギャラはなく，有志での参加である。

(ロ) スクラッチとあかり通貨

スクラッチ企画は，2006年の三条あかり景色で導入した。2005年にはビンゴ形式を採用した「まちぶらビンゴ」を実施していたが，その改良版である。

三条通を中心とした沿道の店舗が参画する企画で，参加店舗で共通のスクラッチカードを配付，「抽選券」と書かれた当たりが出れば三条あかり景色当日実施する抽選会に参加できるシステムである。抽選の景品は，参加店舗（63店舗）で使用できる金券，もしくは参加店舗から提供された商品（小物や雑貨，5万円相当の自転車まで）が当たるというゲームである。この企画は参加店舗から1万円の参加費を得て実施しているが，印刷実費と商品，各店舗で利用できる金券（後日，楽洛まちぶら会が金券と現金を引き替える）で相殺する，三条あかり景色とは会計が独立した事業である。ゲーム性を導入して三条通界隈を歩く機会を創造するとともに，各店舗が同一企画で連携するというネットワークづくりを目指した企画である。

この企画には450枚の引換券，300人を超える来場があり，周辺の店舗利用と三条あかり景色の来場がリンクした，賑わいづくりと経済効果を兼ねた取組として機能したのではないだろうか。なお，当該エリアの三条通は商店街組合など商業者をネットワークする組織がなく，通りを中心とした販売促進活動が実施されたのは初めてのことであった。

(ハ) 応援短冊

「応援短冊」とは，三条あかり景色を実施するにあたり，事業の実施にかかる実費（印刷製本費，広告宣伝費等）をより多くの方の応援を得ながら賄うための仕組みとして，2005年度から導入している手法である。一口3千円で募集をし，応援してくれた人には手作りの「短冊」をお渡しする。この短冊を軒先につるすことで，通りの賑わいを演出することも狙った。京都では，神事に対して寄付をした際「御神酒」と書いた紙が渡され，それを表に貼って神様の加護を祈る風習があるが，それに倣った取組である。

この応援は京都の企業や個人，楽洛まちぶら会メンバー自身の応援短冊への

参加を含め，より多様な主体，法人・個人の方々から応援をうけ，合計74の企業，個人から合計464口の応援を得た（2006年実績）。これは，三条あかり景色の実施予算の約7割（他は行政の補助金や調査費）を占めており，三条あかり景色は事実上，町衆の応援によって成り立っているといえよう。

(3) 継続のための仕組みづくり

一般的に，事業やイベントを継続する際の3大課題として「カネ」「モノ」「ヒト」がある。そこで，インターンシッププログラムを「ヒト」を継続的に育成，参加を促す仕組みを体系的に整える窓口として，実験的に導入した。またプロジェクターファンドは「モノ」を継続的に確保する仕組みとして，動き出したシステムである。

(イ) インターンシッププログラムの導入

インターンシッププログラムの導入にあたっては，財団法人大学コンソーシアム京都の制度を利用し，「パブリックコース」としてエントリーした。研修生は単に「イベントのスタッフ」として迎えたのではなく，メンバーの一員として自ら判断，行動し，来訪者の満足度や関係者の感想等に関する社会調査を行うことを課題として与えた。専門家による社会調査に関する講義や企画書づくり，調査の実施，分析の一連の作業をインターンシップ研修生が主体的にできるようにした。

さらに準備段階からメンバーの一員として参加するようプログラムを設定しているので，三条あかり景色のイベント当日には，大学生を中心としたボランティアスタッフと楽洛まちぶら会の「つなぎ役」としても機能した。1日あたり100人を超えるボランティアスタッフが参加するの

インターンシップ研修の様子（著者撮影）

であるが，全てのボランティアスタッフにきめ細かい趣旨説明や作業の意味などを説明するために，同じ大学生として，リーダー的に活躍する研修生の姿が見られた。

(ロ) プロジェクターファンドの導入

あかり景色を実施するには，映像を投射するために数多くのプロジェクターが必要である。これまでに，開催の度に50〜60台のプロジェクターを関係者や知人，企業等から貸与を受けてきた。プロジェクターの確保は，あかり景色の生命線である。毎回，必要台数の確保に奔走してきたが，継続的な開催に向けて，この作業をシステム的に行うことができないかと，プロジェクターネットワーク，およびプロジェクターファンドの構築を進めてきた。

プロジェクターネットワークとは，これまで貸与いただいた方を登録し，「毎年，この時期になれば貸してください」と継続的な参画を依頼している。また，プロジェクターを所持していない企業および個人に対しては，三条あかり景色を応援いただいている企業数社から，一定以上の量を購入する際に適用される割安な価格（まちぶら価格）で購入し，自己利用するとともに，あかり景色の際には楽洛まちぶら会に貸与いただく仕組み作りを推進している。

プロジェクターファンドとは，現在構築中の仕組みであるが，楽洛まちぶら会で一定数以上のプロジェクターを保有し，あかり映像コンテンツを活用したまちづくりを応援していく，いわばコミュニティ・ビジネスの要素を含んだ「コンテンツ・ビジネス」の体制を作っていこうとするものである。さらに，同時にプロジェクターを所有することで，映像などいわば「アートのまちづくり」を推進する際に，プロジェクターを貸与およびコーディネート・プロデュースすることで，幾ばくかの収益が生じた際，これらをあかり景色を開催していく原資として活用していくことを展望している。2006年は楽洛まちぶら会で3台のプロジェクターを購入，次の展開に向けて，現在足固めを進めているところである。

2．楽洛まちぶら会とは
〜ソーシャル・キャピタルの基盤を見る

(1) 組織のでき方・あり方

「楽洛まちぶら会」は，京都で事業活動やまちづくり活動を展開している有志で構成する任意のグループである。発足のきっかけは，KBS 京都の番組「どうする京都 21」（現在は終了）の番組を企画している「どうする京都市民クラブ」が，2003 年度の活動目標を「京都ブランドの創造」とし，同年 6 月の番組を通じて「ものづくり」「まちづくり」の 2 つのプロジェクトが生まれ，楽洛まちぶら会はこのうち「まちづくり」のプロジェクトチームとして活動を開始したことによる。活動の前提としては，個人の思いと活動を紡ぎあい，より魅力的な京都を創造し，広く発信していくことを目指している。また，これらの活動そのものが，現代の町衆により形成される「京都ブランド」として周知・応援されることも目指している。単なるボランティア的な取り組みではなく，まちづくりの基盤づくりを目指しており，いわば「人材・情報交流のプラットフォームとなるソーシャル・キャピタル」「コミュニティ・ビジネスとして展開する際のインキュベート母体」となることを目指している。

楽洛まちぶら会のメンバーは，商店主や企業の役員，サラリーマン，経営者，デザイナー，プロデューサー，演出家，学識経験者，まちづくり専門家，学生，マスコミなど多様な技術とネットワーク，情報を持った人々で構成されている。若手で元気な 20〜40 歳代の年齢層が会の中心をなし，従来の組合型の活動やボランティア型のまちづくり活動には見られなかったメンバーで構成していることも特徴である。

会の発足当時は，番組出演の 6 名から始まった。その後メンバーの口コミによる呼びかけや，活動の「噂」を聞き興味を持って参加するようになった人など，回を重ねるごとに人数が増加してきている。人数の増加は，主旨の賛同者，つまり会の取り組みの理解者および実践者の増加につながっている。

(2) 意思決定システム

　発足当初，楽洛まちぶら会は代表と事務局を置くだけのシンプルな組織で運営していた。組織としてのトップダウンによる決定や行動というものもなく，「全員合議制」を原則として運営してきた。しかしながら主要な事業である「三条あかり景色」の規模が徐々に拡大し，多様な取組が並行して行われるようになると，組織としての意思決定が困難になってきた。

　三条あかり景色については，初回からアートを生かしたまちづくりに実績のあるメンバーの小原啓渡氏（アートコンプレックス1928プロデューサー）を統括プロデューサーとして進めていたが，音楽演奏を行う「コラボレーション」，スクラッチ等店舗をつなぎ合わせる「ネットワーク」，照射する映像の収集・整理を行う「コンテンツ」，プロジェクターの設置や機材の使用などの「技術・演出」，広報宣伝，イベント時には延べ400人を超えるスタッフのマネジメントなど多様な機能が求められ，それぞれチームを組んで暫定的に動いていた。

　しかし，それぞれのチームに別れて効率的に動くことができても，チーム内だけで決められないことなど様々な支障が出てきた。しかも，民間の有志の集まりであるにもかかわらず，様々な弊害が指摘されている「縦割り」になっては本末転倒である。そこでシンプルな組織形態から理事会・評議会のような制度を導入しようと，2005年から「世話人制」を採った。これは会の発足当初から主要メンバーとして活動している12人の「世話人」で構成し，ここで会としての決定事項を下すこととした。このことで会としての意思決定システムが明確になり，個人の思いを繋ぎ合うという「窓口」から，実行する「窓口」として，ネットワーク組織の体制を整えてきた。

(3) 情報共有とコミュニケーション

　楽洛まちぶら会では，月に1回もしくは2回のペースで会合を開催している。三条あかり景色の直近などは，事業遂行に関する事務的な話が多くなるが，それ以外は自由な意見と情報交換，いわばサロンのような会となっている。参加者は学生から50代後半の事業者等幅広いが，ここでは年齢による

「縦社会」は存在せず，それぞれの価値観や技術，個性を尊重した緩やかな人間関係ができている。運営は会合だけではなく，メンバー全員が参加するメーリングリストを通じて情報交換，コミュニケーションを重ねている。楽洛まちぶら会としての活動だけではなく，メンバーそれぞれの仕事において，このネットワークを生かした新しいビジネスのマッチングなども展開されてきている。

3．組織のマネジメント

楽洛まちぶら会の組織のマネジメントについては，メンバーを対象に行ったアンケート調査分析を通じて紹介したい。本調査は，2006年の三条あかり景色終了後，メーリングリストを通じて，メンバーから回答を得たものである。本調査については，24名の回答があった。

(1) 参加動機
参加動機としては「京都が好き」が一番高く2割のスタッフが応えており，ついで「プロジェクトに惹かれて」「まちに貢献できる」と答えている。他に卒論の調査のため，大学教授に薦められて，キャリアや能力の向上などそれぞれの自分の目的で参加している。

(2) モチベーションの拠所
三条あかり景色は仕事や義務として参加するのではなく，いわばメンバーのモチベーションだけで成り立っている取組ともいえるのだが，そのモチベーションが何であるのかを問うた。モチベーションについては「チャレンジ精神」が3割を超え一番高く，「京都への愛着」が2割となっている。他にも「連帯による充実感」とプロセスと事業そのものを楽しむという意見，「担当を任された責任感」，「三条あかり景色を良くしたい」という回答も寄せられた。モチベーションの拠所については，多くが義務感ではなく主体性を持ち，自分の成長のための機会として捉え，それがモチベーションとなっている。

(3) 三条あかり景色全体の良かった点，改善すべき点

　この点については，事業の評価とも関連するが，アンケートで寄せられた意見を紹介することでメンバーそれぞれが感じている成果と課題として紹介したい。楽洛まちぶら会として，事業による成果と課題などの評価は，報告書を作成して発信しているが，その多くは照射した画像の数や来訪者数など客観的情報のアウトプットであり，満足度などのアウトカムについては，メンバーそれぞれの観点から感じ，発信している。つまり，組織としての成果は，どれだけの演出ができたか，どれだけの満足度があったか（社会調査としてアンケート調査を実施）の見解は出しているが，評価についてはスタッフ，来訪者，沿道の店舗の方々等それぞれに任せている。これは，主催者として評価をなおざりにしているのではなく，そもそもまちづくりの一環として取り組むことを主軸に据えて実施しているものであることから，主催者がその評価を独善的に下すものではなく，三条あかり景色に接した方が感じて，それぞれから発信してもらう，という形態をとっているのである。

　良かった点については，全体のクオリティや知名度の向上，ボランティアや学生など若い世代のパワーの活用など，三条あかり景色を支える層の広がり，参加者のモチベーションやメンバー間のコミュニケーションの深まりといった，マンパワーの充実，連動企画の充実といった横のつながりを評価する回答が目立った。そして「ノウハウの蓄積」，「『ヒト』『モノ』『カネ』について今後の道筋をつけることができた」という今後につながる成果が高く評価されている。また，来訪者のみならず，運営者側も楽しめるということに三条あかり景色の魅力を感じている人が多い。

　改善すべき点としては，早くからの準備が課題だと感じている人が多い。楽洛まちぶら会専属のスタッフがいないことから，仕事，学校，研究の合間を縫っての参加であり，「スケジュールが近づいてきた」といういわば「危機感」から準備作業がスピードアップする，ということを繰り返してきた。また「チェック機能を持っていないこと」，「楽洛まちぶら会のコアメンバーなど，あかり景色の全体を把握している者は，もっと準備段階でも開催中も『仕事を振る』ということを覚える必要があるのでは」，「ボランティアスタッフやイン

ターン学生との交流や活かし方，サポート体制」，「事務局体制の拡充」といった組織体制づくりやマネジメントを課題としている回答も多く寄せられている。

何がポイントか考えよう

1. まちづくりを行った際，その地域やその担い手に与える効果とはどのようなものか。
2. 民間セクターのマネジメントに必要な要素は何か。
3. 三条あかり景色について，民間セクターが公的な役割を果たす「新しい公共」としてどのような面が該当するか。
4. あなたが知っている「ブランド化しているまち」について，どの点がブランド化しているか考えて下さい。

もう少し深く考えよう

　NPOである楽洛まちぶら会が「三条あかり景色」を実施することで，どのような効果があったのか考察したい。

(1) 来場者，沿道事業者等の満足度

　来場者や三条通沿道の店舗，住民は三条あかり景色についてどう見ていたのだろうか。三条あかり景色は，初年度から3年間，毎年継続して来訪者や三条通沿道の方々にアンケート調査を実施している。この調査から，2006年度に実施した調査を基に，それぞれの満足度等について見てみたい。なお，本調査の有効回答数は252件であった。

(イ) 来場者アンケート

　本アンケートは三条あかり景色2006（9月16日〜18日の午後7時から10時）への来訪者に対して，街頭で聞き取り調査を行ったものである。本調査はインターンシップの研修の一環として企画・実施したものである。

　① 回答者について

　回答者の居住地は，「京都市内」が53％と半数を占めた。ついで「大阪」が

16%，「京都府域」「滋賀」が 6％と近隣からの参加が多い。

② 誰と来たか，また来訪の交通手段は何か

誰といっしょに来たかについては，「友人」が 35％ともっとも多い。ついで「1人」が 22％，「家族」が 21％，「カップル」が 20％であった。2005 と比較すると「カップル」（昨年 14％）の割合が増えた。

③ 本企画を知ったきっかけ，訪れたきっかけ

「偶然通りかかった」が 31％ともっとも多かった。ついで「口コミ」が 19％，「新聞」が 15％，「ポスター」が 12％，「パンフレット」が 9％，「雑誌」が 5％であった。「紹介」「知人参加」という口コミが少なくないことが特徴的である。

④ 今後の開催希望

三条あかり景色の今後の開催希望については，98％が「はい」と開催を希望している。企画そのものは圧倒的に支持されていることがわかる。

⑤ 本企画参加前後の支出について

本企画の経済効果を考える 1 つの素材として，企画参加前後の出費について尋ねた。「飲食費」については，「1000 円未満」が 34％，「1000 円以上 3000 円未満」が 32％，「3000 円以上 5000 円未満」が 20％，「5000 円以上」が 14％であった。「1000 円未満」を 500 円，「1000 円以上 3000 円未満」を 2000 円，「3000 円以上 5000 円未満」を 4000 円，「5000 円以上」を 6000 円と仮に標準化して計算すると，平均 2452 円であった。

同じく「物品費」については，「1000 円未満」が 66％，「1000 円以上 3000 円未満」が 20％，「3000 円以上 5000 円未満」が 7％，「5000 円以上」が 7％であった。標準化した平均値は 1438 円である。

「その他」の出費については，「1000 円未満」が 79％，「1000 円以上 3000 円未満」が 12％，「3000 円以上 5000 円未満」が 5％，「5000 円以上」が 5％であった。標準化した平均値は 1093 円である。

以上から，飲食費以外は 1000 円以下の比較的少額な消費が多くなっているが，人が増加することで少なからず経済的な効果かあることがわかった。

⑥ 三条あかり景色の満足度について

「満足」が54％，「やや満足」が33％と，約9割の人が満足しているといえる。主催者立場からはまだまだ改善の余地を感じ，また大きく発展する潜在的な可能性があるものの，参加者にとっては現時点でも楽しい企画として受け止められていることがわかる。

　㋺　沿道ショップ

　三条通界隈の店舗160店舗を対象に配付，三条あかり景色終了後にファックスにて回収した。回収率は25.0％であった。

①　三条あかり景色中の来店者数について

　来店者数の変化に関しては，「変わらない」としている店舗が26店舗（74.3％）で高くなっているが，「増加」したとする店舗も8店舗（22.9％）あり，「減少」としている店舗は1店舗（2.9％）のみであった。以上から，三条通の歩行者の通行量が増加すれば，来店者も増加するという関係が明らかとなった。

②　売り上げについて

　売り上げに関しては，「変わらない」としている店舗が25店舗（71.4％）で高く，次いで「増加」としている店舗が8店舗（22.9％）あり，「減少」としている店舗は2店舗（5.7％）のみであった。この設問に関しては，①の「来店者数」が大きく関わっていると考えられることから，売り上げが急増するというようなことはあまり見られなかったが（一部の店舗を除いて），来店者の増加が「売り上げ増加」へ働いていると考えられる。

③　賑わいについて

　賑わいに関しては，「賑わいがあった」が18店舗（54.5％）で一番多く，次いで「ややあった」が12店舗（36.4％），「あまりなかった」が3店舗（9.1％）となっている。「賑わいがなかった」と答えた店舗は無かった。

④　通りの，まちのブランド化について

　ブランド化に関しては，「ややブランド化した」が17店舗（47.2％）で一番多く，次いで，「あまりしていない」が10店舗（27.8％），「ブランド化した」が7店舗（19.4％），「していない」が2店舗（5.6％）となっている。多くの人が集まる演出を従来ない手法を用いた差別化，音楽演奏やスクラッチ等の企画

による付加価値性を備えた取組により，ブランド化を図ることができる，という認識が共有できているといえよう。

⑤　取り組み自体について

取り組みに関しては，「有意義であると思う」が21店舗（58.3%）で一番多く，次いで，「ややそう思う」が11店舗（30.6%），「あまりそう思わない」が3店舗（8.3%），「思わない」が1店舗（2.8%）となっている。「有意義であると思う」と「ややそう思う」を合わせると32店舗（88.9%）の店舗が有意義だと感じており，本取り組みへの評価の高さが伺えるのではないだろうか。

(2)　魅力的な都市空間の演出

三条あかり景色は，「映像を用いて，ハードとして新しい夜の景観の提案」「まちなみだけではなく，歩くことが楽しく快適になる仕掛けづくり」を車の両輪に見立てて実施してきた取組である。これまで3回に亘り実施してきたが，初年度の27画面から3年目は約70画面と確実に規模を拡大してきており，来場者も初年度の5万人から3年目は15万人と増加させてきている（主催者による交通量調査結果による）。照射する映像コンテンツについては，初年度は京都映画祭や京都で映像制作を学ぶ学生に対して公募で収集したが，2年目以降は本イベントに関心を持った映像クリエーターなどのプロからの提供を受けることが可能となり質的にもかなりの面で改善を図ってきた。さらに，3年目は「この場所だけのオリジナルコンテンツ」という，場所毎に制作した即地性の高い演出も導入しており，よりオリジナリティの高い演出が可能となってきた。

このイベントを支える担い手も増加してきており，初年度はのべ150人であったものから3年目はのべ400人と増加，インターンシップ研修生や学生有志などを多数迎えることが可能となった。

2007年9月1日に京都市内では新しい景観政策が実施され，高さ規制，建物のデザイン，屋外広告物の規制強化が実施され，政令指定都市としては全国まれに見る規制強化が行われ，全国的にも京都市の景観形成については注目を集めている。さらに2007年10月には「歩いて楽しいまちなか戦略」として，

四条通のトランジットモール化に向けた社会実験や，京都市域の交通政策に向けた動きが始まっている。これらは，いわば行政主導による取組として，注目を集めている。

一方，楽洛まちぶら会による三条あかり景色は，活動の実費については「社会実験」という位置として行政からの補助を受けているが，根底にあるのは「民間主導による魅力的な空間形成」である。行政の取組は行政が主導的に告知，広報がされるが，民間の取組は限られた原資で創意工夫を凝らして行わなければいけない。そこで民間の楽洛まちぶら会では，フリーペーパーや情報誌などに積極的に情報を発信し，いわば「楽しい取組」「注目したくなる取組」としてのメディアに掲載することができ，その結果多くの人の来場を得ることができ，「京都の三条がおもしろいらしい」というムーブメントづくりに成功した。

三条あかり景色はトップダウンほどの実行力と強制力を持たない社会実験ではあるが，行政とは異なる手法により，魅力的な都市空間を演出してきたといえるのではないだろうか。

(3) まちなかの新しい商環境の創出

三条あかり景色の目的の1つとして，まちなかの商業者のネットワーク化を進め，まちなかの新しい商環境を創出するというものがある。これは，魅力的なまちを創るには，それに伴う魅力的な店，サービスが必要であると考えたからである。

第1回（2004年）では，三条あかり景色を行う中で，若い商店主を主とする「テナントコミュニティ」と従来の居住者で地主である「地縁コミュニティ」の交流を図ることができた。また，「まちなかシネマカフェ&ショップ企画」を実施した。本企画は，「第4回京都映画祭」および「三条あかり景色」の期間に合わせて，賛同する商店主がそれぞれ発案，実行したものであり，ポスターの提示などに加え，割引等のサービスや京都映画に関連した飲み物の販売などが行われた。協力店舗は短期間の呼びかけであったにもかかわらず33店舗の参加が得られた。そしてこれらの店舗の多くが「三条通がつながりある

ことはうれしい」「このような取り組みを待っていた」というように好意的に受け止められた。

　第2回（2005年）では，沿道のショップの参加する機会をさらに増加させるため「まちぶらビンゴ」「レインボーカクテル」を実施した。「まちぶらビンゴ」は沿道ショップが出資し，来訪者の回遊消費行動をつくることを目的としたもので，「レインボーカクテル」は楽洛まちぶら会がコーディネートしつつも，沿道のバー7店舗が自主的に企画した取り組みである。三条あかり景色の理念を理解し，ともに「まつり」を楽しもうという意識で展開された。

　第3回目（2006年）では，スクラッチの景品として「あかり通貨」を発行した。これにより三条通に訪れる人とお店の人たちを繋ぐコミュニケーション，まちを歩く楽しみを作り回遊性を演出する道具となった。

　三条通界隈の店舗を対象としたアンケート調査では「三条あかり景色」の意義は高く評価されており，「三条通のブランド化に繋がった」という見方が形成されており，多くの店舗がイベントの継続を希望している。しかしながら，店舗自体の売り上げ増加や来場客数が期待に応えるものとはなっていない。今後は商業者自らの参画を生み出すネットワークを形成するなどして，三条通沿道の商業者自身が企画する事業として発展させていく必要があり，そのためには「三条あかり景色」の主催団体の「楽洛まちぶら会」の認知・理解を広げるとともに，実行委員会形式など商業者が参画できる仕掛けを編み出すことが求められる。

(4) まちなかのブランド形成

　三条あかり景色は，「京都都心部のブランド化」「取り組む主体のブランド化」を目指し，2004年から取り組み始めたものである。そもそも全国的に「地域ブランド」の取り組みが進められている中，当初から「特産品や特定の建築物等のフィジカルなブランドづくりを脱し，活動そのもののソフトから地域ブランドを形成していこう」という，思いと行動を寄せ集めた草の根式の取り組みを展開してきた。

　近年はこのような「地域イメージの向上」を狙った地域ブランド政策が主流

になりつつあるが，三条あかり景色は当初からソフトな取り組みであったことは，広義のまちづくりの文脈から考えても，先進性があったと考えられる。

　また，ブランドの重要な要素である「信頼性」「付加価値性」は，継続して開催してきていること，そして取り組みそのものをボランティアが支えているというユニーク性により担保してきており，かつ人的ネットワークを拡大しながら担い手をも拡大してきている点からも，開催そのものが良好な好循環を形成しながら実施できた。そして何より，これだけのボリュームの映像コンテンツを屋外で照射する取り組みは世界的にも珍しく，「固有性」という点も確保されている。

　折しも，2004年には国により「観光立国」の宣言が出されており，定住人口のみならず交流人口を含めた地域の活性化や地域経済の発展が方向性として示されている。今後の観光のあり方として「地域ブランドによる差別化」「体験・交流」「知的好奇心の充足」などが打ち出されており，これらのニーズに対して三条あかり景色は，現状では期間限定の取り組みではあるが，受け止めることが可能であると考えられる。

もっと知ろう

　京都の多様なまちづくりの主体における楽洛まちぶら会のポジショニングについて考えたい。

　第10章でも紹介したが，京都都心部は中世の頃から自治基盤（町）が形成され，それらが連携して町組となり，町組みの連携が下京，上京を構成していた。その後近代には町組は番組，学区と名称は変わったが，その基礎的な単位と機能については継承されてきた。その後小学校の統廃合が進み，学区と自治組織（自治連合会）が必ずしも一致しなくなっていき，生活の多様化等により自治の基盤も次第に弱体化していったが，現在の京都においても，町内会，その連合体である自治連合会の「地縁コミュニティ」は，京都のまちづくりの基礎的な単位として機能している。ここに近年はテーマ型市民活動団体であるNPOが加わり，生活に関する様々な取組にくわえ，**環境や福祉，住文化，アートや文化に関するまちづくりも展開されるようになっている。**

楽洛まちぶら会のメンバーは，従来の「京都のまちづくりの主要な担い手」とは理解されなかったテナントや学生，専門家，研究者などを主要な構成要因としている。以前と比較してマンション居住者も徐々に自治活動に参画するようになっているが，依然として流動性が高いと考えられるため，京都の地域密着型のまちづくりに参加する余地はなかった。

しかし，著者の身近な環境を見た感覚で恐縮だが，京都の都心部には京都の魅力に惹かれてやってくる多様なクリエーター，起業家が集積しつつあり，また大学から「住んでみたかった京都」にやってきている学生が多数存在する。しかし，彼，彼女らが「京都のまちと関わりたい」「京都に何か貢献したい」と思っても，その方法や窓口がわからない。口コミで存在が拡がっていった楽洛まちぶら会ではあるが，「口コミは最強のメディア」でもあろうか，楽洛まちぶら会はこのような意欲と才能に溢れる個人の参加を多く得てきた。

また，独善的に企画の検討，実施をするのではなく，常に地域や地縁コミュニティと情報交換，コミュニケーションを重ねながら，地域まちづくりの文脈からは外れることのない取り組みを模索，実施してきた。また，開催の目的そのものが地域コミュニティだけではなく来訪者を意識した取り組みであることから，来訪者の満足度，交流の機会，参画の機会を担保するとともに，アンケートの実施など評価やニーズを吸収しながら次回に反省を反映させ，進化させてきた。この結果，柔軟な企画と運用を行うことができ，様々な団体等のコラボレーションが可能となってきた。

楽洛まちぶら会の組織，存在は従来の京都のコミュニティには存在が見られないものであったが，地域にも，沿道のコミュニティにも認められる組織として育ってきたと感じている。いわば，従来の担い手であった「地縁コミュニティ」と新しく芽生えた「テーマコミュニティ」の間に位置する，または両者の間を触媒する組織と言えよう。

このような運営は決して新しいものではないと考えている。「口コミ」を主要媒体にした点は，信用を第一に考える「京都商法」や相手の満足度を高めるために実施する「一見さんお断り」の精神にも通じるのではないであろうか。

最後に，課題と今後の展望について整理したい。

(1) 組織のあり方
　よく問われるのが「楽洛まちぶら会はいつ，NPO法人化するのか」ということである。これについては，現段階では予定していない。その理由は，楽洛まちぶら会そのものが，まだ発展途上でありどのような展開を採っていくのか様子を見た方が良いのではないか，というメンバー等の判断による。都心部におけるブランド化を図る目的については揺るぎないが，果たしてその手法としてNPO法人が適切かどうかという点については疑問の余地がある。
　NPO法（特定非営利活動促進法）が施行されて10年が経過し，NPO法人の可能性と限界も見られるようになってきた。さらに，法人化するメリット以上に，多様な義務が都道府県から課され，目的を実施する以前に組織の維持，管理に多大な労力がかかるという実態がある。義務参加ではなく興味参加でこそ出せたユニークな「取組の広がり」が固定化されてしまうことを，私達は何よりも恐れる。このため，NPO法人化することは考えていない。
　では，いつまでも「曖昧な任意団体のままか」と問われると，それもそうではない。緩やかなつながりを大事にしつつ，参加者それぞれが自身の愉しさ，満足度，自己研鑽につながるような母体を模索したいと考えている。一例としては，事業ごとに設置するSPC（特定目的会社），LLC（Limited Liability Company：有限責任会社），もしくはLLP（Limited Liability Partnership：有限責任事業組合）も選択範囲であると考えている。緩やかな人的ネットワークをより強固にしながら，そして拡げながら，ネットワーク組織としての楽洛まちぶら会を継続させる予定である。

(2) 新しい展開に向けて
　現在，三条あかり景色は次の新しい展開に向けて「冬眠」中である。これまでの来場者アンケートなどから，運営母体のユニークさや都心部における社会実験の内容についてよりも「質の高さ」「あかりの演出の完成度」を求める声が強くなってきている。このため，演出方法を整理し，より即地性の高い演

出，つまり「この場所ではこの映像を使ったあかりの演出が一番好ましい」という方向にシフトしようとしている。これまでは画面の数を増やしボリュームアップによる演出を指向していたが，その方向は70画面を実現したことで完成を見たとし，今後は空間としての統一性，演出の効果など質の向上を図ることで実施しようと話をしている。現在，いつに再開するか，同じイベント名で実施するかも含めて関係者と調整中である。

その次の企画として，都心部で高まっているニーズに向かい合う次の企画を展開している。御池通を中心とした都心部は，現在，多くのマンションが建設された。これにより一度は減少した都心部の人口が大きく回復し，子育て世帯も都心部に多く住むようになったが，子育てを支援するようなサービス，空間等が不足していると指摘されている。そこで，御池通の地下にある公設の商業空間「ゼスト御池」を舞台に，市民の便益性を高めるユニークな企画を準備している（2008年秋，2009年冬に実施）。

このように，京都の都心部，まちなかに密着しながら，多様な主体と連携して「まちの課題を解決し，ブランド化を図る」取組を進めていきたいと考えている。

もっと調べよう

稲葉陽二（2007）『ソーシャル・キャピタル』生産性出版。

大島祥子（2004）「京都・三条通から，ネットワーク型組織によるまちづくり活動」『季刊まちづくり』。

塩沢由典・小長谷一之編著（2007）『創造都市への戦略』晃洋書房。

滋野浩毅（2007）「都市の創造性に依拠したまちづくり主体の研究」『文化政策研究』第1号。

高橋康夫・中川理編（2003）『京・まちづくり史』昭和堂。

宗田好史（2007）『中心市街地の創造力』学芸出版社。

楽洛まちぶら会（2004）『三条あかり景色報告書』。

楽洛まちぶら会（2005）『三条あかり景色2005報告書』。

楽洛まちぶら会（2006）『三条あかり景色2006報告書』。

J. E. Stiglits（2003）藪下史朗（訳）『公共経済学（上）公共部門・公共支出』。

〔大島祥子〕

終章
ソーシャル・マネジメントの今後の展開

1. ソーシャル・マネジメントとは

　ここ数年，ソーシャル・ベンチャー，ソーシャル・ビジネス，ソーシャル・アントレプレナー，ソーシャル・イノベーションなどの言葉がよく聞かれるようになってきた。またソーシャル・マーケティングやソーシャル・キャピタルなどのように，ある程度の理論的蓄積を経て固有の領域として確立しつつある分野もある。そうしたなかでソーシャル・マネジメント(social management)という用語がなぜ注目しはじめたのかについては様々な考え方がある[1]。

　一つの考え方は，「政府による行政サービス中心型」から「民間の民間による民間のための社会サービス中心型」へと変化しつつある現状を背景に，社会をどのように経営していくべきかを考えるための理論や技法が必要不可欠になりつつあると考える視点である。これまでは行政サービスの受け手であったサービス受給者が，住民参加や市民参加というかたちで行政の政策決定や政策実行に関わるようになっている。さらに供給者としての政府や自治体も社会的ニーズの発掘や行政サービスの改善のために住民や市民の声を聞かざるをえなくなっている。こうした行政と市民の協働による地域経営さらには社会経営をどう進めていくべきかを考えるときに，ひとつの方向性を示していることばがソーシャル・マネジメントである。

　もうひとつの考え方は，企業活動そのものが営利性や経済性だけでなく社会性を含む領域に積極的に関わるようになっている現実がある。社会貢献，CSR，SRIなどのことばが一般化しつつあり，社会の一員としての企業という認識が深まりつつある。また社会性が極端に強調され，営利性や事業性とは相容れない存在と見られてきた非営利組織としてのNPOも，事業体としての

経営活動の効率性や透明性がますます重要視されるようになってきている。こうした企業のNPO化とNPOの企業化の動きが同時並行的に進んでいるのが現代の社会である。そして，様々な社会課題を解決していくためには，営利組織としての企業と非営利組織としてのNPOが，それぞれの強みを提供しながら戦略的に協働していくことも必要になっている。こうした企業とNPO，さらには行政との協働を進めていくための理論枠組みをソーシャル・マネジメントということばであらわすこともある。これが2番目の考え方である。

　最後の考え方は，もともとソーシャル(social)ということばに対人関係や人間関係の意味が含まれることを前提に，企業やNPOなどの構成員の精神的健康を維持向上させるための方法を考えることを重視する。そして健全性の高い組織や社会をデザインするためのマネジメントを総称してソーシャル・マネジメントということばであらわすこともある。ただソーシャル・マネジメントという言葉のなかに，こうした意味を含ませるべきかどうかについては様々な意見がある[2]。本章では，第2の視点を中心にソーシャル・マネジメントということばで表現される分野の今後の方向性や課題について簡単に触れておきたい。

2．NPOへの注目

　1830年代半ばフランス人ド・トクヴィル（A.de Toqueville）は，病院や学校や教会，さらには無数のアソシエーションが米国のコミュニティを支えていることを発見した。そしてサラモン（L.M.Salamon）［1994］が言うように，アメリカの民主政治が3世紀目に入った現在でも，民間の非営利セクターは1世紀半以上前にド・トクヴィルが観察したときと同じように，アメリカ社会の有力な構成要素の一つになっている。この民間の非営利センターに含まれるのは，病院や学校や教会の他に博物館や美術館，財団や基金，協会，環境保護団体や人権保護団体など市民活動グループ，デイケアセンターや診療所など枚挙に暇がないほどである。

　こうした無数の多様な非営利セクターがコミュニティを形成し，そのコミュ

ニティのメンバーに対して多様なサービスを提供していることが米国社会の特徴の一つである。しかしこうした機関のすべてについてNPO（nonprofit organization）という用語を用いるようになったのは70年代後半になってからである。この時期になって，初めて病院や学校や市民活動グループが同じ基盤を有しているという認識が共有され，非営利組織（NPO）あるいはNPOセクターとして議論の俎上に上るようになった。また80年代になって，はじめてNPOのマネジメントやNPOの組織について本格的な議論がなされるようになってきた（Drucker［1990］）。

現在米国のNPOは，病院や学校を含めて160万強といわれ，総支出額は国内総生産の10%以上であり，有給スタッフは1000万人強で全就業者の7%を占める。そのうちで政治活動以外のあらゆる活動を認められた連邦税法501(c)(3)の非課税団体は73万以上あり，2002年には100万の大台を超えたといわれている。NPOに対する寄付総額は1999年には1900億ドルであり，個人寄付が76%，基金が10%，遺産が8%，企業寄付が6%となっている。

このように米国でNPOという場合は，基本的に法人であり非営利活動をして税制優遇されている団体を指すことが一般的である。逆に日本は，1998年12月に制定された「特定非営利活動促進法（NPO法）」にもとづく認証NPOは現在3万6000を越え，今後法人化するNPOの数は増大する見込みである。しかし今のところ，NPOの数は認証NPOとその他のNPOを含めても10万程度であり，平均スタッフ数が常勤で2.7人，非常勤で4.9人，常勤スタッフの年間給与も平均230万円という状況である。

一般に市民が自由に自発的に社会的使命をもって社会的事業を行う非営利の組織は，次の6つの固有な特徴を含むといわれる（Salmon［1994］）。第1は公式性である。たとえ重要な役割を果たすためであっても非公式に一時的に集まったものは非営利セクターとみなさない。第2は，制度的に政府から独立しているという意味での民間の組織である点である。第3は，利益を蓄積することは可能であるが，その利益は組織の社会的使命を実現するために再投資しメンバーに利益配分をしないという「非分配制約性」である。第4は，外部の組織によって統制されることがなく自分達の活動を自主管理するだけの能力を有

している点である。第5は，実際の組織活動のマネジメントに関しては有志による自発的な参画であるという点である。そして最後の第6番目は，公共の利益に奉仕し寄与するという点である。このように公式性，独立性，利益非分配性，自主性，自発性，公益性という6つの特徴を有している組織の集合体をNPO（非営利組織）とよんでいる。

なおNPO（非営利組織）という言葉は，米国で生み出され一般化された言葉であるが，第三セクター（サード・セクター），非政府組織（NGO），ボランタリー・セクター，ボランタリー組織，など様々な用語が同義語として使われている。また非営利セクターあるいはNPOの分類については，第1に農協や共済や生協，第2に25万にのぼる社会福祉法人や社団法人や私立学校法人や医療法人，第3に9000余りのボランティア組織や市民運動組織，そして第4に約3万6000のNPO法人，という区分もできる。また医療NPO，福祉NPO，環境NPO，人権NPO，宗教NPOなど活動分野別に区分することも可能である。しかしここでは，企業とのコラボレーションとの関係から，慈善型NPO，監視批判型NPO，事業型NPO，の3つのタイプに区分することにする。（谷本[2002]）。

また営利組織の企業マネジメントと，非営利セクターであるNPOのマネジメントではどのような違いがあるだろうか。まず営利を追求するか否か，営利を分配するか否かで企業とNPOを区分することは難しい。企業のなかには社会的貢献や社会貢献を第一義的課題に据えている社会貢献型あるいは社会志向型企業もあれば，企業顔負けの社会的事業を行うことで事業収益をあげているNPOも多い。さらに営利組織としての企業と非営利組織としてのNPOの境界領域に位置するワーカーズ・コーポラティブ（workers cooperatives），社会的企業（social enterprise），市民事業，コミュニティ・ビジネスなどの様々な形態も存在する。こういう意味では，NPOと営利企業との区分は相対的にならざるをえない。

3．企業のNPO化と多国籍企業による買収

　NPO（非営利組織）とは，地球環境問題，医療福祉問題，地域コミュニティ開発の問題，人権問題，国際協力問題など社会課題を解決するために，明確な社会的ミッションのもと社会的事業を行う非営利の組織である。こうした社会課題群は，自由な市場システム（第一セクター）に任せることで完全に解決できるわけではなく，さらに政府や行政機関による公的システム（第二セクター）に全面的に委ねることも難しい問題である。

　これまで社会的資源の配分あるいは社会的事業の決定や実施は，基本的に市場（第一セクター）と政府（第二セクター）のどちらかが担うという考えが中心であった。しかし近年の第三のセクター（サード・セクター）の台頭と3つのセクター間の融合や協働の増加に伴い，営利組織としての企業や非営利組織のNPOさらには政府セクターとしての行政組織にも，これまでとは異なった展開が見られる。これらは，①NPOの事業化への動き，②政府セクターの企業化への動き，③企業のNPO化への動き，の3つにまとめることができる。

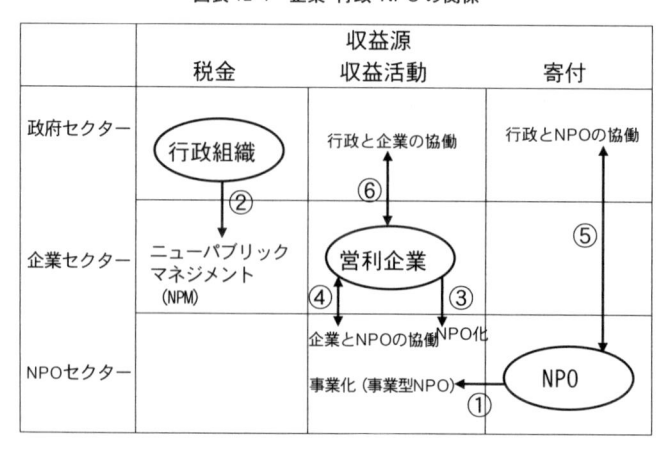

図表12-1　企業-行政-NPOの関係

	税金	収益源 収益活動	寄付
政府セクター	行政組織 ↓②	行政と企業の協働 ⑥	行政とNPOの協働
企業セクター	ニューパブリック マネジメント (NPM)	営利企業 ④↕　③↕	⑤
NPOセクター		企業とNPOの協働　NPO化 事業化（事業型NPO）　①	NPO

第1の動きは，NPO の事業化への動きである。NPO の事業化あるいはビジネス化は，壮大なミッションやビジョンをもとに戦略的マネジメントや効率的組織運営を重視し，経済主体としての事業体を追求しようとする事業型 NPO が相応する。第2の動きが政府セクターの企業化あるいはニューパブリックマネジメント（NPM）化への動きである。政府組織に民間企業の経営手法を導入することで公的サービスの向上や客観的評価につなげるという動きである。戦略的発想をもとにした行政経営への動きと呼んでもいい。そして第3の動きが企業の NPO 化である。ここ数年，いままでとは違った新しい企業像や企業ビジョンが提起されるようになってきた。そこで強調される具体的企業像というのは，第1に株式会社でありながら社会的ミッションのもと収益性と社会性の調和するために様々な工夫を行っていることである。第2は，独自の道徳観や倫理観をもった企業であることである。そして第3は，規模的には小規模でスモール・ビジネスであることが共通している。

　こうした NPO に近い社会貢献型企業あるいは社会志向型企業のケースとして，欧米では化粧品のザ・ボディショップやアヴェダ，アイスクリームのベン＆ジェリー，雑貨販売のトムズ・オブ・メイン，ヨーグルトのストーニーフィールズなどを挙げることができる。また日本では，象のウンチをリサイクルしたぞうさんペーパーを商品化した文具のミチコーポレーション，リサイクル紙トレー「ホッかる」を商品化した㈱秀英，風力発電を利用した「風で織るタオル」を開発した池内タオル，ホームレス支援のための雑誌『ビッグイシュー』を編集販売するビッグイシュー，人が歩行し車が走行すると発電する発電機を開発した㈱音力発電，など枚挙にいとまがない。

　こうした独自の社会的ミッションをもちながら事業化を進めてきた社会志向型企業が，2000 年を境に大企業の傘下に入るケースが増えていることもまた事実である。図表 12-2 は，欧米の代表的な社会志向型企業がどの大企業の傘下に入ったかをまとめた表である。

　例えば，アニータ・ロディックとゴードン・ロディックの独自の事業哲学をもとに創設されたザ・ボディショップは，2006 年にロレアルに買収された。ロレアルはボディショップのコーポレートポリシーには口を出さないことが買

図表 12-2　社会志向型企業と多国籍企業による買収

創業年	創業者	会社名	買収年	買収企業
1976年	アニータ・ロディック	ザ・ボディショップ	2006年	ロレアル
1978年	ホルスト・レッケルバッカー	アヴェダ	2003年	エステーローダ
1970年	トム・チャペル	トムズ・オブ・メイン	2006年	コルゲート
1983年	ハーシュバーグ	ストーニーフィールド・ファーム	2001年	ダノン
1985年	ベン・コーエン＆ジェリー・グリーンフィールド	ベン＆ジェリー	2000年	ユニリーバ

収条件であり，創業者ゴードン・ロディックは「買収は疑いなくボディショップが受け取るなかで最良の30周年記念プレゼントだ」と述べている。ロレアルにすれば，既存のブランド・ポートフォリオを拡大でき，高度な流通リテラシーを吸収し，新しい顧客層や環境に優しい企業イメージを獲得できるというメリットがある。ボディショップにしても，研究開発やマーケティングのノウハウを学習し，既存ブランドのポートフォリオを拡大するためにはロレアルの傘下に入るというのは一つの選択肢である。

ホルスト・レッケルバッカーによって1978年に創業された米国のボディショップと呼ばれるアヴェダも，また2003年にエステーローダの傘下に入っている。多国籍企業のエステーローダは，アヴェダの経験を元にリサイクル容器を導入しサステナビリティ・レポートを作成するなど，創造性や企業家精神を取り入れることが可能になる。アヴェダもまた，日本を含めた世界的店舗展開のノウハウをエステーローダから学ぶことができる。「わが社の場合でいえば，買収されたことは明らかに良い影響をもたらしました。ホルスト・レッケルバッカーの選択は正解でした」という評価がなされている。

1970年にトム・チャペルとケイト・チャペルが創業したトムズ・オブ・メインも，単独のままでは拡大し続けるナチュラルケア用品の需要に対応できないという理由で，2006年にコルゲートの傘下に入っている。トムズ・オブ・メインは，買収後も添加物不使用の原則を貫く，利益の10％を地域活動に寄付する，就業時間の5％を社員のボランティア活動に当てる，などの方針を維

持し，コルゲートも実績のある社会責任ビジネスを買収することでCSRへの取組を強化するという。

1983年にハーシュバーグにより創業された乳製品メーカーのストーニーフィールド・ファームも2001年にダノンに買収されている。しかしストーニーフィールドは，ヨーグルトシェア全米3位の強みを活かしながら，オーガニックを通じて地球環境を救うという社会的使命を今後も維持しようとしている。CSRに熱心な大企業ダノンもまた，ストーニーフィールドの買収によってさらにCSRへの取組を強化しようとしている。創業者ハーシュバーグは，「もしダノンがすべての製品をオーガニックに変えれば，オーガニックの耕作地が220万ヘクタール増え，これはアメリカの2001年のオーガニックの耕作面積に相当するほどのインパクトだ」と主張し，ダノン傘下に入ることのプラス面を強調している。

最後に1985年ベン・コーエン＆ジェリー・グリーンフィールドによって創業されたアイスクリームメーカーのベン＆ジェリーは，2000年にユニリーバに買収されている。買収後もベン＆ジェリーの販売ルートやブランディングの独立性は保持されるという方針であるが，社会責任ビジネスに関心のないCEOが就任し，創業以来はじめての大規模なリストラが行われるなど厳しい環境に直面している。創業者の1人であるベン・コーエンは，「買収によりベン＆ジェリーの魂だったものの多くがもはや存在しなくなった」と述べている。

以上1970年代から80年代にかけて注目された社会志向型企業が，2000年以降多国籍企業に買収されるという若干のケースを紹介してきた。こうしたケースは，多国籍企業のCSR活動の活発化，社会的責任ビジネスをめぐる社会志向型企業間の競争，社会志向型企業と事業型NPO間の競争などと関連しながら，営利組織としての企業と非営利組織としてのNPOとの垣根がますます曖昧になりつつあることを示している。

4．企業とNPOと行政の協働による社会的課題の解決

　現在は，企業，NPO，さらには政府という3つのセクターが，自らのアイデンティティを守りながら，相互に補完しあい相互に調整しあうようなシステムが求められるようになってきている。営利組織としての企業は，NPOをはじめとする異質な主体とのコラボレーションを通じて，新たな知識や能力を持続的に学習していくことが戦略的にも求められている。それが長期的には新事業や新市場の開拓，株主や顧客さらには地域社会に対するイメージの向上につながっていく。また企業内の従業員の社会に対する意識や感性を磨くことにもつながる。さらには企業体質の変革や組織変革につながり，ひいては社会変革の原動力になることもある。これが④企業とNPOの協働への動きである。

　非営利セクターとしてのNPOについても，これまでの批判監視型NPOや企業評価型NPOだけでなく，社会的事業遂行の中心として機能する事業型NPOが必要不可欠になっている。すなわち，企業とのコラボレーションによって財政基盤が強化し，活動領域がさらに拡大していき，事業組織体としての存在意義が高まる。このように企業の社会的影響力とNPOの価値創造力とをコラボレートすることで，新たな社会的価値を発見し創造するという側面が重要になりつつある。

　企業とNPOのコラボレーションは，単に相互に足りないものを補完するという補完関係だけに終わらず，さらにNPOが企業の健全な発展を促進し，企業の健全性がNPOの成長や発展を促進するといったダイナミックな関係を分析することが必要である。この関係は，⑤行政とNPOとの協働についても同様である。ソーシャル・マネジメントの基礎理論として，企業とNPOと行政という3つのセクター間の協働についての理論的実証的研究が今後ますます必要になると思われる。

もっと調べよう

田尾雅夫（1999）『ボランタリー組織の経営管理』有斐閣。

谷本寛治（2002）『企業社会のリコンストラクション』千倉書房。

パートナーシップ・サポートセンター（2003）『NPOと企業―協働へのチャレンジ』同文舘。

Drucker, P. F. (1990), *Managing the Nonprofit Organization*, Harper Collins Publishers.（上田惇／田代正美訳『非営利組織の経営』ダイヤモンド社，1991年。）

Salmon, L. M. (1992), *America's Nonprofit Sector*, The Foundation Center.（入山映訳『米国の「非営利セクター」入門』ダイヤモンド社，1994年。）

注

1) ソーシャル・マネジメントの考え方については，以下の文献が参考になる。井関利明・藤江俊彦『ソーシャル・マネジメントの時代：関係づくりと課題解決の社会的技法』第一法規，2005年。松野弘・合力知工「ソーシャル・マネジメント論序説」『企業診断』2007年4月号。

2) ちなみに京都産業大学経営学部ソーシャル・マネジメント学科では，公共領域，社会領域，ヘルスケア領域の3つの領域をもとにカリキュラムを構成している。3領域共通科目として，健康マネジメント概論，経営と社会，ソーシャル・マネジメント概論，公共経営概論がある。さらに第一の考え方をもとにした領域が公共領域であり，ビジネス・エシックス，CSR論，環境マネジメント論，社会ネットワーク論，コーポレート・コミュニケーション論，インダストリアル・リレーションズなどの科目で編成されている。第二の考え方をもとにした領域が社会領域であり，NPOマネジメント論，国際協力NGO論，ソーシャル・キャピタル論，社会調査，NPO会計などの科目が用意されている。第三の考え方をもとにした領域をヘルスケア領域とよび，組織におけるメンタルヘルス，組織における自己実現，病院マネジメント，健康管理史，医療現場のマネジメント，ヘルスケア・ケース分析などが開講されている。そして公共領域とヘルスケア領域の共通科目として，産業衛生マネジメント概論，医療経済学，医療関連産業論，またヘルスケア領域と社会領域の共通科目として，介護・福祉マネジメント論，医療と地域社会，最後に社会領域と公共領域の共通科目として，ジャーナリズム論，社会学，社会政策，フィランソロピー史，組織間関係論，アートマネジメントなどが設置されている。

〔佐々木利廣〕

索　引

ア行

ISO14001　142, 143, 145
ISO9001　142, 145
アヴェダ　277
アオダモ資源育成の会　70
アトリエ発ユニバーサル社会　117
アニータ・ロディック　277
池内タオル　138, 277
医誠会病院訪問看護ステーション　164
イノベーション　76, 78, 79, 138, 150, 153, 179, 197, 198
APEX　26
営利企業　172
エージェント的参加　22
エステーローダ　278
SPC　269
エスローテ　26
NGO　→NPOを見よ
NPO　2, 3, 5, 11, 13, 14, 20, 21, 23-27, 64, 71, 72, 78, 85, 88, 91, 93, 94, 99, 100-112, 119, 135, 153, 179, 196, 198-200, 202, 206, 207, 214, 216-219, 224, 231, 238-242, 244, 247, 261, 267-269, 273-277, 279, 280
NPOの事業化　276
LLC　269
LLP　269
OEM　140
オーガニックコットン　138
音力発電　277

カ行

海外備蓄　181
介護ビジネス　170, 172
介護保険法　160
外部環境　150
カスタネット　79
風で織るタオル　141, 147, 148, 149
課題の明確化　23
カフェテリアプラン　52
カムバック・サーモン　42
カムバック・サーモン運動　48
カムバック・サーモン・キャンペーン　44, 45, 46
環境会計　53
環境経営　52, 57
環境憲章　32
環境マーケティング　30, 43, 46, 48, 50, 51, 52, 55, 56, 57, 58
ギアリンクス　179
企業と行政のコラボレーション　179
企業のNPO化　276
企業の社会的責任　5, 27, 45, 62, 77, 78, 79, 80, 272, 279
企業の社会的戦略　63
企業理念　52
協働　11, 13, 19, 20, 21, 22, 23, 25, 26, 27, 54, 198, 252, 272, 273, 276, 280
協働型関係　11
協働的参加　22
協働の過程　23
京都市住宅マスタープラン　241
京都まちなかこだわり住宅　238
京町家　224, 228
京町家再生プラン　242
京町家ネット　231
京町家不動産証券　237
京町家まちづくり調査　242
グッドウィル・グループ　171
グリーンピース　11
グリーンフリーズ　13
クロスセクター協働　→マルチセクター協働を見よ

経営思想　76
景観法　244
啓発された自己利益　63
下段モータース　154
公共の福祉　195
交渉的参加　22
ゴードン・ロディック　90,277
コムスン　171
コルゲート　278

サ行

さなぎ達　112
佐野章二　95
差別化（戦略）　12,51,71,182,247,251,267
サラダコスモ　182
CSR　→企業の社会的責任を見よ
実行・制度化・評価　23
市民企業　180
JICA（独立行政法人国際協力機構）　186
社会運動　190
社会起業家　→ソーシャル・アントレプレナーを見よ
社会的企業　→ソーシャル・エンタープライズを見よ
秀英　277
重要無形民俗文化財　219
障害者雇用　131,132,134
障害者支援　117,133
職住共存地区ガイドプラン　241
情報共有　258
ジョブコーチ　131
ジョン・バード　90
新結合の創造　151
人口動態　173
診療報酬制度　170
ステイオンタブ　52,85
ステイクホルダー　64,68,69,138,145,146,150,151-152
ストーニーフィールズ　277
政策誘導　170
積水アクアシステム　26,27
セルフヘルプ（自助）　88,104
戦略的架橋　20
戦略的フィランソロピー　62

ソーシャル・アントレプレナー　6,45,46,110
ソーシャル・エンタープライズ　6,85,109,110,111,117,138,275
ソーシャル・キャピタル　240,247,257,272
ソーシャル・ビジネス　65,110,150,152
ソーシャル・ベンチャー　6,110,272
ソーシャル・マネジメント能力　26
ソフト事業　252

タ行

第3セクター　195,275,276
大文字保存会　202,222
宝酒造　32
多義性　151
竹中ナミ　118
ダノン　279
WWFジャパン　57
地域のブランド化　247
地域ブランド　247,251,266,267
地域ブランド事業　251
地球温暖化防止京都会議　16
地産地消　195
チャリティ型関係　11
チャレンジド　118
チャレンジド・クリエイティブ・プロジェクト（CCP）　117
チャレンジャー　41
中央社会保険医療協議会　170
伝統文化　208
特定非営利活動促進法（NPO法）　207,218,224,268,274
特例子会社　131
トムズ・オブ・メイン　277
トライアル雇用　131

ナ行

菜の花エコプロジェクト　200
ニッチャー　42
ニューパブリックマネジメント（NPM）　198,277
ネットワーク構築　76
野村グループ　80
ノンフロン冷蔵庫　11

ハ行

バリアフリー化 132
PL法 17
BDF（バイオディーゼル燃料） 200
ビッグイシュー 86
ビッグイシュー基金 92
批判評価型関係 11
非分配制約性 274
フェアトレード 189
フェリシモ 117
フォロワー 42
付加価値 251
プロダクトマネージャー制 39
プロップ・ステーション 118
プロモーション（Promotion） 39
兵左衛門 65
ベン&ジェリー 277
法定雇用率 131
訪問看護ステーション 159
訪問看護制度 159
ポジショニング 267
北海道グリーンファンド 199
ボディショップ 90, 277
ホームレス 86
ホームレス自立支援法 89
ボランティア 202
ホロニクスグループ 164

マ行

マーケティングの4P 36
町家型集合住宅 243

町家倶楽部ネットワーク 233
松下冷機 11
マルチセクター協働 25
見える化 75
ミチコーポレーション 277
ミッション・ドリブン 112
目標の設定 23
森の学校 54

ヤ行

矢崎和彦 118
柳井正 132
ユーザーイノベーション 151
ユニクロ 132
ユニバーサルデザイン 121
ユニリーバ 279
要介護度 162
要支援度 161

ラ行

楽洛まちぶら会 247, 257
リサイクル 50
リ・ストック住宅 236
リーダー 42
リターナブルボトル 50, 51
りゅうじん訪問看護ステーション 167
流通経路（Place） 39
リユース 50
ロレアル 277

ワ行

ワーカーズ・コーポラティブ 275

執筆者紹介と執筆分担（50音順）

大木裕子（おおき・ゆうこ）　第4章，第9章
　京都産業大学経営学部准教授
　早稲田大学大学院アジア太平洋研究科博士後期課程修了　博士（学術）
　専　門　ＮＰＯマネジメント，アートマネジメント
　著　作　『クレモナのヴァイオリン工房—北イタリアの産業クラスターにおける技術継承とイノ
　　　　　ベーション』文眞堂，2009年。
　　　　　『オーケストラの経営学』東洋経済新報社，2008年。
　　　　　『オーケストラのマネジメント』文眞堂，2004年。

大室悦賀（おおむろ・のぶよし）　第3章，第6章，第8章
　京都産業大学経営学部准教授
　一橋大学大学院商学研究科博士後期課程単位取得満期退学　修士（経済学）
　専　門　ソーシャル・イノベーション，ソーシャル・エンタープライズ
　著　作　「組織ポートフォリオから見える社会的価値の創造と受容」社会・経済システム学会『社
　　　　　会経済システム』(29)，2008年。
　　　　　『ソーシャル・エンタープライズ—社会的企業の台頭』谷本寛治編，中央経済社，2006
　　　　　年。
　　　　　『NPOと事業』谷本寛治・田尾雅夫編，ミネルヴァ書房，2002年。

大島祥子（おおしま・さちこ）　第10章，第11章
　技術士（建設部門），一級建築士。スーク創生事務所代表，都市居住推進研究会事務局，楽洛まち
　ぶら会事務局，京都産業大学非常勤講師。
　京都府立大学大学院生活科学研究科住環境科学専攻修士課程修了　修士（学術）
　専　門　都市計画・まちづくり
　著　作　「地域密着型住宅・不動産ビジネスの展開から見る京都のストック活用の展望」住宅総合
　　　　　研究財団，2007年。
　　　　　「京都・三条通から，ネットワーク型組織によるまちづくり活動」『季刊まちづくり』2004
　　　　　年。
　　　　　「京・まちづくり史」（共著）昭和堂，2003年。

在間敬子（ざいま・けいこ）　第2章
　京都産業大学経営学部准教授
　京都大学大学院経済学研究科博士後期課程修了　博士（経済学）
　専　門　環境経営論，環境経済学，社会シミュレーション学
　著　作　『環境コミュニケーションのダイナミズム—市場インセンティブと市民社会への浸透—』
　　　　　（共編著），白桃書房，2006年。
　　　　　「中小企業の環境経営推進の条件に関する実証分析：機械・金属業とプラスチック加工業
　　　　　のケース」『社会・経済システム』No.29，pp.67-76，2008年。
　　　　　"Effects of Structural and Behavioral Strategies toward the Environmentally
　　　　　Conscious Society: Agent-Based Approach," in T. Terano, H. Kita, T. Kaneda, K.
　　　　　Arai, H. Deguchi (eds.), Agent-Based Simulation From Modeling Methodologies
　　　　　to Real-World Applications, pp.233-246, Springer-Verlag Tokyo, 2005.

佐々木利廣（ささき・としひろ）　第1章，終章
　京都産業大学経営学部教授
　明治大学大学院経営学研究科博士後期課程単位取得退学　経営学修士
　専　門　組織論（組織間関係論）
　著　作　『組織間コラボレーション』共著，ナカニシヤ出版，2009年。
　　　　　『チャレンジ精神の源流：プロジェクトXの経営学』編著，ミネルヴァ書房，2007年。
　　　　　「企業とNPOのグリーン・アライアンス」『組織科学』第35巻第1号，2001年。

柴　孝夫（しば・たかお）　まえがき，序章
　京都産業大学経営学部教授
　大阪大学大学院経済学研究科博士後期課程中退　経営学修士
　専　門　経営史，企業倫理
　著　作　『日本経営史の基礎知識』共編著，有斐閣，2004年。
　　　　　「戦時期の川崎重工業―設備投資と経営の動向―」『大阪大学経済学』第54巻第3号，2004年。
　　　　　「事業創造への意欲―『京都企業』のパイオニア」佐々木聡編『日本の企業家群像Ⅱ』丸善，2003年。

中野智世（なかの・ともよ）　第5章
　京都産業大学経営学部准教授
　Technische Universität Darmstadt（ダルムシュタット工科大学・ドイツ連邦共和国）Dr.phil.
　専　門　社会保障・社会福祉史
　著　作　Familienfürsorge in der Weimarer Republik. Das Beispiel Düsseldorf, Droste Verlag, 2008.
　　　　　「『家族の強化』とソーシャルワーク―マリー・バウムの『家族保護』構想から」川越修・辻英史編『社会国家を生きる』法政大学出版局，2008年。
　　　　　「乳児死亡というリスク―第一次世界大戦前ドイツの乳児保護事業」川越修・友部謙一編『生命というリスク―20世紀社会の再生産戦略』法政大学出版局，2008年。

山下麻衣（やました・まい）　第7章
　京都産業大学経営学部准教授
　大阪大学大学院経済学研究科博士後期課程単位取得退学　修士（経済学）
　専　門　近代日本看護史，日本経済史
　著　作　「第3章　明治期日本における看護婦の誕生――内務省令「看護婦規則」前史」川越　修・鈴木　晃仁編『分別される生命――二〇世紀社会の医療戦略』法政大学出版局，2008年。
　　　　　「戦後における看護婦の進路選択動機とその決定要因（小特集 人体計測・市場・疾病の社会経済史―ユーラシア大陸とアメリカ大陸（2006年度慶應国際ワークショップ））」『三田学会雑誌』Vol.99, No.3，2006年，慶応義塾経済学会。
　　　　　「第3部　第二次世界大戦後の豊中の社会経済　第11章　社会資本の整備　第1節　公共事業の発展 4　市立豊中病院の発展」『新修豊中市史』第8巻，社会経済，2005年。

ケースに学ぶソーシャル・マネジメント

2009年3月31日 第1版第1刷発行　　　　　　　検印省略

編　者	京都産業大学ソーシャル・マネジメント教育研究会
発行者	前　野　　　弘
発行所	東京都新宿区早稲田鶴巻町533 株式会社　文　眞　堂 電話　0 3（3 2 0 2）8 4 8 0 FAX　0 3（3 2 0 3）2 6 3 8 http://www.bunshin-do.co.jp 郵便番号（162-0041）振替00120-2-96437

製作・モリモト印刷
Ⓒ 2009
定価はカバー裏に表示してあります
ISBN978-4-8309-4647-9　C3034